国家社会科学基金项目（16BFX034）最终研究成果

崇|明|中|青|年|刑|事|法|文|库

吴宏耀 主编

刑事诉讼法律
责任研究

兰跃军 著

中国政法大学出版社

2022·北京

图书在版编目（CIP）数据

刑事诉讼法律责任研究/兰跃军著. —北京：中国政法大学出版社，2022.10

ISBN 978-7-5764-0700-6

Ⅰ.①刑…　Ⅱ.①兰…　Ⅲ.①刑事诉讼法－法律责任－研究－中国　Ⅳ.①D925.204

中国版本图书馆CIP数据核字(2022)第204711号

书　名	刑事诉讼法律责任研究 XINGSHISUSONG FALÜZEREN YANJIU
出版者	中国政法大学出版社
地　址	北京市海淀区西土城路25号
邮　箱	fadapress@163.com
网　址	http://www.cuplpress.com (网络实名：中国政法大学出版社)
电　话	010-58908466(第七编辑部) 010-58908334(邮购部)
承　印	固安华明印业有限公司
开　本	720mm×960mm　1/16
印　张	17.25
字　数	275 千字
版　次	2022 年 10 月第 1 版
印　次	2022 年 10 月第 1 次印刷
定　价	88.00 元

法律及规范性文件简称

1. 为表述方便，本书中涉及的我国法律法规、部门规章直接使用简称，省去"中华人民共和国"字样，例如《中华人民共和国刑事诉讼法》，简称为《刑事诉讼法》。

2.《中华人民共和国刑事诉讼法释义》（载中国人大网——法律释义与问答，www.npc.gov.cn），简称"参与立法者解释"。

3. 2021年最高人民法院《关于适用〈中华人民共和国刑事诉讼法〉的解释》，简称《高法解释》。

4. 2019年最高人民检察院《人民检察院刑事诉讼规则》，简称《高检规则》。

5. 2020年公安部《公安机关办理刑事案件程序规定》，简称《公安部规定》。

6. 2016年7月，最高人民法院、最高人民检察院、公安部、国家安全部、司法部《关于推进以审判为中心的刑事诉讼制度改革的意见》，简称《审判中心改革意见》。

7. 2017年2月，最高人民法院《关于全面推进以审判为中心的刑事诉讼制度改革的实施意见》，简称《审判中心改革实施意见》。

8. 2010年6月，最高人民法院、最高人民检察院、公安部、国家安全部、司法部《关于办理刑事案件排除非法证据若干问题的规定》，简称《非法证据排除规定》。

9. 2017年6月，最高人民法院、最高人民检察院、公安部、国家安全部、司法部《关于办理刑事案件严格排除非法证据若干问题的规定》，简称《严格排除非法证据规定》。

10. 2018年1月，最高人民法院《人民法院办理刑事案件排除非法证据规程（试行）》，简称《排除非法证据规程》。

11. 2018 年 1 月，最高人民法院《人民法院办理刑事案件庭前会议规程（试行）》，简称《庭前会议规程》。

12. 2017 年 10 月，最高人民法院、司法部《关于开展刑事案件律师辩护全覆盖试点工作的办法》，简称《刑事辩护全覆盖试点办法》。

13. 2016 年 5 月，最高人民法院《中华人民共和国人民法院法庭规则》，简称《法庭规则》。

14. 2015 年 9 月，最高人民法院《关于完善人民法院司法责任制的若干意见》，简称《法院司法责任制意见》。

15. 2017 年 7 月，最高人民法院《司法责任制实施意见（试行）》，简称《司法责任制实施意见》。

16. 2015 年 9 月，最高人民检察院《关于完善人民检察院司法责任制的若干意见》，简称《检察院司法责任制意见》。

17. 2016 年 1 月，公安部《公安机关人民警察执法过错责任追究规定》，简称《公安机关执法过错责任规定》。

18. 2016 年 10 月，最高人民法院、最高人民检察院《关于建立法官、检察官惩戒制度的意见（试行）》，简称《法官、检察官惩戒制度意见》。

19. 1998 年 8 月，最高人民法院《人民法院审判人员违法审判责任追究办法（试行）》，简称《法院违法审判责任追究办法》。

20. 1998 年 6 月，最高人民检察院《人民检察院错案责任追究条例（试行）》，简称《检察院错案责任追究条例》。

21. 2016 年 7 月，中共中央办公厅、国务院办公厅《保护司法人员依法履行法定职责规定》，简称《保护司法人员履行职责规定》。

22. 2013 年 10 月，最高人民法院《关于建立健全防范刑事冤假错案工作机制的意见》，简称《健全防范冤假错案意见》。

23. 2015 年 9 月，最高人民法院、最高人民检察院、公安部、司法部、国家安全部《关于依法保障律师执业权利的规定》，简称《保障律师权利规定》。

24. 2019 年 10 月，最高人民法院、最高人民检察院、公安部、国家安全部、司法部《关于适用认罪认罚从宽制度的指导意见》，简称《认罪认罚从宽指导意见》。

目　录

前　言

一、研究背景

法谚云："任何人不得从其不法行为中获得利益。"我国《宪法》第5条第4款后半句规定："一切违反宪法和法律的行为，必须予以追究。"这要求立法对各种违反法律的行为规定相应的不利后果和追究机制。我们在研究法律和法律现象的过程中，通常依据不同的标准，将法律划分为不同的种类。根据规定内容的不同，分为实体法和程序法。实体法是以规定和确认权利与义务，以及职权和责任为主要内容的法律，包括刑法、民法、行政法等。程序法是以规定保证权利和职权得以实现或行使，义务和责任得以履行的有关程序为主要内容的法律，包括刑事诉讼法、民事诉讼法、行政诉讼法等。行为人违反刑法规定构成犯罪的，应当依法承担刑事责任；违反民法规定构成违约或侵权的，应当依法承担民事责任；违反行政法规定构成行政违法的，应当依法承担行政责任。这三种法律责任都是违反有关实体法规定而应当承担的不利后果，即实体法律责任。而刑事诉讼法、民事诉讼法、行政诉讼法都是国家程序法，违反其规定当然也应当承担相应的不利后果，即诉讼法律责任。违反刑事诉讼法规范，应当承担刑事诉讼法律责任。对于刑事诉讼法律责任，我国理论研究和实务关注明显不足。先看两个案例。

案例 1 内蒙古呼格吉勒图案办案人员被追责[1]

1996 年 4 月 9 日，内蒙古自治区呼和浩特市一女子被掐死在公厕内，报案者呼格吉勒图在案发 62 天后因强奸杀人被判处死刑并执行。2005 年，身负多起命案的嫌疑犯赵志红落网，声称他才是呼格吉勒图案的凶手，从而引发媒体和社会对呼格吉勒图案的广泛关注。2014 年 11 月，呼格吉勒图案进入再审程序。2014 年 12 月 15 日，内蒙古自治区高级人民法院对呼格吉勒图案作出再审判决，改判呼格吉勒图无罪，理由是原判决认定呼格吉勒图犯故意杀人罪、流氓罪的事实不清，证据不足。

随后，内蒙古公、检、法等部门启动追责调查程序。2014 年 12 月 15 日，内蒙古自治区高级人民法院成立调查组，对法院系统造成错案错判负有责任的人员依纪依法展开调查。12 月 16 日，内蒙古自治区人民检察院成立调查组，对检察系统造成错案负有责任的人员展开调查。12 月 17 日，时任呼格吉勒图案专案组组长、错案改判时任呼和浩特市公安局副局长的冯某，因涉嫌职务犯罪，被有关部门带走并接受调查。2016 年 1 月 31 日，有关部门公布追责结果，依法依规对负有责任的 27 人进行追责。其中，公安系统 12 人，包括时任呼和浩特市公安局局长王某和时任呼和浩特市公安局新城区公安分局局长郑某；检察院系统 7 人，包括时任呼和浩特市人民检察院检察长文某；法院系统 8 人，包括时任呼和浩特市中级人民法院院长张某。责任形式分为五种，包括党内严重警告处分 7 人，行政记大过处分 3 人，行政记过处分 5 人，党内警告处分 4 人，党内严重警告、行政记大过处分 7 人。另外，冯某因涉嫌职务犯罪，另案处理。2017 年 7 月，冯某因犯受贿罪、巨额财产来源不明罪、非法持有枪支/弹药罪和贪污罪，数罪并罚，被判处有期徒刑 18 年，并处罚金人民币 110 万元。目前已经入狱服刑。

---

[1] "内蒙古呼格吉勒图案"，载《法制日报》2015 年 1 月 13 日，第 9 版。史万森、张驰："内蒙古呼格吉勒图案追责程序已全面启动"，载《法制日报》2014 年 12 月 20 日，第 8 版。"内蒙古公布呼格吉勒图案追责结果"，载人民网，http://politics.people.com.cn/n1/2016/0201/c1001-28099598.html，最后访问时间：2018 年 2 月 3 日。

案例 2　杭州保姆纵火案前辩护律师党某擅自退庭被处罚〔1〕

2017 年 6 月 22 日，杭州某小区发生火灾，导致被害人朱某和三名子女死亡，并造成被害人房屋和邻近房屋损失 257 万余元。12 月 21 日，该案在杭州市中级人民法院开庭审理，但庭审只进行了半小时，被告人莫某的辩护人、广东某律师事务所律师党某以要求指定杭州市中级人民法院以外的法院管辖为由，要求停止审理本案。其要求没有得到法庭支持。随后，党某无视法庭纪律，不服从审判长指挥，擅自离庭，拒绝继续为被告人辩护，导致庭审中止。

2017 年 12 月 22 日，广东省司法厅派出调查组赴杭州开展立案调查，经审阅庭审视频、查阅相关记录，结合该案审理法院的司法建议，初步认定律师党某涉嫌在庭审过程中不遵守法庭纪律，未经许可擅自退庭，干扰诉讼正常进行，利用网络炒作案件，造成严重的社会影响。根据《律师法》及律师执业管理相关规定，决定对党某涉嫌违法违规行为予以行政处罚立案。

2018 年 2 月 3 日，广州市司法局发布关于对律师党某的情况通报，称杭州保姆纵火案在杭州市中级人民法院开庭审理过程中，党某未经法庭许可擅自退庭一事引起社会广泛关注。该局根据广东省司法厅《案件转办通知书》、浙江省杭州市中级人民法院《司法建议书》等材料并经调查，查明党某的行为违反《律师法》、司法部《律师执业管理办法》等法律、规章的规定，鉴于党某有认错表现，配合行政处罚工作，经局长办公会议研究，决定给予党某停止执业六个月的行政处罚。

在案例 1 中，27 名参与呼格吉勒图案侦查、审查起诉、审判的警察、检察官、法官及公安机关、检察机关、法院相关部门负责人没有遵守刑事诉讼法和有关法律规定，违反法律规定的诉讼程序，导致呼格吉勒图冤案发生，从而被有关机关追究纪律责任（党纪处分、政务处分），但是，没有人承担实

---

〔1〕　董碧水："'6·22 杭州保姆纵火案'因管辖权异议休庭"，载《中国青年报》2017 年 12 月 22 日，第 6 版。章宁旦："广东省司法厅对其涉嫌违法违规行为开展立案调查"，载环球网，https://baijiahao.baidu.com/s？id=1587541041330912573，最后访问时间：2018 年 2 月 4 日。毛一竹："杭州保姆纵火案退庭律师被处罚停止执业 6 个月"，载新浪网，http://news.sina.com.cn/o/2018-02-04/doc-ifyremfz4600328.shtml，最后访问时间：2018 年 2 月 4 日。

体法律责任。除了撤销原判改判无罪的程序法律责任，有关公安机关、检察机关、法院也没有承担实体法律责任，仅仅由有关部门负责人承担纪律责任。换言之，虽然呼格吉勒图被错杀，但在整个错案中，除时任专案组组长的冯某外，其他所有办案机关及其工作人员都没有承担实体法律责任，仅仅追究纪律责任。呼格吉勒图父母在得知这一追责结果后，表示不能接受。[1]曾对此案长期关注的公安部刑侦专家杨承勋表示："就目前实行追责来看，在全国案件中尚属首例，至少作出了第一步，是进步的。"但这一处理结果引发网民热议，"追责过轻""追责虚化""走过场"等质疑声不断。[2]北京大学法学院王锡锌教授认为，目前只公布了追责的处理结果，对于哪个部门主持的追责、为什么追究这 27 人的责任、依据什么原则和程序进行的追责等具体情况，缺乏必要的说明。[3]在案例 2 中，辩护律师党某在庭审过程中提出缺乏法律依据的管辖权异议（即要求法庭集体回避），没有得到法庭支持，未经法庭许可便擅自退庭，导致庭审中止。司法行政机关依据《律师法》、司法部《律师执业管理办法》等法律、规章的规定，给予其停止执业六个月的行政处罚。这两个案例的追责依据都不是刑事诉讼法，追责主体具有部门化、多样化，而追责程序缺失。最高人民法院于 2019 年 2 月发布的《中国法院的司法改革（2013—2018）》白皮书显示，五年来，人民法院通过审判监督程序纠正聂树斌案、呼格吉勒图案、张氏叔侄案等重大刑事冤假错案 46 起，涉及 94人。2014 年至 2018 年，各级人民法院共依法宣告 4868 名被告人无罪。[4]最高人民法院 2022 年工作报告显示，各级法院 2021 年按照审判监督程序再审改判刑事案件 2215 件，山东等法院依法纠正张志超等重大冤假错案，依法宣

〔1〕 "呼格案追责：犯了国法给了家规"，载新浪网，http://news.sina.com.cn/zl/2016-02-01/doc-ifxnzanh0508674.shtml，最后访问时间：2016 年 2 月 4 日。"央视：呼格父母对追责结果不能接受不能就给个警告处分"，载观察者网，https://www.guancha.cn/society/2016_02_02_350018.shtml，最后访问时间：2016 年 2 月 4 日。

〔2〕 范依畴："冤狱追责虚化势必纵容错案复发——今日呼格案与昔日杨乃武案比较与反省"，载《法学》2016 年第 9 期。

〔3〕 付光宇等："呼格案追责结果引追问，专家解析追责应该怎么追？"，载新华社，http://news.cnr.cn/native/gd/20160202/t20160202_521303944.shtml。"呼格案：正义已迟到，追责岂可'轻描淡写'"，载新浪网，http://news.sina.com.cn/c/2016-02-02/doc-ifxnzanh0545059.shtml，最后访问时间：2016 年 2 月 4 日。

〔4〕 辛闻："司法改革白皮书：5 年来纠正重大刑事冤假错案 46 起"，载中国网，https://news.sina.com.cn/o/2019-02-27/doc-ihsxncvf8274748.shtml，最后访问时间：2016 年 2 月 28 日。

告 511 名公诉案件被告人和 383 名自诉案件被告人无罪。最高人民检察院 2022 年工作报告显示，最高人民检察院 2021 年对 2018 年以来改判纠正的 246 件刑事错案启动追责，对"张玉环案""张志超案"等错误关押十年以上的 22 件直接督办，从严追责问责 511 名检察人员，其中相关检察院班子成员 134 人，退休人员 122 人。"终身追责"不是口号，纠错不能止于国家赔偿，追责必须落到责任主体。从司法实践看，有的错案追责仍在进行中，有的案件追责程序并没有启动，社会公众持续关注。河北唐山廖海军案于 2018 年 8 月纠正后，廖海军始终坚持要对涉及的 11 名公检法原办案人员追责，并向唐山市纪委监委提交了对当年办案人员的追责控告书及全套证据材料。2019 年 7 月，曾办理该案的原刑警大队大队长张某祥涉嫌刑讯逼供一案已经由唐山市路北区监委移送审查起诉。这样，当年的 11 名办案人员已经有 3 人被调查。[1]由此可见，如何科学构建违反刑事诉讼法规范尤其是导致重大冤假错案的诉讼法律责任和追责机制，是刑事诉讼理论和实务亟待研究解决的一个重大课题。

二、研究现状

刑事诉讼目的的实现有赖于刑事诉讼法律关系主体遵守法定的诉讼程序和履行法定的诉讼义务。违反刑事诉讼法规范，即刑事诉讼违法行为应当承担相应的诉讼法律责任。针对行使公权力的警察、检察官、法官违反法定诉讼程序，应当如何承担诉讼法律责任，西方法学界早有研究。英美学者对非法证据排除规则和宪法性侵权的程序救济，以及其他程序性救济措施做过研究，但对于程序性违法的法律后果，很少从整体上展开分析，往往局限于对具体程序性制裁措施的实证分析。德国、法国等大陆法系国家的学者对有关刑事诉讼行为无效理论进行过研究，但侧重于概念分析和规则运用，很少深入解释其法理根据。而且很少有学者研究监管人员、诉讼参与人和案外人诉讼违法行为的法律责任问题。

我国刑事诉讼中程序性违法现象严重，除传统的"重实体、轻程序"因素外，一个很重要的原因就是刑事诉讼法律责任的缺失。《刑事诉讼法》全部

---

[1] 王巍："唐山'廖海军'案办案警察涉嫌刑讯逼供被移送审查起诉"，载《新京报》2019 年 8 月 29 日，第 5 版。

308 个条文中只有 24 条提及或规定了诉讼法律责任，且缺乏体系化、全面性；还有很多条文只有程序规则，没有法律后果。刑事诉讼法学理论也曾很少从诉讼法律责任的角度研究诉讼违法行为的法律后果。学者袁岳 1993 年发表《诉讼法律责任论》一文，第一次在理论上提出并研究诉讼法律责任问题。[1]王敏远教授 1994 年在《论违反刑事诉讼程序的程序性后果》一文中首次提出违反刑事诉讼程序的程序性法律后果的概念，并进行过论证。[2]他 2021 年又发表《刑事程序性法律后果新论》一文，重新梳理了刑事程序性法律后果的概念和三个基本要素，分析了刑事程序性法律后果的四个特点，并论证了刑事程序性法律后果理论的应用，包括更好发挥该理论的三项基本功能。[3]陈瑞华教授 2005 年出版《程序性制裁理论》一书，深入研究了警察、检察官、法官违反法定诉讼程序及其法律责任问题，构建了一个完整的程序性制裁理论体系。[4]他 2015 年又发表《法官责任制度的三种模式》一文，将法官责任追究的制度模式概括为结果责任模式、程序责任模式和职业伦理责任模式三种。[5]刘后务、刘方权等学者也从概念、特征、内容等方面研究过刑事程序法律责任问题，但这些研究基本上集中于警察、检察官、法官违反法定诉讼程序的程序性制裁，没有涉及监管人员、诉讼参与人、案外人以及国家专门机关的诉讼法律责任问题，也没有系统研究刑事诉讼法律责任的形式构造、具体形态、追究机制及其与司法责任的区别等。因此，刑事诉讼法律责任研究亟待深化。

三、研究价值

相对于现有的研究成果而言，本书研究的学术价值和应用价值可以概括为三个方面。

（1）不仅研究公安机关、检察机关、法院、监管部门及其工作人员——警察、检察官、法官、监管人员违反刑事诉讼程序的诉讼法律责任，而且研究诉讼参与人和案外人违反法定诉讼义务的诉讼法律责任问题，从而平衡刑

---

〔1〕 袁岳："诉讼法律责任论"，载《学习与探索》1991 年第 3 期。
〔2〕 王敏远："论违反刑事诉讼程序的程序性后果"，载《中国法学》1994 年第 3 期。
〔3〕 王敏远："刑事程序性法律后果新论"，载《法商研究》2021 年第 3 期。
〔4〕 陈瑞华：《程序性制裁理论》，中国法制出版社 2005 年版，第 1—545 页。
〔5〕 陈瑞华："法官责任制度的三种模式"，载《法学研究》2015 年第 4 期。

事司法与公民基本权利之间的关系，规制刑事司法职权，制裁各种诉讼违法行为，并为被侵权者提供司法救济，"在不惩罚个人的情况下保护公民、社会和国家的合法利益"。与现有研究程序性违法导致的程序性制裁，旨在研究解决公安机关、检察机关、法院的程序法律责任不同，本书研究的刑事诉讼法律责任对象涉及所有参与刑事诉讼的机关及其工作人员、诉讼参与人和案外人等，具有系统性、全面性，不仅为《刑事诉讼法》第 3 条第 2 款规定的刑事程序法定原则补充完善程序性制裁内容，而且规制所有诉讼参加人，从而在刑事诉讼范围内以程序的方式处置各种诉讼违法行为，阻断其产生相应的程序效果，并使有关责任人承担相应的不利后果，保障刑事诉讼程序的正当性，完善人权司法保障制度，加强人权司法保障和法治保障。

（2）通过对刑事诉讼法律责任理论的系统研究，进一步明确公安司法机关及其工作人员诉讼违法行为的诉讼法律责任，让刑事诉讼法"长出牙齿"，树立"任何人不能从其不法行为中受益"的诉讼理念，违反刑事诉讼法与违反刑法等实体法一样，需要承担不利后果，从而为构建和完善司法责任制及其保障机制，实施办案质量终身负责制和错案责任追究制等创造条件。党的十九大报告提出深化司法体制综合配套改革，全面落实司法责任制，努力让人民群众在每一个司法案件中感受到公平正义。习近平总书记指出，司法责任制改革是我们全面深化司法体制改革必须牢牢牵住的"牛鼻子"，具有基础性、全局性、决定性地位。完善司法责任制及其保障机制，实施办案质量终身负责制和错案责任追究制等，是建立权责统一、权责明晰、权力制约的司法权运行机制的关键，也是深化司法体制改革的核心，对于促进严格公正司法具有十分重要的意义。

（3）进一步完善我国诉讼法律责任体系和法律责任体系，维护刑事诉讼程序尊严，实现刑事程序自治。程序法定原则作为联合国刑事司法准则之一，得到各国刑事诉讼法的确认和保障。我国《刑事诉讼法》第 3 条第 2 款仅仅规定了该原则的立法和执法方面的要求，并没有明确相应的程序性制裁内容，这是我国刑事诉讼违法行为屡禁不止、冤假错案频发的一个重要原因。本书通过研究构建和完善我国刑事诉讼法律责任体系，使刑事诉讼法有了自己的诉讼法律责任制度，从而为各种程序性违法行为主体规定相应的诉讼法律责任和追责机制，充分发挥刑事诉讼法自身的制裁和威慑功能，减少和避免各种程序性违法行为，并在刑事诉讼范围内以程序的方式解决违反刑事诉讼法规范问题，实现刑事程序自治，避免司法实践中出现"公检法'默契配合'出冤假错案"[1]的情况。

2019年10月，党的十九届四中全会通过《中共中央关于坚持和完善中国特色社会主义制度、推进国家治理体系和治理能力现代化若干重大问题的决定》，提出健全社会公平正义法治保障制度，加强人权法治保障，严格刑事责任追究。构建刑事诉讼法律责任制度，完善刑事诉讼法律责任理论，促进新时代中国特色刑事诉讼制度新发展，是实现全面依法治国，推进国家治理体系和治理能力现代化的应有之义。

---

[1] 彭波："公检法'默契配合'出冤假错案"，载《人民日报》2013年7月26日，第7版。

第一章

刑事诉讼法律责任的法理基础

刑事诉讼法律责任具有自身的内涵和特点，它不同于刑事责任、民事责任、行政责任等实体法律责任。那么，刑事诉讼法律责任如何界定，其存在的价值和根据何在？刑事诉讼法律责任与司法责任及司法责任制的关系如何？这是我们研究刑事诉讼法律责任首先需要解决的问题。

第一节　刑事诉讼法律责任的界定

"诉讼法律责任"在我国不是一个法定概念。界定"刑事诉讼法律责任"的内涵，需要从刑事诉讼法中规定的"责任"和"法律责任"入手。

一、刑事诉讼法中的"责任"

按照美国法学家韦斯利·霍菲尔德（Wesley Newcomb Hohfeld）的权利概念（基本法律关系）分析模式，就广义的权利——义务概念而论，它分别包括四对相互关联和四对相互对立的概念。四对相互关联的概念是：权利——义务（狭义），特权——无—权利，权力——责任（应当），豁免——无能力。四对相互对立的概念是：权利（狭义）——无—权利，特权——义务（狭义），权力——无能力，豁免——责任（应当）。"权力"（power）是指人们通过一定行为或不行为而改变某种法律关系的能力。"权力"的关联概念是"责任"（或"应当"）（liability）。"责任"（或"应当"）表达的是行使权力的影响（包括不利影响和有利影响）。"权力——责任关系"简单地说就是：我能够，你必须接受。"责任"（或"应当"）的对立概念是"豁免"，指人们有不因其他人行为或不行为而改变特定法律关系的自由。[1]根据该观点，"责任"作为"权力"的关联概念，是一种职责或任务，是指一个人不得不做的事或者一个人必须承担的事情。它包括两层含义：一是指分内应该做好的事，如履行职责、尽到责任、完成任务等；二是指如果没有做好自己的工作，而应承担的不利后果或强制性义务，如担负责任、承担后果等，前者是积极责任，后者是消极责任。我国学者也认为，"责任"一词在法律上有多种含义，包括职责（responsibility）、义务（obligation）和法律责任，即不履行法律义务因而应受某种制裁之意（liability）。[2]人们通常所说的"责任"，实际上可分为三类：一是以社会心理意识约束力为表现形式的道德责任；二是以社会团体约束力为表现形式的纪律责任；三是以国家强制性为表现形式的法律责任。[3]追究法律责任本身就是对行为人实施的不法行为的明确否定和道德谴责，是一种道德责任承担方式。

我国 2018 年修改后的《刑事诉讼法》共 308 条，其中，第 37 条、第 51 条、第 53 条和第 108 条四个条文中均单独使用"责任"一词，但其含义各不相同。第 37 条规定的"辩护人的责任"应当理解为辩护人的义务或职责，因为辩护人参加刑事诉讼旨在协助犯罪嫌疑人、被告人行使辩护权，他们行使的是一种狭义上的私权利，即诉讼权利，而不是公权力，因此，不宜称之为"责任"。[4]笔者主张将其修改为"辩护人的职责"，作为狭义上的权利与义务的一种综合反映。最高人民法院、最高人民检察院、公安部、司法部、国家安全部（以下简称"两高三部"）于 2015 年 9 月印发的《保障律师权利规定》，最高人民法院、司法部于 2017 年 10 月印发的《关于开展刑事案件律师辩护全覆盖试点工作的办法》（以下简称《刑事辩护全覆盖试点办法》），以

---

〔1〕 沈宗灵：《现代西方法理学》，北京大学出版社 1992 年版，第 144-150 页。Wesley Newcomb Hohfeld，*Fundamental Legal Conceptions as Applied in Judicial Reasoning*，edited by David Campbell and Philip Thomask，Dartmouth Publishing Company and Ashgate Publishing Limited，2001．

〔2〕 梁慧星："论民事责任"，载《中国法学》1990 年第 3 期。

〔3〕 杜飞进："试论法律责任的若干问题"，载《中国法学》1990 年第 6 期。

〔4〕 我国 1979 年《刑事诉讼法》第 28 条规定辩护人在刑事诉讼中应履行"责任"，这与我国当时将律师定性为"国家的法律工作者"密不可分。其地位近似于国家公务员，有的律师还穿警服，戴大盖帽，与警察的形象没有什么区别。自然认为他们行使的是国家"公权力"，参加刑事诉讼是为执行公务。1996 年《刑事诉讼法》和 2012 年《刑事诉讼法》第 35 条以及 2018 年《刑事诉讼法》第 37 条仍然沿用"辩护人的责任"一词，显然不科学，需要修改。

及"两高三部"于 2019 年 10 月印发的《认罪认罚从宽指导意见》都直接使用"辩护人或律师的职责",而不是"辩护人责任"。《刑事诉讼法》第 51 条规定的"举证责任",主流观点称之为"证明责任"。关于证明责任的性质,证据法学理论上存在权利说、义务说、责任说、负担说和后果说等多种观点。笔者赞同义务说,将证明责任界定为提出诉讼主张的一方当事人为了证明本方诉讼主张,以说服事实裁判者作出有利于自己的裁判而履行的一种证明义务,这与当事人在诉讼中行使的诉讼权利是相关联的。如果当事人不能履行该证明义务,他将承担其提出的诉讼主张不能成立的不利法律后果。同理,《刑事诉讼法》第 108 条中的"保护责任"其实是有关机关、团体的代表的一种监护义务,是与监护权利相关联的概念。

但是,《刑事诉讼法》第 53 条规定的"责任"一词,是与公权力直接相关联的概念,是指公安机关、检察机关、法院的工作人员在制作提请批准逮捕书、起诉书、判决书中故意隐瞒事实真象,应当承担的不利后果。根据"中国人大网——法律释义与问答"中"参与立法者解释"的规定,"忠实于事实真象",是指要符合客观实际,要真实。它包括两方面内容:一是不得主观臆断,不得夸大一方面而缩小另一方面,甚至只反映事实的一个侧面;二是不得歪曲事实、捏造事实,故意隐瞒事实真象,使犯罪分子逃避法律制裁,或者使无罪的人受刑事追究。"故意隐瞒事实真象的,应当追究责任",是指侦查人员、检察人员、审判人员在提请批准逮捕书、起诉书、判决书中故意弄虚作假的,应当依法追究其责任。构成妨害作证、徇私枉法、滥用职权、玩忽职守等犯罪的,应当依法追究刑事责任;对于尚不够刑事处罚的,应当依照《公务员法》《人民警察法》《检察官法》《法官法》等规定予以处理。这种"处理"即追究纪律责任,包括党纪处分、政务处分等。显然,这里的"责任"是公安机关、检察机关、法院的工作人员在刑事诉讼中违反刑事诉讼法规范所应当承担的不利后果,包括刑事责任和纪律责任,它们都是刑事诉讼法律责任。

二、刑事诉讼法中的"法律责任"

英国法理学家、新分析实证主义法学的创始人哈特(H. L. A. Hart)通过一个虚构的沉船事件,理清了"责任"一词的四种含义——角色责任、因果责任、法律责任和能力责任。他认为，"法律责任"是违法者因其违法行为所应受到的惩罚，或被迫赔偿，其成立以其他三种责任为要件或基础。[1]我国学者认为，"法律责任"是指由于某些违法行为或法律事实的出现而使责任主体所处的某种特定的必为状态。[2]一个完整的"法律责任"概念应当包含"责任的根据"与"归责""救济权关系"和"强制"三要素，其中，作为规范性要素的救济权关系处于核心地位。在规范意义上，法律责任的本质就是因特定的法律事实侵犯权利或法益而产生的特定救济权法律关系。[3]奥地利法理学家、纯粹法学代表人物汉斯·凯尔森（Hans Kelsen）认为，法律责任是出不法行为引起的制裁之规范效果。[4]换言之，法律责任就是法律关系主体因其违法行为而依法应承担的法律后果。[5]根据责任性质的不同，法律责任可分为实体法律责任和程序法律责任。

《刑事诉讼法》第30条第2款、第44条第2款、第111条第2款、第125条、第147条第2款、第194条第1款中六次单独使用"法律责任"一词，其含义和性质各不相同。第30条第2款规定，审判人员、检察人员、侦查人员违反该条第1款规定的，应当依法追究法律责任。这是违反《刑事诉讼法》禁止性规范所应承担的一种诉讼法律责任。根据该款第2句规定，当事人及其法定代理人有权要求他们回避；《刑事诉讼法》第238条规定，二审法院可以裁定撤销原判，发回原审法院重新审判；《刑事诉讼法》第253条规定，法院应当启动审判监督程序重新审判。这些都是违反该规定应当承担的刑事诉讼法律责任。构成贪污受贿、徇私枉法、滥用职权等犯罪的，应当依法追究刑事责任。对于尚不够刑事处罚的，应当依照《公务员法》《人民警察法》《检察官法》《法官法》《律师法》等规定予以政务处分或行政处罚。同

---

〔1〕 角色责任说明主体的某种法律地位对于法律责任的意义，它说明了处于特定法律关系中的主体所应履行的义务，对这些义务的违反是法律责任发生的前提；因果责任为法律责任提供客观归咎的事实依据；而能力责任是法律责任中主观归责的机制。H. L. A. Hart, *Varieties of Responsibility*, 83 Law Quarterly Review 346（1967）。转引自余军、朱新力："法律责任概念的形式构造"，载《法学研究》2010年第4期。

〔2〕 杜飞进："试论法律责任的若干问题"，载《中国法学》1990年第6期。

〔3〕 余军、朱新力："法律责任概念的形式构造"，载《法学研究》2010年第4期。

〔4〕 余军、朱新力："法律责任概念的形式构造"，载《法学研究》2010年第4期。Hans Kelsen, *Pure Theory of Law*, Translated By Max Knight, University of California Press, 1967.

〔5〕 李颂银："论诉讼法上的法律责任"，载《法商研究》1998年第1期。

理，《刑事诉讼法》第44条第2款规定，辩护人或者其他任何人违反该条第1款规定的，应当依法追究法律责任。这也是违反刑事诉讼法规范所应承担的一种诉讼法律责任。《刑法》第306条规定的辩护人、诉讼代理人毁灭证据、伪造证据、妨碍作证罪（俗称"律师伪证罪"），第307条规定的妨碍作证罪，帮助毁灭、伪造证据罪，就是根据该规定制定的，是违反该规定应当承担的刑事诉讼刑事责任。此外，《律师法》第49条还规定了违反该规定的行政处罚。《刑事诉讼法》第111条第2款规定，接受控告、举报的工作人员，应当向控告人、举报人说明诬告应负的法律责任，这里的"法律责任"是指刑法规定的诬告陷害罪的刑事责任。而《刑事诉讼法》第125条、第147条第2款和第194条第1款规定的"法律责任"，都是指刑法规定的伪证罪的刑事责任，是证人、鉴定人违反《刑事诉讼法》的禁止性规范所应承担的一种刑事诉讼实体法律责任。

此外，《刑事诉讼法》第16条（两次）、第17条（两次）、第37条、第42条（两次）、第57条、第63条第2款、第70条第2款、第79条第2款、第112条（两次）、第163条、第171条（两次）、第176条、第199条第2款、第210条第3项（两次）、第245条第5款和第302条共22次单独使用"刑事责任"一词。其中，第16条（两次）、第17条（两次）、第37条、第42条（两次）、第79条第2款、第112条（两次）、第163条、第171条（两次）、第176条、第210条第3项（两次）和第302条中规定的"刑事责任"，都是指违反刑法规定的一种实体法律责任。而第57条、第63条第2款、第70条第2款、第199条第2款和第245条第5款中规定的"刑事责任""处分"，都是指违反刑事诉讼法规范构成犯罪所应当承担的刑事诉讼刑事责任，或者纪律责任（即政务处分），本质上也是一种刑事诉讼实体法律责任。

三、刑事诉讼法律责任的内涵

关于"诉讼法律责任"的概念，学者们曾经进行过研究，但存在分歧。有学者称之为"诉讼责任"，并将它与违宪责任、刑事责任、民事责任、行政责任和经济责任并列为现代法律责任体系所包含的、属于国内法领域的六种独立的法律责任，认为它是诉讼法律关系主体在各类诉讼活动中违反诉讼法规定的义务而导致的带有强制性的法律后果，主要是一种程序上的责任，而不是一种实体上的责任。[1]与该观点基本一致，有学者认为，"针对诉讼法律关系主体违反诉讼义务的行为而科以诉讼法上的否定性后果，就是诉讼法律责任""它是诉讼法上规定的制裁措施"。[2]这两种观点都将"诉讼法律责任"界定为诉讼法律关系主体违反法定的诉讼义务而承担的一种法律后果，它主要应当是一种程序法律责任。这指出了诉讼法律责任的本质和内容。但是，笔者认为，该观点将诉讼法律责任的客体界定为违反法律规定的诉讼义务，略显狭窄，不能涵盖司法实践中的各种诉讼违法行为。

关于刑事诉讼法律责任的概念，有学者早就指出，违反刑事诉讼程序应当承担程序性法律后果。这种程序性意义上的法律后果或刑事程序性法律后果，是指对职权机关实施的违反刑事诉讼程序法律规范的行为从程序法的意义上予以否定并因此导致的相应刑事程序法后果，即阻断违反程序的非法行为的程序效应，使违反程序法的行为不能产生推进程序的效果，从而以程序的方法处置程序违法行为。作为一种概括，它是关于非法证据排除、发回重审、否定指控等程序方法应对程序违法的相关制度的理论。[3]对于警察、检察官、法官违反法律规定的诉讼程序（即程序性违法行为）应当承担的程序性法律后果，有学者称之为程序性制裁，以区别于追究违法者个人法律责任的实体性制裁。[4]这种程序性法律后果或程序性制裁，仅限于警察、检察官、法官违反诉讼程序的行为，并不适用于刑事诉讼当事人、其他诉讼参与人和案外人违反刑事诉讼法规范的情况，而且根据我国《宪法》和《刑事诉讼法》的规定，除诉讼参与人和案外人外，作为我国刑事诉讼法律关系主体的国家专门机关是人民法院、人民检察院和公安机关，法官、检察官和警察只是代表国家专门机关行使国家权力。《刑事诉讼法》第238条和第253条规定的仅仅是法院违反法律规定的诉讼程序的程序性法律后果。在司法实践中，虽然国家专门机关违反法律规定的刑事诉讼程序是程序性违法行为的主要表

---

〔1〕 杜飞进："试论法律责任的若干问题"，载《中国法学》1990年第6期。

〔2〕 袁岳："诉讼法律责任论"，载《学习与探索》1991年第3期。还有学者将"诉讼程序法律责任"简称"诉讼责任"。参见李颂银："我国法律责任制度若干疑难问题探析"，载《现代法学》1998年第1期。

〔3〕 王敏远："刑事程序性法律后果新论"，载《法商研究》2021年第3期。王敏远："论违反刑事诉讼程序的程序性后果"，载《中国法学》1994年第3期。

〔4〕 陈瑞华：《程序性制裁理论》，中国法制出版社2005年版，第535-537页。

现形式，但是，还存在大量的当事人、其他诉讼参与人和案外人违反法定诉讼程序、滥用诉讼权利或逃避诉讼义务的行为，导致诉讼障碍并侵犯了当事人诉讼权利和其他合法权利，这同样需要追究相应的诉讼法律责任，《刑事诉讼法》有关条文规定也体现了这一点。2020 年《公安部规定》第 56 条第 1款规定："辩护人或者其他任何人在刑事诉讼中，违反法律规定，实施干扰诉讼活动行为的，应当依法追究法律责任。"该规定设定的行为主体与《刑事诉讼法》第 44 条第 1 款保持一致，理论上包括所有刑事诉讼法律关系主体，但是，客观方面却包含所有违反法律规定，实施干扰诉讼活动的行为，即所有诉讼不法行为或违反诉讼程序的行为，这种概括表述有利于维护诉讼程序的尊严，遏制各种程序违法行为。在杭州保姆纵火案审判过程中，原辩护律师党某未经法庭允许，擅自退庭；被害人林某控制不住自己的情绪，将保温杯砸向被告人，被强制带出法庭，都是违反法庭秩序和诉讼义务的行为，需要法律规制。为此，有学者提出"刑事诉讼程序法律责任"的概念，认为它包括程序责任、经济责任、刑事责任和行政责任四个方面。[1]该概念虽然扩大了这种法律责任适用的主体范围，也承认它包括实体法律责任和程序法律责任，但是，其客体表述过于模糊、复杂，与《刑事诉讼法》有关规定不一致。而且这个名称也不科学，容易让人误认为其仅仅是一种程序上的法律责任。

　　基于上述分析，笔者认为，刑事诉讼法律责任是指刑事诉讼法律关系主体违反刑事诉讼法规范所应当承担的不利后果。[2]该定义包含四层含义：第

---

〔1〕　刘方权、曹文安："刑事诉讼程序法律责任论"，载《江苏警官学院学报》2005 年第 2 期。

〔2〕　刑事诉讼法律关系、刑事诉讼法律关系主体和刑事诉讼主体在我国都不是法定概念，学界存在分歧。主流观点认为，刑事诉讼法律关系是刑事诉讼法律规范调整刑事诉讼活动主体之间的诉讼行为时所形成的诉讼上的权利、义务关系，包括主体、内容和客体三个方面。刑事诉讼法律关系主体是指刑事诉讼法律关系的参与者，即刑事诉讼法律关系中权利、义务或责任的承担者，他们是刑事诉讼中依法享有一定诉讼权利或权力，承担一定诉讼义务或责任的国家专门机关和个人，包括人民法院、人民检察院和公安机关，当事人及其他诉讼参与人等。笔者认为，案外人一旦参加刑事诉讼，依法享有一定的权利，承担一定的诉讼义务，也是刑事诉讼法律关系主体。例如，我国《刑事诉讼法》第 44条第 1 款规定的"其他任何人"、第 199 条第 1 款规定的"旁听人员"等。刑事诉讼主体是指与刑事诉讼结果有法律上的利害关系，独立承担一定诉讼职能，并对诉讼进行起重要影响作用的国家专门机关和当事人，包括侦查机关、检察机关、自诉人、被害人、犯罪嫌疑人、被告人和法院等。刑事诉讼主体与刑事诉讼法律关系主体的区别在于诉讼中的职能、作用以及诉讼地位不同。刑事诉讼主体具有独立的诉讼职能，而刑事诉讼法律关系主体并非都有独立的诉讼职能，如刑事诉讼中的证人、鉴定人、翻译人、诉讼代理人等，并不执行独立的诉讼职能，他们只是应司法机关的要求或被代理人委托参加

一，刑事诉讼法律责任的主体是刑事诉讼法律关系主体，涵盖所有参加刑事诉讼程序并享有一定诉讼权利（或权力）、履行一定诉讼义务（或责任）的个人和单位。第二，刑事诉讼法律责任的客体是违反刑事诉讼法规范的行为，即诉讼不法行为或程序违法行为，既包括违反刑事诉讼程序的行为，又包括违反法律强制性、禁止性规范的行为，还包括各种滥用职权或诉讼权利的行为，范围非常广泛。这样既与《刑事诉讼法》第 3 条第 2 款、第 238 条和第 253 条规定一致，又涵盖了当事人、其他诉讼参与人和案外人实施的各种诉讼不法行为或程序违法行为，还体现了刑事诉讼法律责任作为违反刑事诉讼法规范的程序违法行为的制裁。第三，这里的刑事诉讼法规范，是指广义上的刑事诉讼法规范，既包括《刑事诉讼法》规定，也包括其他法律（如《宪法》《刑法》《监察法》《律师法》等）规定的刑事诉讼法规范。第四，刑事诉讼法律责任作为违反刑事诉讼法规范应当承担的不利后果，并不限于程序性法律后果，或曰刑事诉讼程序法律责任，还应包括相应的实体性法律后果，或曰刑事诉讼实体法律责任和纪律责任，具有复合性。也就是说，刑事诉讼法律责任作为一种责任，包括但不限于法律责任，还有纪律责任。

我国《刑事诉讼法》《民事诉讼法》和《行政诉讼法》都没有设专门的章节规定"法律责任"，有关诉讼法律责任分散规定在相关条款中。《刑事诉讼法》规定的刑事诉讼法律责任，除前文讨论"责任""法律责任"提及的相关条文规定外，《刑事诉讼法》第 16 条规定了不追究刑事责任的六种法定情形，同时，明确了违反该规定的诉讼法律责任，包括撤销案件、不起诉、终止审理和宣告无罪。《刑事诉讼法》第 238 条和第 253 条明确规定了法院违反法定诉讼程序的程序法律责任——撤销原判发回重审。第 52 条规定了取证的禁止性规定，第 56 条至第 60 条规定了非法证据排除规则作为违法取证的程序法律责任；《刑法》第 247 条规定的刑讯逼供罪、暴力取证罪，就是违法取证触犯刑法应当承担的刑事诉讼实体法律责任，即刑事诉讼刑事责任；有关法律还规定了对违法取证人员的纪律责任。这是其一。其二，《刑事诉讼法》

(接上页) 诉讼。因此，他们是刑事诉讼法律关系主体，而不是刑事诉讼主体。刑事诉讼主体必须是刑事诉讼法律关系主体，而刑事诉讼法律关系主体不一定是刑事诉讼主体。特定的刑事诉讼行为必须由特定的行为主体实施，否则就会因为行为主体的不合格而影响诉讼行为的效力。

第 54 条第 4 款、第 59 条和第 135 条第 3 款等规定本身就包含需要追究相应诉讼法律责任的内容，但是需要立法进一步明确。其三，《刑事诉讼法》很多条文暗含了违反刑事诉讼法规范应当承担诉讼法律责任，但没有明确使用"法律责任"或"责任"一词，也没有明确违反这些规定的不利后果，因此均有待完善。这些规定主要包括：（1）第 3 条第 2 款要求法院、检察院和公安机关进行刑事诉讼必须严格遵守《刑事诉讼法》和其他法律的有关规定，但并没有明确违反该款规定的程序性后果。而这不仅是完善刑事诉讼法律责任的基本依据，而且是程序法定原则的应有之义；（2）第 29 条规定的自行回避；（3）第 34 条第 2 款规定的告知委托辩护人；（4）第 35 条规定的指派辩护；（5）第 52 条规定的保证公民提供证据；（6）第 57 条规定的检察机关调查核实非法证据；（7）第 58 条规定的法院启动非法证据排除程序；（8）第 88 条第 1 款规定的审查批准逮捕中讯问犯罪嫌疑人；（9）第 93 条规定的出示逮捕证；（10）第 95 条规定的逮捕后羁押必要性审查；（11）第 112 条规定的对报案、控告、举报和自首的审查；（12）第 115 条规定的侦查；（13）第 116 条规定的预审；（14）第 118 条第 2 款规定的在看守所讯问；（15）第 119 条第 3 款规定的传唤、拘传犯罪嫌疑人的权利保障；（16）第 120 条第 2 款规定的侦查讯问权利告知；（17）第 122 条规定的讯问笔录；（18）第 123 条规定的讯问过程同步录音录像；（19）第 138 条第 1 款规定的出示搜查证；（20）第 145 条规定的解除查封、扣押、冻结；（21）第 148 条规定的告知鉴定意见与补充鉴定、重新鉴定；（22）第 152 条规定的技术侦查措施的执行、保密和获取的材料使用限制；（23）第 161 条规定的听取辩护律师意见；（24）第 162 条规定的侦查终结处理；（25）第 173 条规定的审查起诉程序；（26）第 179 条至第 181 条规定的不起诉救济；（27）第 192 条第 1 款规定的证人出庭作证；（28）第 194 条第 1 款规定的庭审调查内容；（29）第 227 条第 3 款规定的对被告人上诉权保障；（30）第 234 条规定的二审审理方式[1]；（31）第 251 条规定的复核死刑案件方式；（32）第 253 条规定的再审启动条件；（33）第 268 条

---

〔1〕 该条明确规定了二审法院必须开庭审理的四种情形，但是，从司法实践看，刑事案件二审不开庭审理，结果只有八个字——"驳回上诉，维持原判"，几乎已经成为一种诉讼常态，严重影响被告人的上诉意愿和刑事二审救济功能的发挥。广东省高级人民法院（2020）粤刑终 4 号对被告人康某被判处死刑缓期两年执行的上诉案件没有开庭审理，是通过查清作为本案起因关键事实之一的"借条"问题和被害人过错，直接改判被告人无期徒刑。

规定的收监执行；（34）第273条第2款规定的减刑假释；（35）第278条规定的未成年人法律援助；（36）第280条规定的对未成年犯罪嫌疑人、被告人适用强制措施；（37）第281条规定的未成年人刑事案件的讯问和审判；（38）第286条规定的犯罪记录封存；（39）第304条规定的强制医疗案件审理程序；（40）第306条第1款规定的强制医疗定期评估，等等。这说明我国《刑事诉讼法》规定的诉讼法律责任具有分散性，内容不完整、不协调，缺乏体系性，不仅公安机关、检察机关、法院违反法定诉讼程序的诉讼法律责任不明确，而且当事人和其他诉讼参与人、案外人的诉讼法律责任也含混不清，亟待深入研究，使之规范化、体系化。

第二节　刑事诉讼法律责任的特点

刑事诉讼法律责任作为违反刑事诉讼法有关规范所产生的不利后果，具有自身的特点，主要表现在以下四个方面。

一、责任主体的广泛性

刑事诉讼法律责任通过制裁和排除违反刑事诉讼法的行为，维护正常的刑事诉讼法律关系和刑事诉讼秩序，保障当事人和其他诉讼参与人的诉讼权利与其他合法权利。这就决定了所有参与刑事诉讼过程并且享有一定权利、承担一定义务的刑事诉讼法律关系主体都可能成为刑事诉讼法律责任的主体，他们既包括国家专门机关，也包括所有当事人和其他诉讼参与人，还包括参与刑事诉讼过程的案外人。《刑事诉讼法》第3条第2款明确要求法院、检察院、公安机关进行刑事诉讼必须严格遵守《刑事诉讼法》和其他法律的有关规定，他们违反这些法律规定，包括法律规定的诉讼程序，应当承担相应的刑事诉讼法律责任。诉讼参与人和案外人违反刑事诉讼法规范，也应当承担相应的诉讼法律责任。《刑事诉讼法》第199条规定，在庭审过程中，诉讼参与人或者旁听人员（即案外人）违反法庭秩序，审判长应当警告制止。对不听制止的，可以要求法警强行带出法庭；情节严重的，经院长批准，可以处以一千元以下的罚款或者十五日以下的拘留。严重扰乱法庭秩序构成犯罪的，依法追究刑事责任。立法确立这些司法处罚措施和刑事责任，就是规定诉讼参与人或者旁听人员违反法庭秩序、严重扰乱法庭秩序需要承担的实体或程序法律后果，即刑事诉讼法律责任。《刑事诉讼法》第44条规定，辩护人或者其他任何人帮助犯罪嫌疑人、被告人隐匿、毁灭、伪造证据或者串供，或威胁、引诱证人作伪证以及进行其他干扰司法机关诉讼活动的行为，应当依法追究法律责任。这里的"其他任何人"包括辩护人以外的所有人（含案外人）。这里的"法律责任"包括《刑法》第306条规定的刑事责任和《律师法》第49条规定的行政处罚等刑事诉讼实体法律责任。

二、责任承担的双重性

我国《宪法》第140条和《刑事诉讼法》第3条第2款、第7条等规定，人民法院、人民检察院和公安机关作为国家专门机关参加刑事诉讼，既是刑事诉讼主体，又是刑事诉讼法律关系主体，还是刑事诉讼法律责任的主体。法官、检察官、警察等司法工作人员代表其所在的机关行使相应的公权力，在刑事诉讼中享有一定的诉讼权利，承担一定的诉讼义务。笔者认为，虽然他们不是刑事诉讼主体，但应当是刑事诉讼法律关系主体，与当事人、其他诉讼参与人和案外人等形成各种权利义务关系，也是刑事诉讼法律规范调整的对象之一，既是刑事诉讼法律责任的主体，也是司法责任的主体。党的十九大报告提出全面落实司法责任制，就是要落实法官、检察官、警察等司法工作人员的办案责任。

《刑事诉讼法》第3条、第238条和第253条等规定，人民法院、人民检察院和公安机关进行刑事诉讼必须遵守刑事诉讼法规定的诉讼程序和有关规定，违反法律规定的诉讼程序，应当受到相应的程序性制裁，即承担刑事诉讼程序法律责任，包括补充侦查、撤回抗诉、撤销原判发回重审或改判、非法证据排除等，但是，作为国家专门机关，他们并不承担任何实体法律责任。而有关法院、检察院、公安机关内设机构的负责人及其办案的法官、检察官、警察个人，即直接负责的主管人员和直接责任人员需要承担一定的刑事诉讼实体法律责任或纪律责任，即司法责任，同时，国家承担刑事赔偿责任。前文案例1提到的内蒙古呼格吉勒图案，内蒙古高院再审撤销原判，改判被告人呼格吉勒图无罪后，有关公安机关、检察机关、法院并没有承担任何实体法律责任或纪律责任，取而代之的是，有关部门依法依规对27人进行追责，包括时任呼和浩特市公安局局长的王某和时任呼和浩特市公安局新城区公安分局局长的郑某，时任呼和浩特市人民检察院检察长的文某，时任呼和浩特市中级人民法院院长的张某，以及其他参与办案的法官、检察官和警察。时任呼格吉勒图案专案组组长、该案改判时任呼和浩特市公安局副局长的冯某因涉嫌职务犯罪被追究刑事责任。由此可见，刑事诉讼法律责任的承担具有双重性。某些刑事诉讼违法事实发生后，有关国家专门机关承担刑事诉讼程序法律责任，而其内设机构负责人和参与办案的工作人员需要承担相应的刑事诉讼实体法律责任或纪律责任。

三、责任内容的复合性

从世界范围看，诉讼法与实体法的关系是一个永恒的研究课题。我国第一部刑事诉讼法和刑法都制定于 1979 年，1996 年、1997 年分别进行了第一次"中改"，2012 年《刑事诉讼法》进行第二次"中改"，2018 年《刑事诉讼法》进行第三次"应急修改"。而 2011 年、2015 年、2020 年全国人大常委会通过的《刑法修正案（八）》《刑法修正案（九)》《刑法修正案（十一）》，分别对《刑法》修改 49 处、51 处、47 处，分别也相当于一次小"中改"。从《刑法》及 11 个修正案的内容看，不仅在《刑法》总则中许多条款明确规定了刑事诉讼程序规范，例如，第 36 条规定的民事赔偿优先执行，第 48 条第 2 款规定的死刑核准程序，第 50 条第 1 款规定的死刑缓期执行，第 64 条规定的对犯罪物品的处理，第 79 条和第 82 条规定的减刑程序、假释程序，以及第 88 条规定的追诉时效的延长，等等，而且《刑法》分则许多条款规定罪名的依据直接来源于《刑事诉讼法》，是对《刑事诉讼法》有关条款规定的救济和保障，即刑事诉讼刑事责任。例如，《刑法》第 247 条规定的刑讯逼供罪、暴力取证罪，第 305 条规定的伪证罪，第 306 条规定的"律师伪证罪"，第 307 条规定的妨碍作证罪，帮助毁灭、伪造证据罪，第 308 条规定的打击报复证人罪，第 309 条规定的扰乱法庭秩序罪，第 314 条规定的非法处置查封、扣押、冻结的财产罪，第 401 条规定的徇私舞弊减刑、假释、暂予监外执行罪，等等。《刑法修正案（八）》创设的社区矫正和刑事禁止令制度，分别被《刑事诉讼法》第 269 条、第 71 条所吸收。《刑法修正案（九）》创设了从业禁止制度和终身监禁不得减刑假释制度。《刑法修正案（十一）》规定了有限降低未成年人刑事责任年龄，经最高人民检察院核准追诉，等等。

另外，我国《刑事诉讼法》作为调整刑事诉讼法律关系的法律规范，规定的也不仅仅是刑事程序法规范，还包含许多刑事实体法规范，是刑事实体法规范和刑事程序法规范的综合体。为此，有学者对传统的诉讼法与实体法关系理论提出质疑，认为诉讼法并不仅仅是程序法或程序规范，还包括大量实体规范。这些实体规范包括司法主管权规范、诉讼权利规范、司法机关相互关系的规范、实施强制措施权规范、证据方面的权利与义务规范、法律责任规范等。[1]还有学者在研究刑事法律关系主体时，从四个方面论述了"刑事诉讼中的实体与程序"，认为刑事诉讼包括刑事实体与刑事程序两个要素，刑事诉讼中涉及的法律规范也主要有刑事实体法规范和刑事程序法规范，二者是目的和手段的关系。司法机关在刑事诉讼中既行使刑事实体权也行使刑事程序权，它们分别由刑事实体法规范和刑事程序法规范规定，内容也不同。[2]笔者赞同上述观点，认为它们符合我国《刑事诉讼法》的内容与刑事司法实践。例如，《刑事诉讼法》第37条规定了辩护人的职责，辩护人不仅要维护犯罪嫌疑人、被告人的诉讼权利，而且要维护其他合法权益，即实体权利。第193条第2款规定的对无正当理由的证人不出庭作证的处罚，第199条第1款规定的对违反法庭秩序的处罚，第245条规定的对涉案财物的处置，第286条创设的犯罪记录封存制度等，都属于刑事诉讼中的实体法律规范。此外，有学者提出，《刑事诉讼法》赋予国家专门机关的司法职能性权限和当事人的诉讼利益性权利，也属于实体规范，而非程序规范。

正是由于刑事诉讼法律规范是刑事实体法规范和刑事程序法规范的综合体，违反刑事诉讼法规范应当承担的不利后果也具有复合性，既有刑事程序性法律后果，又有刑事实体性法律后果，分别产生刑事诉讼程序法律责任、

---

〔1〕　李颂银："走出实体法与程序法关系理论的误区"，载《法学评论》1999年第5期。

〔2〕　张小虎："刑事法律关系主体论"，载《法学研究》1999年第3期。该文认为，刑事诉讼是刑事实体与刑事程序这两个相互独立又相互依存的要素的有机统一。在刑事诉讼中，刑事实体由刑事实体法规范调整，形成刑事法律关系；刑事程序由刑事程序法规范调整，形成刑事诉讼法律关系。在刑事诉讼中，司法机关既行使刑事实体权也行使刑事程序权，这两种权力分别由刑事实体法规范与刑事程序法规范规定，并表现出不同的内容。刑罚权是实体上的刑事权力，分为制刑权与司法权，所谓"求刑权、量刑权、行刑权"的分类属于刑事程序权；制刑权不属于刑事法律关系中的刑事实体权，刑事法律关系中的刑事实体权是指刑罚权中的司法权。

刑事诉讼实体法律责任和刑事诉讼纪律责任。有关国家专门机关承担刑事诉讼程序法律责任后，其直接负责的主管人员和其他直接责任人员还得根据《政务处分法》《公务员法》《法官法》《检察官法》《人民警察法》《监察法》《律师法》等规范性文件承担相应的刑事诉讼实体法律责任或纪律责任。因此，刑事诉讼法律责任是以刑事诉讼程序法律责任为主体，以刑事诉讼实体法律责任和纪律责任为保障的一个复合性法律责任体系。这也决定了刑事诉讼法律责任的追究程序应当具有多样性。

四、责任设置的适当性

罪责刑相适应原则作为我国《刑法》的基本原则之一，要求刑罚的轻重应当与犯罪人所犯罪行和刑事责任相适应。刑事诉讼法律责任的目的并非对责任主体进行实质性制裁，而在于制裁和排除各种刑事诉讼违法行为，保障刑事诉讼程序的有序进行和诉讼参与人的合法权益，从而确保司法公正，包括实体公正和程序公正。这就要求刑事诉讼法律责任的设置同样应当遵循适当性原则，它应当与刑事诉讼违法行为的严重程度，以及刑事诉讼违法行为所侵犯的权利相适应。具体来说，分为两种情况：一是根据诉讼违法行为本身的严重程度，对严重的刑事诉讼违法行为设置严厉的诉讼法律责任，对轻微的刑事诉讼违法行为设置相对轻缓的诉讼法律责任。二是根据诉讼违法行为对诉讼参与人合法权益的侵犯情况，主要从侵犯的权益的重要程度和侵犯的权益的结果两个方面综合衡量确定。[1] 我国《刑事诉讼法》的有关规定基本上体现了这一要求，根据诉讼违法行为和侵犯权利的轻重不同，规定了轻重不同的诉讼法律责任。例如，《刑事诉讼法》第 238 条和第 253 条第 4 项规定了法院违反法律规定的诉讼程序进行审理应当承担的刑事诉讼程序法律责任——撤销原判发回重审。对于《刑事诉讼法》第 56 条规定的非法收集言词证据的，应当依法予以排除，不得作为定案的依据。对于不符合法定程序收集的物证、书证，可能严重影响司法公正的，应当予以补正或作出合理解释，也应当予以排除。构成犯罪的，根据《刑法》第 247 条追究刑事责任。这是侦查机关违法取证的刑事诉讼法律责任。同时，根据《公务员法》《人民警察

---

〔1〕 王敏远："设置刑事程序法律后果的原则"，载《法学家》2007 年第 4 期。

法》等法律法规，公安机关还可以对有关侦查人员追究纪律责任。但是，《刑事诉讼法》第 192 条至第 194 条对证人作证的诉讼法律责任的规定不完整，第 192 条第 1 款仅仅规定了关键证人出庭作证的条件，没有像该条第 3 款规定的鉴定人出庭作证一样，明确不出庭作证的程序法律责任——禁止书面证言作为定案的根据。相反，《刑事诉讼法》第 195 条还允许当庭宣读书面证言。第 193 条第 2 款明确无正当理由的证人不出庭作证的实体法律责任——予以训诫，情节严重的由院长批准拘留。但是，第 194 条规定的对证人作伪证的诉讼法律责任，仅仅局限于刑事责任——《刑法》第 305 条规定的伪证罪，而没有体现适当性要求，有待进一步研究完善。

第三节　刑事诉讼法律责任的价值

价值作为主体的人在实践—认识活动中所建立起来的特定的主客体关系，以主体尺度为尺度，依主体不同而不同、变化而变化，具有"主体的客观性"。学者们通常将价值分为内在价值、外在价值和效益价值三个方面。刑事诉讼法律责任作为一种复合性责任，对于落实刑事程序法定原则和加强人权司法和法治保障都具有重要价值。概括起来，包括以下三个方面。

一、实现刑事诉讼程序自治

这是刑事诉讼法律责任对于刑事诉讼程序的内在价值。联合国《公民权利和政治权利国际公约》第 14 条将"公正审判权"规定为一项基本人权，获得公正裁判是所有人依法享有的基本权利之一，国家有保障的义务。重视刑事程序保障或程序的正当性已经成为世界刑事诉讼法律制度发展的潮流，而只有实体和程序都符合法律要求，作出的裁判才称得上是实现了正义的裁判或公正裁判。因此，公正审判权的内容既包括公民请求实现实体正义的刑事裁判权，也包括为确保实体正义的实现而请求程序正义的刑事裁判权。刑事诉讼法律责任通过对违反刑事诉讼法规范的刑事诉讼法律关系主体追究实体法律责任、程序法律责任或纪律责任，使刑事诉讼法建立起自己的责任机制，让那些违反刑事诉讼法行为的主体承担各种不利后果，剥夺其从刑事程序违法行为中获取的利益，让各种程序性违法行为在刑事诉讼程序范围内得到解决，从而使刑事程序本身具备一些内在的"善"的品质，符合理性的要求，实现刑事诉讼程序自治。

另外，程序法定原则作为联合国刑事司法准则之一，与罪刑法定原则共同构成现代刑事司法的两大基石。它要求所有的诉讼程序和诉讼规则由国家立法确定，上升为国家意志，体现诉讼程序的权威性。更重要的是，它要求公安司法机关办理刑事案件必须严格遵守法定程序，诉讼参与人参加刑事诉讼必须严格按照法定程序行使权利和履行义务，违反法定程序规范应当受到相应的程序性制裁。这种程序制裁机制就是刑事诉讼法律责任。《意大利刑事诉讼法典》第191条将所有违反法律禁令而获取的证据界定为非法证据，禁止在诉讼中使用。任何人可以在诉讼的任何阶段和审级中指出这种非法证据的不可使用性。同样，《俄罗斯联邦刑事诉讼法典》第75条不仅明确对所有违反该法典的要求而获得的证据不允许采信，而且规定不允许采信的证据不具有法律效力，不得作为指控的根据，也不得用来证明该法典第73条所规定的任何情况。[1]与之相对应，该法典第381条将"违反刑事诉讼法"作为撤销或变更刑事裁判的根据，第1款规定："第二审上诉法院撤销或变更刑事判决或法院其他裁决的根据，是发生了违反刑事诉讼法的行为，通过剥夺或限制本法典规定的刑事诉讼参加人的权利，或者不遵守诉讼程序或其他途径，影响了或可能作出合法的、根据充分和公正的裁决。"同时，第2款还明确在11种情形下应当无条件撤销或变更法院裁决。显然，意大利和俄罗斯法规定对于落实刑事程序法定原则，保障刑事诉讼法律规范得以贯彻实施，具有重要价值。我国《刑事诉讼法》第3条第2款仅仅明确公安机关、检察机关、法院进行刑事诉讼必须严格遵守刑事诉讼法律规定，并没有明确这些专门机关违反法律规定的法律后果，即程序性制裁，也没有规定当事人和其他诉讼参与人违反刑事诉讼法规范应当承担的后果，有待进一步完善。而这些都是刑事诉讼法律责任的具体内容。

推进严格司法是党的十八届四中全会通过的《中共中央关于全面推进依法治国若干重大问题的决定》提出的"保证公正司法，提高司法公信力"的具体措施之一。党的十九届四中全会通过的《中共中央关于坚持和完善中国

---

[1]《俄罗斯联邦刑事诉讼法典》第73条规定了刑事诉讼应该证明的情况，即证明对象。

特色社会主义制度、推进国家治理体系和治理能力现代化若干重大问题的决定》进一步提出加强对法律实施的监督，"保证行政权、监察权、审判权、检察权得到依法正确行使，保证公民、法人和其他组织合法权益得到切实保障……严格刑事责任追究"。推进严格司法和加强对法律实施的监督不仅要求严格贯彻落实程序法定原则，而且要求全面落实司法责任制，明确各类司法工作人员的工作职责或司法权力，以及违反工作职责或违法行使司法权力所应当承担的司法责任，具体到刑事诉讼过程中，这都是刑事诉讼法律责任的一部分，即纪律责任，通过党纪处分或政务处分处理。因此，完善刑事诉讼法律责任还是贯彻落实党的十九大、十九届历次全会和十八届三中、四中全会精神，推进严格司法和加强对法律实施的监督的重要措施。

二、完善诉讼法律责任体系

这是刑事诉讼法律责任的外在价值。根据解决纠纷性质的不同，诉讼法分刑事诉讼法、民事诉讼法和行政诉讼法。与之相对应，诉讼法律责任包括刑事诉讼法律责任、民事诉讼法律责任和行政诉讼法律责任，它们共同构成诉讼法律责任体系。在我国，公安机关、检察机关、法院作为国家专门机关参加刑事诉讼，分别以单位整体名义行使侦查权、检察权、审判权，并履行相应的诉讼职责，包括对授权行使其权力的各类司法工作人员的诉讼违法行为承担相应的程序法律责任，并依法依规追究有关诉讼违法工作人员的纪律责任，构成犯罪的，依法追究刑事责任。同时，国家对有关国家机关及其工作人员违法行使职权造成损害的行为承担国家赔偿责任。在前文案例1所述呼格吉勒图冤案中，原来的一审、二审错误判决被撤销，宣告原审被告人呼格吉勒图无罪（刑事诉讼程序法律责任），原来参与办理该案的27名警察、检察官、法官被追究各种不同的纪律责任（党纪处分、政务处分），同时，该案专案组组长冯某被追究刑事责任（但是否与本案有关，判决没有明确），内蒙古高院决定给予呼格吉勒图的父母国家赔偿共205万元。[1]因此，刑事诉讼法律责任作为一种责任，既包括国家专门机关违反法定诉讼程序应当承担的程序法律责任，又包括国家、个人对于各种诉讼违法行为所应当承担的实

---

〔1〕　刘明霄："内蒙古高院对呼格吉勒图案作出国家赔偿决定　赔偿205万"，载参考消息网，http://www.cankaoxiaoxi.com/china/20150803/882157.shtml，最后访问时间：2016年4月2日。

体法律责任和纪律责任。它不仅仅是一种法律责任，而且是一种复合性责任，包括纪律责任。从法学理论上讲，建立刑事诉讼法律责任制度，可以进一步完善我国的责任理论、法律责任理论和诉讼法律责任理论，使我国法律责任理论形成一个由违宪责任、刑事责任、行政责任、民事责任与诉讼责任组成的完整严密的体系。从法治实践看，这可以强化人们遵纪守法的观念，使人们懂得不仅要遵守宪法和实体法，而且要遵守程序法。违反程序法应当承担相应的诉讼法律责任。

党的十九大报告再次确认坚持全面依法治国，深化依法治国实践，并且提出深化司法体制综合配套改革，全面落实司法责任制。中央全面深化改革领导小组第三十八次会议审议通过《关于加强法官检察官正规化专业化职业化建设全面落实司法责任制的意见》，为全面落实司法责任制指明了前进方向、提供了根本遵循。2015 年 9 月，最高人民法院、最高人民检察院分别制定《法院司法责任制意见》和《检察院司法责任制意见》。2016 年 10 月，最高人民法院、最高人民检察院联合印发《法官、检察官惩戒制度意见》。2017年 7 月，最高人民法院、最高人民检察院又分别制定《司法责任制实施意见》，其内容都涉及各类司法工作人员违反刑事诉讼法规范应当承担的诉讼法律责任的认定与追责程序。党的十九届四中全会通过的《中共中央关于坚持和完善中国特色社会主义制度、推进国家治理体系和治理能力现代化若干重大问题的决定》再次提出"深化司法体制综合配套改革，完善审判制度、检察制度，全面落实司法责任制，完善律师制度，加强对司法活动的监督，确保司法公正高效权威，努力让人民群众在每一个司法案件中感受到公平正义"，从而有助于健全社会公平正义法治保障制度，加强人权法治保障，严格刑事责任追究。党的十九届六中全会通过《中共中央关于党的百年奋斗重大成就和历史经验的决议》，将深化以司法责任制为重点的司法体制改革，推进政法领域全面深化改革，加强对执法司法活动的监督制约，开展政法队伍教育整顿，依法纠正冤假错案，严厉惩治执法司法腐败，确保执法司法公正廉洁高效权威，确定为党在开创中国特色社会主义新时代领导全面依法治国上的重大成就之一，其宗旨是保障和促进社会公平正义，努力让人民群众在每一项法律制度、每一个执法决定、每一宗司法案件中都感受到公平正义。建立刑事诉讼法律责任制度，进一步明确各类司法工作人员的诉讼法律责任，为贯彻落实党的十九大和十九届历次全会精神，全面落实司法责任制，构建和完善司法责任制及其保障机制，实施办案质量终身负责制和错案责任追究制等创造条件。

三、有效防范冤假错案

这是刑事诉讼法律责任的效益价值。刑事诉讼法律关系主体违反刑事诉讼法规范，可能导致冤假错案或妨碍刑事诉讼的顺利进行。前者造成大量的申诉上访，影响社会稳定，损害法律的尊严和权威，一旦案件改判，国家还要给予大量刑事赔偿。后者导致证据禁止使用，出现诉讼中止乃至诉讼终结等，影响诉讼效率。我国 1979 年《刑事诉讼法》就严格禁止刑讯逼供和以威胁、引诱、欺骗等非法方法收集证据。最高人民法院院长周强于 2019 年 10 月 23 日向全国人大常委会作的《最高人民法院关于加强刑事审判工作情况的报告》显示，自 2014 年以来，全国各级法院再审改判刑事案件 8051 件，依法纠正呼格吉勒图案、聂树斌案、陈满案等重大冤假错案 42 件 63 人，依法宣告 3246 名公诉案件被告人和 1986 名自诉案件被告人无罪。经过分析，我们可以发现，这些冤假错案和无罪案件的产生，绝大多数都与侦查取证不规范，尤其是违反刑事诉讼法规范有关。很多案件背后都有刑讯逼供的影子。最高人民法院于 2016 年改判聂树斌无罪的两个重要理由是，对聂树斌有罪供述的真实性存疑，不能排除指供、诱供的可能，以及原办案程序存在明显缺陷，严重影响相关证据的证明力，全案缺乏能够锁定聂树斌作案的客观证据。[1]安徽省高级人民法院于 2018 年改判周继坤等五人无罪的主要理由也是全案缺乏能够锁定周继坤等五人作案的客观性证据；周继坤等五人的有罪供述在作案的重要情节上存在诸多矛盾，供述内容与鉴定意见反映的情况不符，对有罪供述的客观性、真实性存疑。[2]前文案例 2 杭州保姆纵火案在 2017 年 12 月第一次庭审中，由于前辩护律师党某违反法庭规则，未经许可擅自退庭，导致庭审中止，他自己因此受到行政处罚。[3]建立刑事诉讼法律责任制度，明

---

〔1〕 最高人民法院（2016）最高法刑再 3 号刑事判决书。

〔2〕 任梦岩、黄子洋：“安徽'五周杀人案'再审改判无罪　被告称：赔偿可以不要　责任人必须追究”，载搜狐网，https://www.sohu.com/a/228086675_ 362042，最后访问时间：2018 年 4 月 18 日。

〔3〕 章宁旦：“杭州保姆纵火案原辩护律师被罚”，载《法制日报》2018 年 2 月 5 日，第 3 版。

确各类司法工作人员的工作职责和诉讼参与人的诉讼义务，以及违反刑事诉讼法规范应当承担的诉讼法律责任，促使他们正确、公正地履行司法职责和诉讼义务，依法办案或参加诉讼，可以有效防范冤假错案，减少国家赔偿和诉讼障碍，保障刑事诉讼顺利进行，提高诉讼效益。我国《刑事诉讼法》虽然有一些规定，但很不完善，绝大部分只是宣言式的禁止性规定，缺乏相应的程序性后果，即缺乏诉讼法律责任及其追究机制，亟待完善。

第四节　刑事诉讼法律责任的正当根据

有学者在研究违反刑事诉讼程序的程序性后果时指出，程序性法律后果不仅有利于正确处理诉讼中的实体问题，而且对于维护诉讼程序的尊严具有重要作用。[1]这种违反刑事诉讼程序的程序性法律后果就是刑事诉讼法律责任的一部分，对刑事诉讼法律责任同样适用。那么，设立刑事诉讼法律责任的正当根据是什么？也就是说，刑事诉讼法律关系主体为什么要承担刑事诉讼法律责任，国家为什么要追究刑事诉讼法律责任，对此至今仍缺乏系统研究。基于不同的分析视角，学者们通常将法律责任的根据分为哲学根据和法律根据。[2]笔者认为，刑事诉讼法律责任的正当根据或理论基础包括社会契约理论、自然正义原则和人性尊严理念三个方面，它们分别为刑事诉讼法律责任提供哲学根据、法律根据和人性根据。

一、社会契约理论

马克思断言："国家起源于人们相互之间的契约，起源于社会契约。"[3]

---

〔1〕　主要表现在三个方面：第一，程序性法律后果的存在，使刑事诉讼法成为具有完整意义的法律规范。第二，程序性法律后果的存在，使刑事诉讼法的各项规定具有独立的不可违反的性质。这种法律后果的设定，要求人们在刑事诉讼中的行为，应完全按照刑事诉讼法所规定的操作程序，否则，将会导致相应的法律后果。第三，程序性法律后果的设定，使刑事诉讼法所需要体现并应维护的各项价值目标能够得以实现。这些价值目标包括保证刑法的正确实施、维护被告人等诉讼参与人的合法权益，以及实现诉讼公正和保障诉讼效率。参见王敏远："论违反刑事诉讼程序的程序性后果"，载《中国法学》1994年第3期。

〔2〕　刘方权、曹文安："刑事诉讼程序法律责任论"，载《江苏警官学院学报》2005年第2期。

〔3〕　中共中央马克思恩格斯列宁斯大林著作编译局译：《马克思恩格斯全集》（第3卷），人民出版社1972年版，第167页。

社会契约理论作为一种关于国家和国家权力起源的学说，起源于两千多年前，在后期发展中，霍布斯、洛克和卢梭等都作出过重要贡献。其中，卢梭是社会契约理论的集大成者，他对自然状态的设想是在批评霍布斯和洛克关于人具有社会人特点的基础上建立的。[1]根据该理论，社会契约是每个人共同理性选择的产物，它将每个人的利益紧密地联系起来，使每一个人都成为"全体之不可分割的一部分"，对任何个人利益的侵害都相当于破坏了全体赖以生存的契约，危及共同体中每个人的自由，因此，每个人既有权利也有义务相互援助，共同制止违反社会契约的行为，按照公意恢复正常秩序。而每一个人都服从公意是大家的共同愿望，也是每一个人能自由生活的前提。国家有义务行使公权力去惩戒那些拒不服从公意的行为，以恢复被侵害的利益和秩序。当然，国家行使权力必须遵循正当程序，不能再给任何个人权利造成新的侵害。否则，个人就有权终止或退出社会契约，撤回他们的授权。

社会契约理论为刑事诉讼法律责任的设立提供了哲学根据。人的意志自由及基于其自由意志的行为选择，包括他对法律和法律责任的选择。这种选择既是人之理性与意志自由的展现，同时还是行为应当承担责任的基础，是诉讼法律责任之正当性的基础。我国《宪法》第2条明确规定，国家的一切权力属于人民。全国人民代表大会和地方各级人民代表大会代表人民依法制定法律，行使国家公权力，包括选举产生中央国家机关和地方各级国家机关并授权其行使相应的公权力。当国家以法律的形式将刑事诉讼程序规范昭示天下之时，亦即国家与其公民就刑事诉讼行为订立契约之时，国家利益在刑事诉讼中的代理人——国家专门机关及其工作人员的程序违法行为所产生的诉讼法律责任也应当由国家来承担。与此相对应，犯罪嫌疑人、被告人、被害人等诉讼当事人和证人、鉴定人、辩护人等其他诉讼参与人也必须遵守其与国家之间的这一契约，也就是遵守刑事诉讼程序规范，并为其程序违法行为承担相应的诉讼法律责任。

---

〔1〕 ［法］卢梭：《社会契约论》，何兆武译，商务印书馆2003年版，第6页。卢梭在《社会契约论》中主要论证了两个理论：一是自然权利论，即人是生而自由平等的；二是人民主权论，即主权在民，政府是人民自由意志的产物，所以人民有权废除一个违反自己意愿、剥夺自己自由的政府。

二、自然正义原则

自古以来，人们对"正义"的概念就有各种不同理解。古罗马法学家乌尔比安首创正义的定义："正义乃是使每个人获得其应得的东西的永恒不变的意志。"西塞罗曾把正义描述为"使每个人获得其应得的东西的人类精神取向"。他们都强调了正义的主观向度，即正义被认为是人类精神上的某种态度、一种公平和一种承认他们要求和想法的意愿。亚里士多德将正义分为广义和狭义两种。广义的正义是指在人类共同生活中，精神或活动所应适用的一般原则。狭义的正义是指法的具体原理，使每个人物质上或精神上的利害均等。同时，亚里士多德还将狭义的正义区分为"分配正义"和"平均正义"。"自然正义"这个概念源于亚里士多德的正义分类，它原本属于法哲学上的概念，为法律所要实现的最高理念或理想。亚里士多德认为，由立法者制定法律，用来维持生活秩序的安定，定分止争者，乃"法律正义"；而依"分所当取，取之不伤害"之原则，改革不合理秩序，谋求生活秩序的正当者，即为"自然正义"。"自然正义"是以人类固有自立之自然本性的生命发展原理而成立的实质正义，要求人类追求善，而成立各种社会制度，以实现共同的社会福祉。[1]

根据古罗马法学家提出的正义概念和亚里士多德的自然正义观，第一，自然正义起源于自然法中人类所固有的自然本性，"于人性未变时，对人类具有普遍的支配力"。只要人类存在并繁衍生息，这种自然法下的自然正义就会发生作用，不以人的主观意志为转移。第二，自然正义强调自由、平等、安全，以实现共同福利。每个人根据自然法则获取其应得的东西，"分所当取，取之不伤害"，以此来保证每个人物质上或精神上的利害均等。只有这样，人类所赖以生活的社会秩序才能安定，每个人所谋求的生活秩序才能称为"正当"。这是每个人在自然状态下所拥有的一种自然权利。第三，自然正义是人类的一种理想和共同追求。在实践中，如果少数人违背一般原则，谋求其不应得到的东西，就必然侵犯他人利益，导致社会纠纷。这时，为了保证这种纠纷得到和平解决，能够依然维护理想中的自然正义状态，每

---

〔1〕 唐汇西、戴建华："行政法上自然正义理论初探——以英美法为考察对象"，载《行政法学研究》2010 年第 1 期。

个人被迫让渡一部分自然权利，通过订立社会契约的形式交给一个统一的组织来行使。这个组织后来就发展成为国家，它通过建立相应的解纷机构和暴力工具，通过大家公认为公正的程序对那些违规者予以惩戒，来保障组织内的每个人都能获得其应得的东西，而不伤害他人。后来，"自然正义"作为一项原则，发展成为英国普通法法治的核心概念，并在美国发展成为正当法律程序理念。

　　自然正义原则为刑事诉讼法律责任提供了法律根据。立法者之所以规定制裁，其目的就在于保证法律命令得到遵守与执行，就在于强迫人们（也包括国家及其司法机关）的"行为符合业已确立的秩序"。通过制裁不仅可以增强法律的强制力，而且制裁的作用远比其他促使人们有效遵守与执行法律命令的手段大得多。我国《宪法》第 5 条第 3 款规定："……一切违反宪法和法律的行为，必须予以追究。"在宪法语境中理解"违法必究"，"法"不仅仅指规定公民权利与义务、国家权力与责任的"实体法"，还包括公民如何实现其权利、履行其义务，以及国家如何实现其权力、履行其职责的"程序法"。也就是说，不仅违反实体法必须予以追究，而且违反程序法也同样必须予以追究。因为"只要法律不再有力量，一切合法的东西也就不会再有力量"。[1]党的十八届四中全会和中央全面依法治国工作会议专题研究全面依法治国问题，就科学立法、严格执法、公正司法、全民守法作出顶层设计和重大部署，统筹推进法律规范体系、法治实施体系、法治监督体系、法治保障体系和党内法规体系建设。在实践层面上，"违法必究"亦即意味着诉讼法律责任的证成。《刑事诉讼法》作为国家基本法、公法和程序法，从某种意义上说，主要是用来规范公安司法机关及其工作人员在刑事诉讼中的诉讼行为，更多的是对国家公权力的规范与制约，是对各类司法工作人员在刑事诉讼中承担的职责的规范。[2]这也意味着在刑事诉讼中的程序性违法行为主体更多的是国家司法机关及其工作人员，承担刑事诉讼法律责任的主体更多的也是国家司法机关及其工作人员，甚至国家本身。

---

〔1〕　[法] 卢梭：《社会契约论》，何兆武译，商务印书馆 2003 年版，第 164 页。
〔2〕　刘方权、曹文安："刑事诉讼程序法律责任论"，载《江苏警官学院学报》2005 年第 2 期。

三、人性尊严理念

在西方世界，人性尊严的思想根源于基督教的神学思想和人道主义的传统，以及启蒙的哲学，尤其是康德的道德哲学。人性尊严理念最早发轫于基督教的神学思想。在基督教的信仰里，人是以神的形象被创造出来的，神既是无比崇高与圣洁，具有神的形象的人乃分享了神的尊容，人性尊严即由此而来。[1] 随之衍生的是，人与神之间具有一种身份人格上的联结关系，其表现在灵魂的不朽性，以及在神之前的责任。于是，人的自由，而且是个人自由，成为基督神学的中心概念，并构成罪与责的前提条件。诚如 Karl Jaspers 所言："人之为人，犹胜于人自己所知。"这种人的形而上构图，对应人的不完全性和开放性，而成为人的自由、平等、博爱的基础。由于所有的人都是按照神的形象所造，故应"一视同仁"。就此观点而言，人性尊严绝非只是人的自决，而是在每一个人的自身价值基础上的自决。换言之，还包括其他人的自身价值。为了契合此种人类图像，应该赋予个别的人类以尊严，并在法律上予以保障，亦即，国家应该尊重、保护，并且防止来自第三人的侵犯。

康德从人的主观面向出发，认为："人类即每个有理性者的存在即是目的，不是仅仅作为某些抑制随便役使的工具，人必须在一切行为中，无论是针对自己，还是针对其他有理性者的行为，始终同时被看作目的。""人不能被任何人……单纯当作工具役使，而应随时同时是目的，人的尊严（人格）正存于此，因此之故，人异于其他非人类且可役使之生物，甚至异于所有之物。"正是在此基础上，康德得出一项"时间诚命"："如此行为，使汝始终同时把人当作目的，而不是单纯的工具，不管是对自己，或是对别人。"康德进一步指出："上述把人自身当作目的之原则及任何之理性本质（其乃每一个人行动自由的最高制约性条件），并非来自经验，而是出乎一般性。"康德正是从人的理性本质中尝试建构人性尊严。对于康德而言，"道德上的自主"未构成人的尊严最重要的标准。自主是人性尊严的根基。从康德的道德哲学思想可知，人性尊严的思想内涵是：人是一个理性、自决的道德主体，不得加以物化与客体化。换言之，每一个人对于自己均应拥有自主性与自决的地位，

---

〔1〕 黄佳兴："浅议行政法上的人性尊严理念"，载成仲模主编：《行政法之一般法律原则》，台湾三民书局 1994 年版，第 4 页。

不受任何外来力量的强制、侵害或贬损。基于此，我国台湾地区学者将人性尊严的核心内涵归纳为两个方面：一是人在自己自由权利范围内，有自治自决的高度自主性。二是人不能成为纯粹客体，不论是依自由意志或他意，人都不能被工具化、物化或商品化。[1]人的存在，本身就是目的，而且是最高与最后的目的，不得以其他理由加以更替。不仅人自己得基于个人的理性决定自己的存在目的，基于自我所认同的方式选择自我的价值，同时意味着人并非成就他人的目的的客体、工具或手段，当然就没有必要为了成就他人的目的而侵犯其本身存在的目的，此即人性尊严的基本意涵。因此，凡是具体的个人被贬抑为客体、纯粹的手段或是可任意替代的人物，便是人性尊严受到侵犯。

人性尊严理念为刑事诉讼法律责任提供了思想基础和人性根据，它要求将每一个人作为一个平等、自治、自决的道德主体对待，国家负有尊重、保护和促进的义务。我国《宪法》第33条第2款规定："国家尊重和保障人权。"第38条规定："中华人民共和国公民的人格尊严不受侵犯……"《民法典》专设第四编"人格权"，强化对民事主体生命权、身体权、健康权、姓名权、名称权、肖像权、名誉权、荣誉权、隐私权等人格权的法律保护。党的十九大明确提出，中国特色社会主义进入了新时代。新时代既是奋斗者的时代，也是每一个公民人权得到充分保障的时代。为此，党的十八届三中全会首次提出"完善人权司法保障制度"，有效防范冤假错案。党的十八届四中全会进一步提出"加强人权司法保障"。党的十九大提出"加强人权法治保障，保证人民依法享有广泛权利和自由"。从司法实践看，国家专门机关及其工作人员违反法定诉讼程序办案，或者当事人和其他诉讼参与人违反刑事诉讼法规范，都是导致冤假错案或诉讼拖延，将人作为诉讼和办案的手段，而非目的，从而严重侵犯人权的主要原因。在刑事诉讼中尊重和保障人权，加强人权司法保障，需要全面贯彻落实程序法定原则，践行正当法律程序理念，保障《刑事诉讼法》得以严格遵守和实施。只有通过追究公安司法机关（国家）、司法工作人员、诉讼当事人及其他诉讼参与人等违反刑事诉讼程序规范的诉讼法律责任，对其进行程序观念的"规训"，从而培养其对程序的忠诚、

---

〔1〕　李震山：《人性尊严与人权保护》，元照出版公司2001年版，第100页。

敬畏，或者说通过刑事诉讼法律责任的追究而净化刑事诉讼程序自治的环境条件，才能实现刑事诉讼程序的良性可持续发展，使刑事诉讼程序规范得以切实执行，刑事司法人权得到切实保障。

第五节　刑事诉讼法律责任与司法责任制

党的十八届三中全会开启了全面深化改革（包括全面深化司法体制改革）的新征程。习近平总书记 2015 年 3 月 24 日在主持中共十八届中央政治局第 21 次集体学习时指出："要紧紧牵住司法责任制这个'牛鼻子'……。"它是建立权责统一、权责明晰、权力制约的司法权运行机制的关键，也是深化司法体制改革的重点与核心，对于促进严格公正司法具有十分重要的意义。党的十九大报告提出深化司法体制综合配套改革，全面落实司法责任制，努力让人民群众在每一个司法案件中感受到公平正义。全面落实司法责任制是党的十九大、十九届二中、三中、四中全会部署的重大改革任务。党的十九届四中全会通过《中共中央关于坚持和完善中国特色社会主义制度、推进国家治理体系和治理能力现代化若干重大问题的决定》，提出"深化司法体制综合配套改革，完善审判制度、检察制度，全面落实司法责任制，完善律师制度，加强对司法活动的监督，确保司法公正高效权威，努力让人民群众在每一个司法案件中感受到公平正义"，从而健全社会公平正义法治保障制度，加强人权法治保障，严格刑事责任追究。刑事诉讼法律责任作为刑事诉讼法律关系主体违反刑事诉讼法规范所应当承担的不利后果，与司法责任既有联系，又有区别。完善刑事诉讼法律责任，对于持续深化以审判为中心的刑事诉讼制度改革，[1]全面落实司法责任制，严格实行错案责任倒查问责制具有重要作用。在深化司法体制改革背景下研究刑事诉讼法律责任与司法责任制的关系，既是刑事诉讼法律责任研究无法回避的一个重大课题，也是全面落实司法责任制亟待研究解决的一个现实问题。

---

〔1〕　关于以审判为中心的刑事诉讼制度改革，参见兰跃军：《以审判为中心的刑事诉讼制度改革》，社会科学文献出版社 2018 年版。

一、司法责任与司法责任制的内涵

习近平总书记指出，司法是维护社会公平正义的最后一道防线。"所谓公正司法，就是受到侵害的权利一定会得到保护和救济，违法犯罪活动一定要受到制裁和惩罚。如果人民群众通过司法程序不能保证自己的合法权利，那司法就没有公信力，人民群众也不会相信司法"。[1]他强调要紧紧围绕公正司法这个目标改进司法工作，重点解决影响司法公正和制约司法能力的深层次问题。[2]我国《宪法》没有使用"司法""司法权"等术语，其他法律和规范性文件也没有明确它们的含义。习近平总书记指出："司法活动具有特殊的性质和规律，司法权是对案件事实和法律的判断权和裁决权。"[3]有学者认为："从司法权的性质来看，司法权是一种判断权，即对案件事实和法律适用的判断权和裁判权。这是一种被动性的权力，其对社会生活的介入以当事人提起纠纷为前提。"[4]从这个意义上说，司法是为了解决社会纠纷而存在的一种中立性的裁判活动，它通过法定诉讼程序对具体的案件事实作出判断，然后适用相应的法律规范作出权威的裁判，从而最终解决纠纷。司法权具有被动性、公开性和透明性、多方参与性、亲历性、集中性、终结性六个方面的特征。[5]从我国《刑法》第94条对"司法工作人员"的界定和《刑事诉讼法》关于司法机关的表述，以及相关司法改革文件和实践来看，"司法"在我国应当从广义上理解，司法机关包括所有对案件事实和法律适用进行判断、裁判的公安机关、检察机关、人民法院、司法行政机关等政法单位，司法工作人员包括具有侦查、检察、审判、监管等执法办案职责的政法单位工作人

---

〔1〕　习近平："在十八届中央政治局集体学习时的讲话"，载中共中央文献研究室编：《习近平关于全面依法治国论述摘编》，中共中央文献出版社2015年版，第78页。

〔2〕　中共中央宣传部：《习近平总书记系列重要讲话读本》，学习出版社、人民出版社2014年版，第83页。

〔3〕　习近平："在中央政法工作会议上的讲话"，载《习近平关于全面依法治国论述摘编》，中共中央文献出版社2015年版，第102页。

〔4〕　陈卫东："中国司法体制改革的经验——习近平司法体制改革思想研究"，载《法学研究》2017年第5期。

〔5〕　关于司法权的特征，参见陈瑞华：《问题与主义之间——刑事诉讼基本问题研究》，中国人民大学出版社2003年版，第17-26页。

员。[1]中共中央办公厅、国务院办公厅于 2016 年印发的《保护司法人员履行职责规定》第 24 条将人民法院、人民检察院承担办案职责的法官、检察官和司法辅助人员统称为"司法人员",他们属于"司法工作人员"的一部分。

在现代汉语中,"责任"一词有三个相互联系的基本词义:一是具有一定地位或职务的社会人应当承担的与其角色相适应的义务,也就是分内应做之事;二是特定之人对特定之事的发生、发展、变化及其成果负有积极的助长义务;三是因未履行角色义务或者特定的助长义务而应当负担的强制性义务或者不利的后果。其中,前两种责任属于积极责任,后一种责任属于消极责任。法律责任、纪律责任和道德责任都属于消极责任。[2]司法责任是指司法人员在办理案件过程中,对其行使权力、履行职责的行为和办理案件的质量所承担的责任。既包括办案行为责任,也包括办案质量责任。[3]根据主体的不同,司法责任包括警察责任、检察官责任、法官责任和司法辅助人员责任等。司法责任作为一种责任,概括起来,就是"谁办案谁负责,谁决定谁负责"和"让审理者裁判,由裁判者负责"。最高人民检察院于 2015 年出台的《检察院司法责任制意见》第 32 条第 2 款规定,司法责任包括故意违反法律法规责任、重大过失责任和监督管理责任三类。每一位司法人员在行使司法职权时,不仅应当对自己执法办案的过程和结果独立承担责任,而且应当终身负责,经得起法律和历史的检验。习近平总书记在十八届四中全会报告中指出:"完善主审法官、合议庭、主任检察官、主办侦查员办案责任制,落实谁办案谁负责。""明确各类司法人员工作职责、工作流程、工作标准,实行办案质量终身负责制和错案责任倒查问责制,确保案件处理经得起法律和历史检验。"《中央政法委关于切实防止冤假错案的规定》第 12 条明确:"建立健全合议庭、独任法官、检察官、人民警察权责一致的办案责任制,法官、

---

[1] 关于司法、司法权、司法机关的分析,参见张文显:"论司法责任制",载《中州学刊》2017 年第 1 期。

[2] 张文显主编:《法理学》,高等教育出版社、北京大学出版社 2012 年版,第 121 页。

[3] 有学者认为,办案行为责任不以案件的质量和处理结果正确与否为条件,只要司法人员在办案过程中行为违反法律、法规和程序的相关规定,即使其所办案件的实体处理是公正的,仍然需要追究办案人员的责任。而办案质量责任则着重考察司法人员所办案件质量,通过案件质量倒查司法人员办案的主观心态和客观行为,从而决定是否对司法人员追究责任。参见罗永鑫:"司法体制改革背景下司法人员责任的认定与追究",载高巍主编:《云南大学法律评论》(第 2 辑),中国法制出版社 2017 年版,第 86-87 页。

检察官、人民警察在职责范围内对办案质量终身负责。对法官、检察官、人民警察的违法办案行为，依照有关法律和规定追究责任。"从内容上看，司法责任也由积极责任和消极责任两个方面构成。从有关司法改革文件规定上看，司法责任中的"责任"既包括法律责任，也包括纪律责任；既与错案责任有所重叠，又在此基础上进行了丰富和优化；既包含法官、检察官、警察等办案责任，又不排除法官、检察官、警察等审核把关、院庭长监督管理等责任类型。[1]它与刑事诉讼法律责任一样，本身不是一种具体的责任形式，而是由法律责任和纪律责任中若干种责任形式共同构成的一种责任体系，是一种复合性责任。司法责任的归责原则不是结果责任原则，而是行为责任原则。[2]

　　司法责任制就是指司法人员在执法办案过程中行使司法职权出现故意或重大过失时应当承担相应责任的一种司法制度。与司法责任相对应，它包括警察责任制、检察官责任制、法官责任制和司法辅助人员责任制等。在司法权力中具有决定意义的是审判权，而审判权的核心是裁判权，即"在查明事实真相的基础上，依据法律的内在准则以及道德、情理、政策等外部性规范作出定分止争、惩恶扬善、修复正义的判决"。因此，"裁判才是本真意义上的司法。司法责任制改革就是还权于法院和法官，就是建立以审判为中心的诉讼制度和以审判权为核心的司法制度"。司法责任制的核心要义和科学内涵是"让审理者裁判，由裁判者负责"。[3]有学者认为，这里的审理者和裁判者是同一主体、同一意思，都是法院为审判案件而组建的审判组织或审判团队。审判组织或审判团队主要是指独任审判员和合议庭，特殊情况下也包括

---

　　〔1〕　陈希国："司法责任制中的'责任'应如何理解"，载《人民法院报》2017年3月21日，第2版。

　　〔2〕　葛琳："追究意义上的司法责任有三个特点"，载正义网，http://www.jcrb.com/procuratorate/theories/practice/201603/t20160330_1602201.html，最后访问时间：2017年5月3日。该学者认为，追究意义上的司法责任是指司法人员在行使司法职权过程中出现过错行为所应承担的不利后果。追究司法责任必须满足三个条件：一是责任承担主体须为司法人员；二是司法人员存在过错行为；三是过错行为必须是司法办案过程中的职务行为。但是，司法责任不是司法人员过错责任的全部，只是司法人员在履职过程中出现过错所应承担的责任。

　　〔3〕　张文显："论司法责任制"，载《中州学刊》2017年第1期。

审判委员会。[1] 因此，司法责任的核心是审判责任，尤其是法官违法审判责任（即法官责任）。司法责任制的内容主要包括三个方面：一是职权配置，即由审理者裁判；二是责任承担，即由裁判者负责；三是错案责任追究，即终身追责。[2]《保护司法人员履行职责规定》第 11 条至第 12 条、《法院司法责任制意见》第 25 条、《检察院司法责任制意见》第 32 条以及《公安机关执法过错责任规定》第 27 条都有明确规定。

二、刑事诉讼法律责任与司法责任比较

刑事诉讼法律责任与司法责任既有联系又有区别，二者在刑事诉讼中存在交叉区域。从有关司法改革文件规定看，司法人员在刑事诉讼过程中故意违反法律法规，或者有重大过失导致错案并造成严重后果的，依法承担相应的司法责任或错案责任。此类司法责任或错案责任就是刑事诉讼法律责任。虽然司法责任与刑事诉讼法律责任一样，责任主体具有多样性、责任形式具有复合性、归责原则是行为责任原则等。但是，二者的区别也是明显的，主要表现在五个方面。

（一）责任的性质不同

司法责任作为司法人员执法办案过程中行使司法职权所应当承担的一种责任，包括积极责任和消极责任两个方面。而刑事诉讼法律责任是刑事诉讼法律关系主体违反刑事诉讼法规范所应当承担的一种责任，仅仅是一种消极责任，不具有积极责任性质。《刑事诉讼法》第 52 条严禁刑讯逼供和以威胁、引诱、欺骗以及其他非法方法收集证据。一旦侦查人员采取这些非法方法取证，根据《刑事诉讼法》第 56 条规定，所收集的证据属于非法证据，不具有证据能力，应当依法予以排除。

---

[1] "让审理者裁判"是司法责任中的积极责任，是指把各类案件的审理和裁判权力交给审判组织，由审判组织依法独立公正行使案件审判的程序主导权、事实证据认定权、法律适用权和结果裁决权。"由裁判者负责"是司法责任中的消极责任，是指由裁判者对案件事实证据的真实性负责、法律适用的正确性负责、审判程序的合法性负责和裁判结果的公正性负责。因违法审判行为发生冤假错案的，应当由裁判者独立承担相应的责任。参见胡云腾："简论司法责任制"，载《法制日报》2015 年 10 月 28 日，第 9 版。

[2] 胡云腾："司法责任制是司法改革的牛鼻子"，载《法制日报》2017 年 4 月 26 日，第 9 版。

（二）责任的主体不完全相同

司法责任是司法人员的个人责任，是司法人员执法办案行使司法职权所应当独立承担的一种责任，责任主体是执法办案的司法人员。这种责任即使是由司法人员参与的集体组织的行为（如审判委员会、检察委员会等）造成的，也由参与者个人独立承担。《法院司法责任制意见》第 25 条至第 28 条规定了审判责任的范围，包括法官和其他司法人员承担审判责任的条件和豁免事由。第 46 条规定，审判责任的认定和追究适用于法官、副庭长、庭长、审判委员会专职委员、副院长、院长，以及执行员、法官助理、书记员、司法警察等审判辅助人员，他们都是个人。《公安机关执法过错责任规定》第 5 条规定与此一致。而刑事诉讼法律责任的主体是刑事诉讼法律关系主体，不仅包括违法行使刑事诉讼职权的司法人员，而且包括作为集体行使侦查权、检察权、审判权的公安机关、检察机关、人民法院等国家专门机关，违反刑事诉讼法规范的当事人和其他诉讼参与人，以及作为国家赔偿责任承担主体的国家，其责任主体既包括个人，也包括单位，还包括国家，范围更加广泛。

（三）责任的形式不完全相同

司法责任与刑事诉讼法律责任一样，都包括法律责任和纪律责任，二者本身都不是一种具体的责任形式，而是由法律责任和纪律责任中若干种责任形式共同构成的一种责任体系。正如学者指出，司法责任并不是一个规范意义上的法律术语，而是由对司法人员严格追责的目的衍生出来的特定词汇；其强调的重点在于"司法人员"这种特殊主体和"在司法过程中"这一特定时空范围。从有关司法改革文件上看，对司法人员的处理是按照党纪处分、纪律处分和法律处分三种形式，它们主要针对司法人员分别作为党员干部、特殊的国家工作人员和国家公民的三种不同身份，可以并用。司法责任就是因司法人员身份的特殊性和司法过程的特殊性而形成的一种由轻到重、层层递进的违法违纪追责体系。[1]但是，司法责任中的法律责任仅仅是一种实体法律责任，包括刑事责任、行政责任和民事责任。而刑事诉讼法律责任除具有上述司法责任的责任形式外，还包括国家专门机关违反法定诉讼程序应当

---

〔1〕　葛琳："追究意义上的司法责任有三个特点"，载正义网，http://www.jcrb.com/procuratorate/theories/practice/201603/t20160330_ 1602201.html，最后访问时间：2017 年 5 月 5 日。

承担的程序法律责任，如撤销原判发回重审、非法证据排除、诉讼行为无效等，以及司法人员以外的当事人和其他诉讼参与人参加刑事诉讼时违反刑事诉讼法规范所应当承担的各种实体法律责任。相比较而言，刑事诉讼法律责任的责任形式更加复杂。

（四）责任的内容不完全相同

《法院司法责任制意见》和《检察院司法责任制意见》规定，司法责任的内容主要包括三个方面：一是违反法律法规的违法责任：给予停职、延期晋升、退出法官员额或者免职（调离司法办案工作岗位以及免职）、责令辞职、辞退等处理；二是违纪的纪律责任：给予纪律处分；三是涉嫌犯罪的刑事责任。而刑事诉讼法律责任的内容更加丰富，它区分不同的主体而有不同的责任形式。具体来说，可以分为四类：一是国家责任：国家依照《国家赔偿法》的规定承担国家赔偿责任；二是程序法律责任：国家专门机关根据《刑事诉讼法》有关规定受到相应的程序性制裁；三是司法责任：国家专门机关的工作人员，即各类司法人员承担相应的司法责任；四是其他个人责任：司法人员以外的当事人和其他诉讼参与人承担的法律责任和（或）纪律责任。

（五）追责的原则和追责根据也不完全相同

根据有关规范性文件的规定，司法责任的追责原则实行过错责任原则，要求司法人员在行使司法职权时存在故意或重大过失的心理状态。而刑事诉讼法律责任的追责不以刑事诉讼法律关系主体存在过错的心理状态为前提，对司法人员个人追责实行过错责任原则，而对单位（包括国家）追责实行无过错责任原则。另外，司法责任的追责根据包括《法官法》《检察官法》《法院违法审判责任追究办法》、最高人民法院《人民法院审判纪律处分办法》、最高人民法院《法官职业道德基本准则》、最高人民检察院《检察人员纪律处分条例》、最高人民检察院《检察院错案责任追究条例》、公安部《公安机关执法过错责任规定》和最高人民法院、最高人民检察院《法官、检察官惩戒制度意见》，以及《政务处分法》《保护司法人员履行职责规定》《中国共产党纪律处分条例》《法院司法责任制意见》《检察院司法责任制意见》等法律法规和纪律规范。而刑事诉讼法律责任的追责根据主要是《刑事诉讼法》《律师法》《人民陪审员法》及其司法解释等规范性文件，对司法人员追究刑事诉讼法律责任的根据与司法责任相同。

通过比较可以发现，刑事诉讼法律责任与司法责任的关系紧密，前者是后者的延伸，为后者创造条件。司法责任发生的主要场域在诉讼领域，尤其是刑事诉讼领域，需要刑事诉讼法律责任配套和保障。因此，完善刑事诉讼法律责任，对于深化司法体制综合配套改革，全面落实司法责任制，严格刑事责任追究，加强人权司法保障等都具有重要促进作用。

三、全面落实司法责任制与刑事诉讼法律责任

司法责任制对于健全司法权运行机制，促进公正司法具有重要功能。司法责任制的主要规范领域之一就是刑事诉讼过程中的司法职权行使，与刑事诉讼法律责任存在交叉。德国创设了一套精密的司法责任制，检察官违反法定职责可能要承担刑事责任、民事责任和纪律责任等诉讼法律责任。[1] 我国在西周时就提出"五过之疵"。到了唐代，司法制度进一步完善，《唐律疏议》是古代司法官责任制度的集大成者，成为后世的蓝本，影响至今。唐代司法官责任的内容可分为四类：一是违法不受理诉讼和受理诉讼的法律责任；二是违法拷讯的法律责任；三是违法判决的法律责任；四是违法执行判决的法律责任。它们不仅规范实体裁判错误的责任事项，也对违反审判程序的责任作出具体规定。在中国古代刑事审判中，司法官审判行为上的违法违规与司法造成严重危害后果（不问司法官是否存在主观过错），均会受到司法追责，遭到刑事或行政处罚。[2] 因此，中国古代司法官责任制度主要以刑事诉讼为实施场域，是刑事诉讼法律责任制度的重要组成部分，已经成为我国诉讼传统之一。

党的十八届三中全会以来，我国司法责任制改革取得显著成效。最高人

---

〔1〕　对于检察官违反职责义务的行为，相对方可以依据《德国民法典》第839条规定向检察院要求损害赔偿，但这种损害赔偿请求权针对的不是检察官个人，而是单位。同时，《德国基本法》第34条和《德国公务员地位法》第48条规定了单位的追索权。如果检察官实施违反职责义务的行为时出于故意或者有严重的过失，那么检察院可以向他进行追索。此外，检察官在办案中如果违反职责义务，还要承担相应的违纪后果，即纪律责任。德国各州制定了相应的《纪律法》，规范违纪问题的办理。检察官在履行职务中，如果严重违背职责义务，可能触犯刑法，构成职务犯罪，被追究刑事责任。参见黄礼登："德国精密司法责任制促检察官公正履职"，载《检察日报》2017年12月19日，第3版。

〔2〕　刘田田："法官错案责任追究制度的古今对比"，载《人民法院报》2017年11月10日，第5版。

民法院 2022 年工作报告显示，2021 年，全国法官人均办案 238 件，一审服判息诉率 88.7%，二审后达到 98%，长期未结诉讼案件同比减少 16.3%，在案件压力增大情况下，审判质效指标持续稳中向好，人民群众对司法公正的获得感不断增强。上海市高级人民法院 2018 年工作报告显示，2013 年以来，上海市法院共受理各类案件 317.84 万件，审结 314.79 万件，同比上升 54.2% 和 52.7%，其中 92.6% 的案件经一审即息诉，经二审后的息诉率为 98.9%。直接由独任法官、合议庭裁判的案件比例达到 99.9%，提交审判委员会讨论的案件仅占 0.1%。院、庭长办案成为常态，自 2014 年 7 月以来，院、庭长办案 61.78 万件。法官年人均结案数从 2013 年的 144 件上升到 2018 年的 315 件。上海市高级人民法院 2019 年工作报告显示，上海作为全国唯一司法体制综合配套改革试点地区，2019 年院、庭长办案 20.6 万件，占全部案件的 23.8%。刑事案件认罪认罚适用率 58.4%，其中适用速裁程序的占 28.8%，当庭宣判率 94.3%。上海市人民检察院 2018 年工作报告显示，上海市检察机关建立了检察官权力清单制度，检察官独立决定的案件达到 82%，检察长或检察委员会行使的职权减少了 2/3。上海市人民检察院 2019 年工作报告透露，上海市检察机关 2019 年全年认罪认罚适用率 60.7%，正、副检察长带头办理重大疑难复杂案件 1438 件，检察长列席同级法院审判委员会会议 90 次，讨论议题 146 项。但是，从全国来看司法责任制改革还存在制度建设滞后、改革不彻底、职业保障不健全，以及各地改革不平衡等问题。贯彻落实党的十九大和十九届历次全会精神，深化司法体制综合配套改革，全面落实司法责任制，严格刑事责任追究，需要完善刑事诉讼法律责任。具体包括以下四个方面。

（一）将实践检验成熟的司法责任制内容上升为刑事诉讼法规范

司法责任制改革取得显著成效，证明中央有关司法改革文件所确定的司法责任制内容经实践检验是正确的，有待通过法定程序上升为刑事诉讼法律规范。这是因为，现行各项司法改革文件只是党的政策或者相关政法单位出台的规范性文件，其位阶相对不高，适用范围有限。在刑事司法过程中的司法责任作为刑事诉讼法律责任的一部分，其有效实施有待出台相关配套措施加以保障，党的十九大报告提出要深化司法体制综合配套改革也正是意识到这一点。经实践检验成熟的司法责任制的内容通过《刑事诉讼法》确认，成为刑事诉讼法律规范,有利于在刑事诉讼过程中更好地贯彻落实。例如,《刑事诉讼法》第185条规定,合议庭开庭审理并且评议后,应当作出判决。同时,第二句规定了审判委员会裁判机制,即对于疑难、复杂、重大的案件,合议庭认为难以作出决定的,由合议庭提请院长决定提交审判委员会讨论决定。但这里并没有明确哪些案件属于审判委员会讨论决定的案件范围,也没有明确审判委员会讨论决定的内容——法律适用还是事实认定,导致审判委员会这种具有中国特色的审判组织"判而不审",有违司法亲历性而广受诟病。《法院司法责任制意见》不仅进一步明确了独任制与合议庭运行机制及其审判责任,而且细化了审判委员会运行机制,明确审判委员会只讨论涉及国家外交、安全和社会稳定的重大复杂案件,以及重大、疑难、复杂案件的法律适用问题,后者的事实认定由合议庭负责。同时,该意见还明确了审判委员会讨论案件的程序和责任承担。最高人民法院2017年《司法责任制实施意见》第18条又将审判委员会讨论决定的案件明确界定为八类。[1]笔者认为,这不仅有利于合理划分合议庭和审判委员会的职责权限,全面落实各自的审判责任,而且进一步增强了《刑事诉讼法》第185条规定的可操作性,应当上升为《刑事诉讼法》规范。2018年修改《刑事诉讼法》将经过试点基本成熟的认罪认罚从宽制度和速裁程序入法,朝此方向迈出了重要一步。

(二)结合司法责任制要求修改完善《刑事诉讼法》相关诉讼法律责任规范

虽然我国《刑事诉讼法》对刑事诉讼法律责任有一些规定,但不成体系,很不完善。司法责任制要求明确各类司法人员的办案责任,并通过科学的责任认定与责任追究程序来落实责任。[2]我国《刑事诉讼法》基于对司法人员的信任,许多条文只规定了司法人员的积极责任,缺乏消极责任方面的规范,

---

〔1〕 八类案件为,(1)涉及国家利益、社会稳定的重大、复杂案件;(2)本院已经生效的判决、裁定、决定、调解书确有错误需要再审、重新审理的案件;(3)最高人民检察院依照审判监督程序、国家赔偿监督程序对本院生效裁判、决定提出抗诉、检察意见的案件;(4)合议庭意见有重大分歧,经专业法官会议讨论仍难以作出决定的案件;(5)法律规定不明确,存在法律适用疑难问题的案件;(6)处理结果可能产生重大社会影响的案件;(7)对审判工作具有指导意义的新类型案件;(8)其他需要提交审判委员会讨论的重大、疑难、复杂案件。

〔2〕 陈卫东:"中国司法体制改革的经验——习近平司法体制改革思想研究",载《法学研究》2017年第5期。

这显然不利于司法责任的追究和司法责任制的落实。例如，2012 年《刑事诉讼法》第 118 条第 2 款规定侦查讯问中侦查人员的告知义务，并没有规定侦查人员没有履行告知义务的法律后果，即刑事诉讼法律责任，显然不利于该规定的落实，也不利于保障犯罪嫌疑人的权利。2018 年《刑事诉讼法》第 120 条第 2 款在告知内容中增加"认罪认罚可能导致的法律后果"，但仍然没有明确违反该款告知义务的诉讼法律责任。相比较而言，在德国，未履行合理的告知义务是《刑事诉讼法》规定的证据取得禁止和法定的证据使用禁止的情形之一，它要求侦查人员在讯问犯罪嫌疑人、被告人前必须全面严格地履行告知义务，否则，所获得的供述原则上被禁止使用。[1]笔者认为，这值得我国立法借鉴。

我国《刑事诉讼法》中涉及公民基本权利的刑事诉讼法规范，应当结合司法责任制的要求增加相应的诉讼法律责任规范，包括进一步完善《刑事诉讼法》第一章的基本原则规定，在第 3 条第 2 款后增加程序性制裁内容，即"人民法院、人民检察院和公安机关进行刑事诉讼，必须严格遵守本法和其他法律的有关规定。违反本法和其他法律的有关规定应当承担相应的刑事诉讼法律责任"。同时，第 14 条增加一款作为第 3 款："犯罪嫌疑人、被告人、被害人、其他诉讼参与人和案外人参加刑事诉讼，应当严格遵守本法和其他法律的有关规定。违反本法和其他法律的有关规定应当承担相应的刑事诉讼法律责任。"这样，为刑事诉讼法律责任的确立和追究提供依据。然后，在有关诉讼程序和诉讼制度规范中增加相应的诉讼法律责任内容，与司法责任制改革的内容保持一致。

（三）加强司法人员业务培训，努力强化其忠实履职尽责的理念与能力

司法责任制的基本内涵是"让审理者裁判，由裁判者负责"。这不仅要求我们在司法实践中做到"由审理者裁判"，才能"让裁判者负责"，而且要"审理者有能力裁判，裁判者有能力负责"。根据最高人民法院和最高人民检察院 2018 年工作报告，截至 2017 年底，全国已经遴选出员额制法官和检察官近 21 万名，他们工作在不同层级的法院、检察院，各自素质参差不齐，处理案件的繁简程度也不一致。如果法官、检察官作为司法主体不了解自己的

---

〔1〕 李倩："德国刑事证据禁止理论问题研究"，载《中外法学》2008 年第 1 期。

司法职责和权限，或者根本就没有裁判能力，甚至连办案能力都不具备或有欠缺，要求他们对自己办理的案件过程和结果承担司法责任和刑事诉讼法律责任，显然有些强人所难。全面落实司法责任制，不仅需要进一步完善刑事诉讼法律责任，而且需要司法机关有针对性地加强各类司法人员的业务培训，努力强化他们忠实履职尽责的理念与能力。培训的内容不仅包括《刑事诉讼法》及其司法解释和相关规范性文件涉及的法定诉讼程序及诉讼法律责任，而且包括司法责任制改革有关文件规定的各类司法人员的司法责任及其追责机制，让每一位司法人员在履职尽责时都能做到明知、明智和理性，在执法办案过程中依法行使职权，自觉远离司法责任和刑事诉讼法律责任。在2018年4月改判无罪的安徽"五周杀人案"中，阜阳市中级人民法院在1998年一审时，审判委员会前一天晚上讨论的一致意见是被告人无罪，但是，被害人周某鼎（被害人周某华的父亲）第二天一早来到审判长巫某办公室，并喝下一瓶农药，不治身亡。在没有任何新证据的情况下，阜阳市中级人民法院重新讨论案件，将判决结果从无罪逆转为死刑。[1]

（四）持续深化以审判为中心的刑事诉讼制度改革，严格实行错案责任倒查问责制

一个刑事案件的处理要经过立案、侦查、起诉到审判，并且还允许两审终审，裁判才能生效执行。这种程序设置本身就体现了审判在事实认定、法律适用中的决定性作用和在刑事程序中的中心地位。针对司法实践中不断出现的冤假错案，尤其是存在"起点错、跟着错、错到底"的现象，以及各级政法机关面临的涉法申诉上访压力，党的十八届四中全会提出推进以审判为中心的诉讼制度改革，作为推进严格司法的具体措施之一。全面落实司法责任制，要求持续深化以审判为中心的刑事诉讼制度改革，实现庭审实质化，严格实行错案责任倒查问责制。为此，要"建立科学合理的追责机制，让法官对证据能够证明或者不能证明的法律真实负责，对选择法律适用的准确性

---

〔1〕曹林华："安徽涡阳'五周杀人案'再审宣判无罪"，载新浪网，http://news.sina.com.cn/o/2018-04-11/doc-ifyteqtq8166325.shtml，最后访问时间：2018年4月16日。

和合理性负责，对诉讼程序的合法性和正当性负责"。[1]尽管学界对错案责任追究制度存在不同观点，但其所体现的"谁办案谁负责"的终身追责理念是值得肯定的。《中央政法委关于切实防止冤假错案的规定》第13条就提出"明确冤假错案的标准、纠错启动主体和程序，建立健全冤假错案的责任追究机制。对于刑讯逼供、暴力取证、隐匿伪造证据等行为，依法严肃查处"。2018年中央政法工作会议提出将出台错案责任追究的具体办法，对符合问责条件的，依法依规严肃问责。[2]该办法的出台为实行错案责任倒查问责制提供明确规范。我国《刑事诉讼法》中许多条文使用了"责任""法律责任""处分"等词汇，但是，如何追究责任，追究什么责任，如何给予处分，给予什么处分等，立法并没有明确。这些刑事诉讼法律责任也需要将司法责任制相关内容法定化来加以解决。

---

〔1〕 贺小荣："让司法责任制改革落地生根"，载人民网，http://cpc. people. com. cn/pinglun/n1/2016/0726/c78779-28586005. html，最后访问时间：2018年4月18日。

〔2〕 程姝雯："中央政法工作会议释放五大改革信号 将出台错案责任追究具体办法"，载网易网，https://www. 163. com/dy/article/D8SAACI805129QAF. html，最后访问时间：2018年4月18日。

第二章

刑事诉讼法律责任的形式构造

刑事诉讼法律责任虽然不是一种具体的法律责任，但具有自己的形式构造，包括构成要件、诉控主体、确认主体和承担主体。而与各种具体种类的法律责任不同的是，刑事诉讼法律责任是由法律责任和纪律责任中若干种形态的责任形式构成的一种责任体系，其形式构造和具体形态都具有多样性、复杂性、双重性等特点。研究刑事诉讼法律责任的形式构造，是确定刑事诉讼法律责任的基础。

案例3　安徽"五周杀人案"当事人要求追责[1]

1996 年 8 月 25 日晚，安徽省涡阳县大周庄发生一起命案，村民周继鼎一家五口深夜在家被砍，3 人重伤，1 人轻伤，其女儿周素华当场死亡。阜阳市中级人民法院于 1999 年 3 月 29 日作出一审判决，认定周继坤等 5 人犯故意杀人罪，其中周继坤、周家华被判处死刑，周在春被判处无期徒刑，周正国、周在化被判处有期徒刑 15 年。上诉后，此案被安徽省高级人民法院发回重审。经再次上诉，2000 年 10 月，安徽省高级人民法院作出终审判决，判处 2 人死缓，1 人无期，2 人 15 年有期徒刑。原审裁判生效后，5 名被告人及其近亲属提出申诉。安徽省高级人民法院立案复查并决定对本案进行再审。2018 年 4 月 11 日，安徽省高级人民法院再审宣告撤销原一、二审判决裁定，改判 5 人无罪。在法庭上，5 名当事人被告知申请国家赔偿的权利，但他们表示，赔偿可以不要，对当年刑讯逼供、制造冤案的当事人一定要追责。该案当事人周家华接受记者采访时也表示，他们几个商量过了，他们目前没想过要国家赔偿，就想能追究当年那些办案人员的责任，希望相关部门能启动对当年

---

[1]　任梦岩、黄子洋："安徽'五周杀人案'再审改判无罪　被告称：赔偿可以不要　责任人必须追究"，载搜狐网，https://www.sohu.com/a/228086675_362042，最后访问时间：2018 年 4 月 18 日。

办案人员的追责程序。

在本案中，5 名当事人宁愿不要国家赔偿，也要求追究当年办案人员的责任，这种责任就是刑事诉讼法律责任。那么，追究办案人员刑事诉讼法律责任应当具备哪些条件，或者说刑事诉讼法律责任应当具备哪些构成要件，我国应当由谁来提起或启动追责程序，又由谁来确认这种刑事诉讼法律责任，以及到底应当追究哪些办案人员的刑事诉讼法律责任，等等，这些问题在我国目前的法律和规范性文件中还找不到答案，是一个亟待研究解决的重大课题。

纯粹法学的创始人汉斯·凯尔森（Hans Kelsen）的法律责任概念体现为不法行为与其所引起的规范效果之间的充分且必要的条件关系。他认为，一个人在法律上对一定行为负责或者承担法律责任，意味着他如果作出不法行为就应受制裁。运用霍菲尔德的基本法律关系分析框架，这一法律责任概念的形式构造可以转换为不法行为是"狭义权利——狭义义务"或"特权——无权利"救济权法律关系的充分必要条件。这个分析结论为法律责任机制的正当性提供规范意义上的解说。从法现象的角度看，一个理想的法规范概念应当包含价值要素（内容正当）、规范要素（有效性）与事实要素（社会实效）三个层面。作为规范性概念的法律责任所应包含的价值、规范与事实三要素具体表现为三个层面：一是"责任的根据"与"归责"；二是"救济权关系"；三是"强制"，这是法律责任概念的基础构造，[1]也为本书研究刑事诉讼法律责任提供了一个认知框架。

第一节　构成要件

责任的构成要件是指构成责任所必须具备的各种客观要件和主观要件的总和。根据不法行为的特点，可以把刑事诉讼法律责任的构成要件概括为主体、行为、心理状态、损害事实和因果关系五个方面。

一、主体

法律责任的主体是指具有法定责任能力的自然人、法人或其他组织。就

---

〔1〕 余军、朱新力："法律责任概念的形式构造"，载《法学研究》2010 年第 4 期。

自然人来说，只有到了法定责任年龄，具有理解、辨认和控制自己行为的能力，才能成为承担责任的主体。没有达到法定责任年龄或不能理解、辨认和控制自己行为的精神病人，即使其行为造成了对社会的危害，也不能承担法律责任。对他们行为造成的损害，由其监护人承担相应的赔偿责任。同样，依法成立的法人和其他组织，其承担法律责任的能力，自成立时开始。为了落实《刑法》第18条的规定，《刑事诉讼法》第五编第五章规定"依法不负刑事责任的精神病人的强制医疗程序"，为依法不负刑事责任的精神病人这一特殊主体进行强制医疗提供程序保障，并赋予该类主体及其家属或者监护人一系列诉讼权利。根据《政务处分法》第27条规定，有违法行为应当受到政务处分的公职人员，在监察机关作出处分决定前已经退休、辞去公职或者死亡的，不再给予政务处分，但是监察机关可以对其立案调查，分别情况依法作出不同处理。

　　刑事诉讼法律责任的主体有广义和狭义之分，具有特定性。广义上的责任主体是指使刑事诉讼法律责任的追究程序得以启动、确认和落实的具有诉讼责任能力的人——公民、法人或其他组织，包括三类主体，即：（1）诉控主体——有权向确认机关提出诉讼不法指控，从而启动刑事诉讼法律责任追究程序的人。（2）确认主体——刑事诉讼法律责任的适用机关，决定不法诉讼事件的受理、审查以及相应裁定的执行。（3）承担主体——具有刑事诉讼责任能力，并实施了诉讼不法行为，依法应予追究刑事诉讼法律责任的人。狭义上的责任主体仅指刑事诉讼法律责任的承担主体，一般是刑事诉讼法律关系主体，特殊情况下包括国家（如国家赔偿责任），甚至"其他任何人"。《刑事诉讼法》第44条第1款规定，辩护人或者其他任何人违反六种禁止行为之一，应当追究诉讼法律责任。这里的"辩护人或者其他任何人"，包括辩护律师和其他辩护人，以及其他任何参与刑事诉讼或者与刑事诉讼有利害关系的人。《刑事诉讼法》第199条规定的违反法庭秩序的诉讼法律责任主体包括诉讼参与人和旁听人员。

二、行为

　　引起刑事诉讼法律责任的行为是刑事诉讼不法行为，它违反了刑事诉讼法规范。因此，作为刑事诉讼法律责任条件的不法行为实际上是指"为整体法秩序所不允许""在法律上不具有正当性"的行为。[1]凯尔森认为，立法者依据一定的标准将特定行为与制裁联系起来，将其设定为不法行为，乃是一个超越法学的道德、政治上的问题，但是在实在法理论中界定不法行为的标准显然是：为特定的法律秩序所不允许。[2]以"特定法秩序所不允许"为条件界定不法行为，是凯尔森的不法行为概念与大陆法系刑事法、侵权法的不法性概念之共同点，两者所称的不法概念其实具有同质性。这正是作为诉讼法律责任构成要件的不法行为与一般违法行为的根本区别所在。[3]江苏省检察机关在关于"昆山反杀案"的分析意见中论及正当防卫的制度价值时指出："合法没有必要向不法让步"，不法侵害人刘某的行为具有不法性，根据《刑法》第20条第3款规定，于某的行为属于正当防卫，不负刑事责任。[4]笔者认为，该分析意见很好地诠释了行为不法性的内涵。最高人民检察院检察长张军在最高人民检察院2019年工作报告中再次提及"昆山反杀案"和"福州赵宇案"，并指出，"法不能向不法让步""只要是非法行为，就得承受法给予的惩罚、制裁，这样社会正气才能树立起来"。他进一步指出，邪不压

---

〔1〕 陈忠林主编：《违法性认识》，北京大学出版社2006版，第6页以下。

〔2〕 Hans Kelsen，*Pure Theory of Law*，Translated By Max Knight，University of California Press，1967，pp. 119-120。[奥] 凯尔森：《法与国家的一般理论》，沈宗灵译，中国大百科全书出版社1996年版，第55页以下。

〔3〕 违法行为仅仅是指违反具体的法律义务或法规范之行为事实，而不法行为则是从整体法秩序的角度对行为所作的"不法性"评价。特定的违法行为尚需满足从整体法秩序的角度评价具有不正当性之条件，方可归属于不法行为。在具体的法律适用中，这种从整体法秩序角度所作的评价，在于考察造成权利侵害的行为事实是否具备整体法秩序意义上的正当理由（是否属于正当防卫、紧急避险、合法履行职务或行使合法权利的行为等）。这为不法行为设置制裁之规范效果提供了正当性基础。因为行为"为整体法秩序所不允许"而不具有正当性，对其施以制裁（强制）这种严厉的规制手段才具有法律上的正当性。当某一行为在整体法秩序上被认为是不正当的，或"根据法律秩序的意图必须加以避免"，它实际上已经触及法秩序所能容忍的极限，那么，法律只能用制裁（强制）之规制手段予以调整。这也正是法律责任机制中公权力强制作用的正当性所在。

〔4〕 该分析意见认为，正当防卫的实质在于"以正对不正"，是正义行为对不法侵害的反击，因此应明确防卫者在刑法中的优先保护地位。实践中，许多不法侵害是突然、急促的，防卫者在仓促、紧张状态下往往难以准确地判断侵害行为的性质和强度，难以周全、慎重地选择相应的防卫手段。在事实认定和法律适用上，司法机关应充分考虑防卫者面临的紧急情况，依法准确适用正当防卫规定，保护防卫者的合法权益，从而树立良好的社会价值导向。本案是刘某交通违章在先，寻衅滋事在先，持刀攻击在先。于某面对这样的不法侵害，根据法律规定有实施正当防卫的权利。关于该案件基本情况和认定于某行为属于正当防卫的分析意见，参见"为什么认定于海明的行为属于正当防卫？——关于昆山'8·27'案件的分析意见"，载中华人民共和国最高人民检察院官网，https://www.spp.gov.cn/spp/zdgz/201809/t20180901_ 390617. shtml，最后访问时间：2018年9月3日。

正，今天就要靠法律意识和司法办案不断引领。[1]笔者认为，最高人民检察院近年来指导处理的"昆山反杀案""福建赵宇案"和"河北涞源案"等正当防卫案件，充分昭示了这一司法理念。如果特定的行为事实在整体法秩序意义上不具有正当性或"不被整体法秩序所容忍"，那么，它必将引起一个以制裁为内容、可以强制方式实现的救济权法律关系，该行为事实可归属于不法行为。[2]换言之，行为的不法性（不被整体刑事法秩序所容忍）是刑事诉讼法律责任调整机制不可缺少的前提条件。对诉讼法律责任的追究，说到底，就是排除诉讼过程中出现的种种影响诉讼程序正常进行的不法行为。[3]我国《国家赔偿法》第2条就是以行为的不法性，而不是以违法性作为国家赔偿责任构成的行为要件，不再要求国家机关及其工作人员违法行使职权才给予国家赔偿。《监察法》第67条规定的监察程序中的国家赔偿，也不再以行为的违法性作为国家监察赔偿责任构成的行为要件，只要监察机关及其工作人员行使职权侵犯了公民、法人和其他组织的合法权益，并且造成损害的，都依法给予国家赔偿。《刑事诉讼法》第53条要求公安机关在提请批准逮捕书、检察机关起诉书和法院判决书时都必须忠实于事实真象。故意隐瞒事实真象，应当追究刑事诉讼法律责任。但是，立法并没有明确这种刑事诉讼法律责任的内容，有待研究完善。

三、心理状态

心理状态是指行为主体主观上的故意和过失，[4]通称主观过错。过错在不同的法律关系中的重要程度不同。在民事法律中一般较少区分故意与过失，而在刑事法律关系中，有过错就非常重要。据史料记载，秦朝第一次根据司法官故意和过失的不同主观心理状态，区分不同的司法责任，分别确定科刑

---

〔1〕　高语阳："专访：最高检检察长张军谈正当防卫：法不能向不法让步"，载搜狐网，https://www.sohu.com/a/301618194_167569，最后访问时间：2019年3月18日。

〔2〕　余军、朱新力："法律责任概念的形式构造"，载《法学研究》2010年第4期。

〔3〕　袁岳："诉讼法律责任论"，载《学习与探索》1991年第3期。

〔4〕　故意是指行为人明确自己行为的不良后果，却希望或放任其发生的一种心理状态。过失是指行为人应当预见到自己的行为可能发生不良后果而没有预见，或者已经预见而轻信不会发生或自信可以避免的一种心理状态。应当预见或能够预见而没有预见，称为疏忽；已经预见而轻信可以避免，称为懈怠。

标准。〔1〕我国刑法通说坚持四要件的犯罪构成理论，行为人的罪过，即故意或过失的心理状态，是一切犯罪构成都必须具备的主观要件。我国《刑法》明确区分故意犯罪和过失犯罪，分别规定了不同的刑事责任。根据《刑法》第16条规定，行为没有故意或者过失的主观心理状态，不构成犯罪。

从《刑事诉讼法》和有关规范性文件看，刑事诉讼法律责任的承担并不以刑事诉讼法律关系主体主观上存在故意或过失的心理状态为前提条件。根据刑事诉讼法律责任的具体形态不同，对行为人心理状态的要求存在差异。因为刑事诉讼法律责任的承担主体既有作为自然人的公民个人，也有作为单位的法人和其他组织，而后者显然无法具备故意或过失的主观心理状态。《刑事诉讼法》第53条规定，追究刑事诉讼法律责任的前提是在提请批准逮捕书、起诉书、判决书中故意隐瞒事实真象，要求具有故意的心理状态，这里的承担主体是负责制作相关法律文书的警察、检察官和法官个人，而不是公、检、法机关。我国有关司法改革的规范性文件规定，追究警察、检察官、法官的司法责任也以存在过错（故意或过失）的心理状态为前提。《保护司法人员履行职责规定》第11条明确，如果法官、检察官不是因故意违反法律、法规或者有重大过失导致错案并造成严重后果的，不承担错案责任。《法院司法责任制意见》规定，追究法官责任的前提是法官在审判工作中故意违反法律法规，或者因重大过失导致裁判错误并造成严重后果。《检察院司法责任制意见》规定，检察人员承担的司法责任包括故意违反法律法规责任和重大过失责任。司法办案工作中虽有错案发生，但检察人员在履行职责中尽到必要注意义务，没有故意或重大过失的，不承担司法责任。《公安机关执法过错责任规定》第2条明确将"执法过错"界定为人民警察在执法办案中故意或者过失造成的认定事实错误、适用法律错误、违反法定程序、作出违法处理决定等执法错误。《刑事诉讼法》第56条规定的非法证据排除，第238条规定的法院违反法定诉讼程序的制裁，都不以故意或过失心理状态为条件，因为其承担主体是公、检、法三机关。根据我国《宪法》规定，国家的一切权力属于人民，公、检、法三机关在刑事诉讼中行使侦查权、检察权、审判权，都是经人民代表大会依法授权，它们都是一个集体职权，警察、检察官、法官

〔1〕 刘田田："法官错案责任追究制度的古今对比"，载《人民法院报》2017年11月10日，第5版。

只能代表所在单位依法行使，由单位（最终是国家）负责。此外，《政务处分法》第 2 条规定的政务处分和《中国共产党纪律处分条例》第 6 条规定的纪律处分也不以行为人具有故意或过失心理状态为条件。《法庭规则》第 20 条规定，只要行为人实施五类行为之一，足以危及法庭安全或扰乱法庭秩序的，根据相关法律规定，予以罚款、拘留；构成犯罪的，依法追究刑事责任。这种刑事诉讼司法处罚和刑事责任也不以行为人主观故意或过失为构成要件。

四、损害事实

刑事诉讼法律责任以刑事诉讼法律关系主体在刑事诉讼过程中违反刑事诉讼法规范为前提，这种"违反"不仅具有不法性，而且会给国家、社会或诉讼参与人造成某种损害后果，从而产生损害事实。《保护司法人员履行职责规定》第 11 条规定，追究法官、检察官的错案责任，不仅要求有故意违反法律法规或者重大过失的主观心理状态，而且要求重大过失导致错案并造成严重后果的损害事实。前文案例 2 中杭州保姆纵火案前辩护律师党某擅自退庭，干扰诉讼正常进行，导致庭审中止，不仅造成法院审判秩序混乱，不得不重新安排庭审时间和审判流程，浪费司法资源，而且给当事人和其他诉讼参与人带来损害，加重被害人林某的心理伤害，造成较大社会影响。至于冤假错案造成的损害，在福建省高级人民法院 2017 年 9 月再审改判无罪的缪新华案中，缪新华一家五口蒙冤达 14 年之久。正如缪家的一位叔叔说："就算改判无罪，这个家也毁了。"案发时，缪新华有个美满的家庭，如今，妻离子散。2016 年，父亲缪某树因病去世。缪新光说，父亲在 2012 年 2 月出狱后，每天都要吃药，也不能干活了。"他过世前反复交代，等不到清白那一天绝不下葬"。至今，缪某树的遗体仍寄放在陵园里。[1]2020 年 1 月 13 日，山东省高级人民法院再审改判张志超和王广超无罪。此时他们已经被无辜羁押超过 14 年，从 16 岁的高中生变成了 30 岁的大青年。十多年的高墙生活，让张志超已然疏远了家庭和社会。正如他自己指出的一样："现在和以前的世界太不

---

〔1〕 "缪新华故意杀人，缪德树、缪新容、缪新光、缪进加包庇再审"，载福建省高级人民法院网，http://www.fjcourt.gov.cn/page/court/news/ArticleTradition.aspx？nrid＝e26b7f88-cf22-4b0a-ba14-a73600f20e1a，最后访问时间：2022 年 6 月 17 日。

一样了！我觉得自己对这个世界一无所知。车那么多，路那么宽，别人用的手机我都看不懂，到了宾馆，我不会开灯、不会烧水，好多东西都不会用。"[1]

五、因果关系

刑事诉讼法律责任是由刑事诉讼法律关系主体违反刑事诉讼法规范所引起的一种责任，其追究也必须要求不法行为与损害事实之间存在因果关系，只是这种因果关系具有复杂性，既包括直接原因，也包括间接原因，而后者只有在法律规定的情况下才承担责任。因此，司法实践中要根据具体案件情况作具体分析，否则，可能导致责任的错误承担，甚至错案。《刑事诉讼法》第44条规定的刑事诉讼法律责任主体包括辩护人在内的所有人，没有范围限制，而且对行为的规定采取否定形式，规定了六种禁止行为或强制性义务，既没有明确心理状态要求、损害事实的判断标准，也没有明确诉讼法律责任的具体形态和因果关系等。而该规定又成为《刑法》第306条"律师伪证罪"和第307条"妨害作证罪""帮助毁灭、伪造证据罪"的直接依据。换言之，《刑法》这两条规定是《刑事诉讼法》第44条规定的刑事诉讼刑事责任，但《刑法》这两条规定的犯罪行为客观方面显然比《刑事诉讼法》第44条规定的禁止行为要狭窄且相对清晰，二者无法对应。从某种意义上说，司法实践中"律师伪证罪"异化为公安、检察机关对辩护律师的一种职业报复手段，每年都有辩护律师被启动追究刑事责任程序，许多案件在诉讼过程中被撤销案件、不起诉或宣告无罪。这显然与《刑事诉讼法》第44条的模糊规定和因果关系的不明确有关。同理，《刑事诉讼法》第245条第5款虽然分别情形规定了司法工作人员贪污、挪用或者私自处理查封、扣押、冻结的财物及其孳息的刑事责任和处分这两种刑事诉讼法律责任，但是，我国《刑法》并没有明确规定该行为的刑事诉讼刑事责任，《刑法》第314条规定的"非法处置查封、扣押、冻结的财产罪"和第396条第2款规定的"私分罚没财物罪"

---

[1] 王巍："山东张志超案再审改判无罪"，载新京报网，https://baijiahao.baidu.com/s? id = 1655663789719017705，最后访问时间：2020年1月20日。该案改判的理由是无客观证据指向张志超作案，张志超的供述与证人证言存在矛盾，且办案过程存在明显的瑕疵，张志超、王广超有罪供述的真实性和合法性存疑。认定张志超实施强奸并致死被害人高某，侮辱高某尸体的犯罪行为的证据没有形成完整的证据体系，没有达到证据确实、充分的法定证明标准。

不能适用于该行为。至于这里的"处分",更是一种空白责任。因此,从刑事诉讼法律责任的构成要件,尤其是从因果关系分析《刑事诉讼法》相关诉讼法律责任的规定,虽然《刑事诉讼法》已经经过三次修正,但许多条款规定的诉讼法律责任有待明确,有的还需要其他法律尤其是《刑法》的配套落实。

通过对刑事诉讼法律责任构成要件的分析,前文案例 3 中周继坤等 5 名当事人要求追究当年办案人员的刑事诉讼法律责任具有正当根据。据了解,到 2018 年 1 月,5 名原审被告人皆已刑满获释,其中被羁押最长时间的周继坤,失去人身自由近 21 年。此案除当事人均声称被刑讯逼供外,还有 18 名证人被公安机关逮捕、起诉。错案造成的损害事实显而易见。安徽省高级人民法院再审认为,原裁判认定五人犯故意杀人罪的主要依据是周继坤等五人的有罪供述。但综观全案,缺乏能够锁定周继坤等五人作案的客观证据。而周继坤等五人的有罪供述在作案的重要情节上存在诸多矛盾,供述内容与鉴定意见反映的情况不符,有罪供述的客观性、真实性存疑;证人证言多次反复,且证明内容不能与被告人供述相印证。被害人周某华的陈述前后不一,且陈述内容与在案其他证据存在诸多矛盾。这些说明办案人员主观上存在故意或者重大过失的心理状态,行为具有不法性,是导致错案发生的直接原因,应当依照有关规定承担相应的刑事诉讼法律责任。

第二节　诉控主体

诉控主体是指有权向刑事诉讼法律责任的确认机关提出诉讼不法行为指控的个人和单位。这种个人或单位一般都是诉讼不法行为的受害人甚至被害人,其合法权益遭受诉讼不法行为的侵害,需要通过行使控告权启动诉讼法律责任的追责程序从而获得救济,因此,他们具有刑事诉讼法律责任追责程序的程序性原告身份,应当依法享有相应的诉讼权利,履行相应的诉讼义务。《刑事诉讼法》第 14 条第 2 款规定,诉讼参与人对于审判人员、检察人员、侦查人员侵犯其诉讼权利和人身侮辱的行为,有权提出控告。该规定为诉讼参与人作为诉控主体提供了直接依据。在前文案例 3 中,周继坤等 5 名当事人遭受错案裁判被羁押,不同程度地失去人身自由,最长时间近 21 年,他们自己及其家庭的合法权益都遭受巨大损害，有权作为诉控主体提出追究刑事诉讼法律责任的指控，要求有关机关依法追究错案责任或刑事诉讼法律责任。根据《刑事诉讼法》和有关规范性文件的规定，刑事诉讼法律责任的诉控主体可以分为三类。

一、当事人

刑事诉讼当事人是指与刑事案件结局有直接利害关系，在刑事诉讼中处于事实上的原告人或被告人地位，承担控诉或辩护职能，从而对刑事诉讼进程具有较大影响作用的诉讼参与人。他们与刑事案件当事人既有联系，义有区别。[1] 当事人与案件结局有直接利害关系，其合法权益处于待确定状态，亟待通过刑事诉讼程序得到确认和救济，因此，他们对诉讼结果最关心，具有积极参与刑事诉讼的动机。作为刑事诉讼的原告人或被告人，诉讼当事人比其他诉讼参与人享有更多的诉讼权利，承担更多的诉讼义务，对诉讼程序中的不法行为最敏感，也更容易遭受诉讼不法行为的侵害，从而沦为诉讼不法行为的受害人甚至被害人。

《刑事诉讼法》第108条第2项规定，刑事诉讼当事人包括被害人、自诉人、犯罪嫌疑人、被告人、附带民事诉讼的原告人和被告人。不同诉讼当事人享有的诉讼权利和承担的诉讼义务存在区别。笔者认为，与《刑事诉讼法》第101条规定的被害人一样，刑事诉讼其他当事人死亡或丧失行为能力的，其法定代理人、近亲属有权作为诉控主体提出追究刑事诉讼法律责任的指控，这样才符合刑事诉讼法律责任追责原理，尽可能扩大诉控主体的范围，提高发现刑事诉讼不法行为的概率，让更多的诉讼不法行为受到责任追究。

案例4 陕西农妇冤狱赔偿案[2]

2016年7月1日，坐了11年冤狱的柯长桂终于等到无罪判决。陕西省商洛市中级人民法院认为，原判认定事实错误，杀人动机纯属主观臆断。柯长

---

[1] 裴苍龄："论刑事案件的当事人"，载《中国法学》2008年第1期。
[2] 谢涛："陕西农妇坐11年冤狱获赔130万 家人不满：应追责"，载华商网，https://news.china.com/socialgd/10000169/20160907/23491526.html，最后访问时间：2018年8月10日。

桂有罪供述系刑讯逼供、诱供、骗供的结果。原判采信的证据有失客观公正。原判程序违法，河南省高级人民法院发回陕西省商洛市中级人民法院重审却未审，直接移送基层法院审理，随意改变并降低审级的行为违法。柯长桂申请国家赔偿金 635 万余元，但商洛市中级人民法院决定支付柯长桂人身自由赔偿金及精神损害抚慰金共计 130 万元。对此判决，柯长桂家人表示并不满意，将和律师商议是否向省高级人民法院申诉。在母亲被关进监狱的近 11 年中，柯长桂的儿子蔡乾鹏坚持为母申冤。他在接受记者采访时表示，毕竟 130 万不是我的目的，心里不服气。我不求把他们处分了。但只有追责了，才能让这些掌权的人，在办案时更加严谨，让以后的冤假错案少一些。

　　显然，该案存在大量诉讼不法行为，包括违反刑事诉讼法规范，应当依法追究刑事诉讼法律责任或错案责任。作为刑事诉讼当事人及其近亲属，蔡乾鹏不仅坚持 11 年为母亲申冤，要求纠正冤假错案，而且强烈要求启动追责程序，追究有关办案人员责任，避免类似错案再次发生。因此，适当扩大诉控主体的范围，包括刑事诉讼当事人及其法定代理人、近亲属，可以更好地激活刑事诉讼法律责任，充分发挥其防范和纠正冤假错案的功能。《刑事诉讼法》第 117 条赋予当事人对于司法机关及其工作人员五种诉讼不法行为的申诉或者控告权，[1]要求受理申诉或控告的机关及时处理。当事人对处理不服的，还可以向同级检察机关申诉获得救济。第 253 条赋予当事人及其法定代理人、近亲属对五种情形生效裁判的申诉权。[2]司法实践中，对于刑事诉讼当事人及其法定代理人、近亲属提出的刑事诉讼不法指控，有关司法机关应当认真对待、及时处理，并将处理结果书面告知该诉控主体。

---

〔1〕　五种诉讼不法行为为，（1）采取强制措施法定期限届满，不予以释放、解除或者变更的；（2）应当退还取保候审保证金不退还的；（3）对与案件无关的财物采取查封、扣押、冻结措施的；（4）应当解除查封、扣押、冻结不解除的；（5）贪污、挪用、私分、调换、违反规定使用查封、扣押、冻结的财物的。

〔2〕　五种情形为，（1）有新的证据证明原判决、裁定认定的事实确有错误，可能影响定罪量刑的；（2）据以定罪量刑的证据不确实、不充分、依法应当予以排除，或者证明案件事实的主要证据之间存在矛盾的；（3）原判决、裁定适用法律确有错误的；（4）违反法律规定的诉讼程序，可能影响公正审判的；（5）审判人员在审理该案件的时候，有贪污受贿，徇私舞弊，枉法裁判行为的。

二、其他诉讼参与人

其他诉讼参与人虽然与刑事案件结局没有直接利害关系，但是，他们依法参与刑事诉讼，享有一定诉讼权利，承担一定诉讼义务，也可能遭受诉讼不法行为的侵害，从而沦为受害人甚至被害人，因此，他们也有权作为诉控主体提出控告，启动刑事诉讼法律责任的追责程序。《刑事诉讼法》第108条第4项规定，其他诉讼参与人包括法定代理人、诉讼代理人、辩护人、证人、鉴定人和翻译人员。《刑事诉讼法》第197条规定了有专门知识的人，即专家辅助人出庭制度，他们适用鉴定人的有关规定。因此，专家辅助人与鉴定人一样，也应当列为其他诉讼参与人。《刑事诉讼法》有关条文直接规定了其他诉讼参与人对诉讼不法行为的控告权。《刑事诉讼法》第44条第1款规定，辩护人或者其他任何人违反该款规定的禁止行为，都应当依法追究诉讼法律责任。这里的"其他任何人"，包括其他任何参与刑事诉讼或者和刑事诉讼有利害关系的人。第49条赋予辩护人、诉讼代理人对阻碍其依法行使诉讼权利的国家专门机关及其工作人员的申诉、控告权。第63条第2款赋予证人及其近亲属作为诉控主体对那些对其进行威胁、侮辱、殴打或者打击报复的人提出控告的权利。第117条赋予辩护人、诉讼代理人、利害关系人与当事人一样的对违法侦查提出申诉或者控告的权利。第161条赋予辩护律师在侦查终结前被听取意见和提出书面意见的权利，第162条赋予辩护律师被告知案件移送情况的权利，第173条赋予辩护人、值班律师和诉讼代理人在审查起诉过程中听取意见的权利，第187条赋予辩护人、诉讼代理人、证人、鉴定人和翻译人员至迟在开庭3日以前获得开庭通知的权利，等等，这些其他诉讼参与人的诉讼权利一旦受到侵犯，他们都可以向有关机关提出控告，要求追究刑事诉讼法律责任。《刑事诉讼法》第199条第2款规定，在法庭审判过程中，侮辱、诽谤、威胁、殴打司法工作人员或者诉讼参与人，严重扰乱法庭秩序，构成犯罪的，依法追究刑事责任。受到侵害的司法工作人员或诉讼参与人有权作为诉控主体提出诉控，要求立案追究刑事诉讼法律责任。

在其他诉讼参与人中，最重要的两类人是证人和律师（包括辩护律师、值班律师和诉讼代理律师）。我国《刑法》第247条规定的"暴力取证罪"的犯罪主体是司法工作人员，犯罪对象是证人和被害人。第308条规定的

"打击报复证人罪"的犯罪主体是一般主体,犯罪对象也是证人。这两类案件的证人都可以作为诉控主体要求追究有关人员的刑事诉讼刑事责任。随着律师参与刑事诉讼不断深入,律师在法庭上所采取的抗争行为也愈演愈烈。有的律师在法庭上的抗争以所谓"死磕式辩护"(简称"死磕")的形式出现。广西北海案是中国律师"死磕式"辩护正式登上司法舞台的经典案例,而贵州小河案标志着"死磕派"正式形成。从司法实践看,律师"死磕"的前提是办案机关明显且严重程序违法,当事人已经"死磕"且强烈要求律师"死磕"。而且律师"死磕"是有原则的,即,只"磕"公权力不"磕"私权利,只"磕"程序不"磕"实体。〔1〕从某种意义上说,"死磕"是律师作为诉控主体针对办案机关明显且严重违反法定诉讼程序的行为提出的一种诉控,要求办案机关启动刑事诉讼法律责任的追责程序,主动纠正程序违法。"死磕"有很大的职业风险,绝大部分律师并不愿意"死磕"。他们是为了履行辩护人的职责,维护当事人诉讼权利和其他合法权益,维护诉讼程序依法进行,但超出法律界限的"死磕"除外。

作为诉控主体,其他诉讼参与人与当事人一样,其诉控对象主要是国家专门机关及其工作人员的诉讼不法行为,尤其是违反法定诉讼程序的程序违法行为,也包括其他当事人或其他诉讼参与人违反强制性、禁止性规范而侵犯其合法权益的行为,因此,具有复杂性。据报道,2019年10月8日,在长沙市中级人民法院二审改判撤销望城区人民法院的一审民事判决后,某律师认为该一审判决不仅违反了基本的法律规定,而且"违背了人之基本常理",因而向湖南省法官惩戒委员会提交申请,请求认定法官在办理该民事案件时故意违反职责和法律。〔2〕尽管《法官法》和《法官、检察官惩戒制度意见》都没有规定当事人或律师申请法官惩戒委员会对法官违法办案及其重大过失造成严重损失的异议调查启动权,律师这种做法缺乏法律依据,但是,它为我们研究完善法官、检察官惩戒制度提供了启示。笔者建议立法赋予当事人或律师独立的异议调查启动权,从而打破法官、检察官违反法定职责由所在

---

〔1〕 杨学林:"论死磕派律师",载华律网,https://www.66law.cn/domainblog/47373.aspx,最后访问时间:2018年9月1日。

〔2〕 肖震:"全国首例!律师上书省法官惩戒委员会:申请认定法官枉法裁判!",载华辩网,http://www.148hb.com/newsview/8238.html,最后访问时间:2019年11月1日。

法院、检察院调查认定的局面，构建起法官、检察官履职独立调查制度。

三、国家专门机关及其工作人员

公安机关、检察机关和法院等作为刑事诉讼中的国家专门机关，有权依职权追究有关主体诉讼不法行为的刑事诉讼法律责任，上级机关也可以依职权追究下级机关诉讼不法行为的刑事诉讼法律责任。我国公安机关和检察机关都实行上命下从的一体化管理体制，上级机关有权改变或撤销下级机关的决定，而且无须说明理由。《刑事诉讼法》第 232 条第 2 款规定，上级检察机关如果认为下级检察机关的二审抗诉不当，可以直接向同级法院撤回抗诉，并且通知下级检察机关。第 238 条规定，二审法院发现一审法院的审理具有违反法律规定的诉讼程序的五种情形之一的，应当撤销原判，发回重审，这构建了我国违法审判的程序性制裁机制。《刑事诉讼法》第 209 条规定，检察机关发现法院审理案件违反法律规定的诉讼程序，有权提出纠正意见。第 276 条规定，检察机关发现刑罚执行机关执行刑罚的活动存在违法的情况，应当通知纠正。

对于国家专门机关自己无权直接处理的诉讼不法行为，以及刑事诉讼当事人或其他诉讼参与人实施的诉讼不法行为，尤其是违反法律强制性、禁止性规范或强制性义务的行为，有关专门机关只能依法处理或向其他机关（包括监察机关）移送处理，或者提出指控。《刑事诉讼法》第 199 条分别不同情形规定了违反法庭秩序和严重扰乱法庭秩序的刑事诉讼法律责任，前者给予司法处罚，又称妨碍刑事诉讼的强制措施，包括警告、强行带出法庭、罚款和拘留，后者构成扰乱法庭秩序罪。《高法解释》第 307 条第 2 款补充规定，对于未经许可录音、录像、拍照或者使用即时通讯工具等传播庭审活动的，可以暂扣相关设备及存储介质，删除相关内容。第 308 条进一步明确，对于担任辩护人、诉讼代理人的律师严重扰乱法庭秩序，被强行带出法庭或者被处以罚款、拘留的，法院应当通报司法行政机关，并可以建议依法给予相应的处罚。《高检规则》第 60 条第 2 款规定，检察机关发现辩护律师在刑事诉讼中违反法律、法规或者执业纪律的，应当及时向其所在的律师事务所、所属的律师协会以及司法行政机关通报。

四、案外人

案外人在我国《刑事诉讼法》中不是一个法定概念，一般是指除国家专门机关及其工作人员、当事人和其他诉讼参与人以外的、法律上的权益因刑事诉讼行为可能受到侵害的公民、法人或其他组织。此类人不直接参与刑事诉讼，但是与刑事案件的处理结果存在利害关系，他们包括但不限于利害关系人、近亲属，而是一个总称概念。刑事诉讼程序从立案到执行是由诸多诉讼行为构成的一个诉讼过程，刑事诉讼的中心问题是解决犯罪嫌疑人、被告人的刑事责任问题，任何刑事案件都由人和事实两个要素组成，刑事案件的解决包括事实认定和法律适用两个方面，离不开国家专门机关和诉讼参与人的参与，也可能涉及案外人的利益。例如，为了侦查需要，《刑事诉讼法》赋予侦查机关依法查封、扣押可用于证明犯罪嫌疑人有罪或者无罪的各种财物、文件，查询、冻结犯罪嫌疑人存款、汇款、债券、股票、基金份额等财产的权力；在侦查活动中，侦查人员在有限的时间内有时很难准确判断某财物或文件是否与案件有关，或者某财产是否属于犯罪嫌疑人的个人财产。但是，为了避免该财物、文件或财产被毁灭、破坏等，只能暂时查封、扣押、冻结；经审查确实与案件无关的，应当在 3 日以内解除查封、扣押、冻结，并予以退还。如果侦查机关错误查封、扣押、冻结涉案财物，没有依法在 3 日内解除并退还，或者退还的涉案财物遭到损毁，这就损害到该财物所有人，即案外人的合法权益，这样，案外人有权作为诉控主体提出控诉，要求追究刑事诉讼法律责任。

从我国《刑事诉讼法》规定看，除国家专门机关及其工作人员、诉讼参与人以外的一切公民、法人或其他组织都可能成为案外人。《刑事诉讼法》第 44 条第 1 款规定，辩护人或者其他任何人违反该款规定的禁止行为，都应当依法追究诉讼法律责任。这里的"其他任何人"，包括其他任何参与刑事诉讼或者和刑事诉讼有利害关系的人。第 54 条第 4 款规定了伪造、隐匿或者毁灭证据的责任，其诉控主体包括当事人以外的所有知情人。除此之外，案外人作为诉控主体主要包括七种身份：一是近亲属。第 35 条赋予犯罪嫌疑人、被告人的近亲属向法律援助机构申请法律援助的权利，如果符合法律援助条件，法律援助机构应当指派律师为其提供辩护而不指派律师的，近亲属可以作为诉控主体。此外，第 63 条、第 64 条、第 114 条、第 227 条、第 253 条中的近亲属也可以作为诉控主体。二是与案件有关或者了解案情的公民。第 52 条第 3 句规定，必须保证一切与案件有关或者了解案情的公民，有客观地充分地提供证据的条件。这些公民都是诉控主体。三是保证人。第 69 条至第 70 条规定，保证人因为履行取保候审的保证义务而成为诉控主体。四是报案人、举报人、控告人及其近亲属。被第 81 条规定的应当逮捕而未逮捕的犯罪嫌疑人、被告人打击报复的被害人、举报人、控告人，有权作为诉控主体。同理，第 110 条至第 112 条中的报案人、举报人、控告人及其近亲属也是诉控主体。五是犯罪嫌疑人、被告人的近亲属和利害关系人。第 117 条赋予利害关系人申请侦查救济权，第 294 条赋予缺席判决程序中被告人的近亲属上诉权，第 299 条赋予违法所得没收程序中犯罪嫌疑人、被告人的近亲属和其他利害关系人申请参加诉讼权。如果他们的合法权利受到侵害，都可以作为诉控主体。六是罪犯家属。第 263 条第 7 款规定，执行死刑后，交付执行的法院应当通知罪犯家属领取尸体，如果法院未通知，罪犯家属有权提出控诉。同理，第 264 条第 4 款中的罪犯家属也可以作为诉控主体。七是罪犯所在单位、居住地基层组织。第 270 条规定，被判处剥夺政治权利的罪犯执行期满，应当由执行机关书面通知本人及其所在单位、居住地基层组织。如果没有通知，罪犯所在单位、居住地基层组织有权诉控。

第三节　确认主体

刑事诉讼法律责任的确认主体，即刑事诉讼法律责任的适用机关，它们接受诉控主体的诉控或控告，决定刑事诉讼法律责任的受理、审查、确认、决定，以及相应的决定或裁判的执行。我国《宪法》和《刑事诉讼法》确立的公、检、法三机关分工配合制约原则，决定了我国刑事诉讼的诉讼阶段论或"流水作业式"诉讼模式，刑事诉讼法律责任的确认和适用主要看它发生在哪一个阶段。换言之，不同诉讼阶段的诉讼不法行为和诉讼法律责任由不同的国家机关确认。

一、监察机关

《监察法》第 3 条规定，监察委员会依法对所有行使公权力的公职人员进行国家监察，调查职务违法和职务犯罪。刑事诉讼中公职人员实施诉讼不法行为，涉嫌职务违法和职务犯罪，应当承担刑事诉讼法律责任的，由监察机关进行调查、确认和处置。这样，监察机关成为刑事诉讼法律责任的确认主体。《监察法》第 15 条规定，公安机关、检察机关、法院等国家专门机关工作人员，包括警察、检察官、法官、检察辅助人员、审判辅助人员、司法行政人员等，以及其他行使公权力履行公职的人员，都属于监察机关监察的对象范围。他们在刑事诉讼过程中违反刑事诉讼法规范应当承担诉讼法律责任的，由各级监察机关调查、确认和处置。监察对象的范围是所有行使公权力的公职人员，因此，监察机关作为确认主体适用刑事诉讼法律责任的对象是行使公权力的公职人员，而非单位，这与检察机关的法律监督对象不同。国家监察对象范围主要是国家专门机关工作人员，以及诉讼参与人和案外人中属于"依法履行公职的人员"，后者的范围仍然很狭窄，不可能涵盖全部诉讼参与人和案外人等。而且国家监察的对象是公职人员涉嫌职务违法和职务犯罪行为，也不可能涵盖全部刑事诉讼行为。《刑事诉讼法》第 245 条规定的司法工作人员违法处置涉案财物的诉讼法律责任，应由监察机关确认和处置。《保护司法人员履行职责规定》第 14 条规定，法官、检察官错案责任的确认主体是法官、检察官惩戒委员会。

《刑事诉讼法》第 53 条规定了制作虚假司法文书的刑事诉讼法律责任。这里的提请批准逮捕书、起诉书、判决书的制作主体分别是公安机关、检察机关、法院三个专门机关，但司法文书的具体制作人是负责办案的警察、检察官、法官，故意隐瞒事实真象属于职务违法或职务犯罪行为，要求行为人具有故意的心理状态，只能由办案人员实施，而不可能是单位。因此，这种诉讼法律责任的诉控主体包括当事人、其他诉讼参与人和案外人，他们一旦发现该三类司法文书存在故意隐瞒事实真象，均有权提出控告。其责任主体是负责制作该法律文书的警察、检察官、法官个人，以及负有监督管理责任的部门负责人或分管领导。对个人追究刑事诉讼法律责任，即司法责任，包括纪律责任和刑事责任，由监察机关依法确认并处置。但是，该条规定的制作虚假司法文书的诉讼法律责任的适用对象仅限于公安机关提请的批准逮捕书、检察机关起诉书和法院的判决书，范围过于狭窄，不利于保障国家专门机关和诉讼参与人、案外人全面履行诉讼真实义务，从而不利于防范虚假诉讼。因此，笔者认为，立法应当将该诉讼法律责任扩大适用于所有具有法律意义的司法文书，其确认主体和责任主体应当多元化。

《监察法》第 22 条第 2 款规定，监察机关可以对涉嫌行贿犯罪或者共同职务犯罪的涉案人员（包括律师）依照第 1 款规定采取留置措施。该规定明确监察机关作为对被调查人以外的涉案人员（包括律师）实施妨碍监察调查行为的确认主体。

二、公安机关

《刑事诉讼法》第 3 条规定，公安机关负责行使侦查权，履行侦查职能，法律另有规定的除外。侦查权的具体权能包括侦查、拘留、执行逮捕和预审等。《刑事诉讼法》规定的绝大部分侦查行为（审查批捕除外）都由公安机关自行审批、自行实施，包括发现违法侦查行为并予以纠正。《刑事诉讼法》第 56 条第 2 款明确公安机关在侦查阶段发现有应当排除的非法证据时，应当依法予以排除，不得作为起诉意见的依据。该规定为公安机关作为刑事诉讼法律责任的确认主体，审查确认并且自行排除非法证据提供了依据。从我国《刑事诉讼法》的规定看，侦查阶段分为前期侦查和预审两个程序，公安机关作为确认非法证据主体的职能通过预审部门完成，预审在审查核实前期侦查收集、调取证据材料的同时，对前期侦查程序的合法性进行监督，审查确认违法侦查行为并依法排除非法证据。除此之外，根据《刑事诉讼法》的规定，公安机关有权确认刑事诉讼法律责任并且予以适用的还包括 10 种情形，但是属于监察机关监察的对象范围除外。一是《刑事诉讼法》第 14 条第 2 款规定的诉讼参与人对侦查人员侵犯公民诉讼权利和人身侮辱行为的控告。二是《刑事诉讼法》第 16 条规定的依法不追究刑事责任的六种情形。[1]三是《刑事诉讼法》第 29 条和第 30 条规定的侦查人员应当回避而不回避。四是《刑

---

〔1〕 六种情形为，(1) 情节显著轻微、危害不大，不认为是犯罪的；(2) 犯罪已过追诉时效期限的；(3) 经特赦令免除刑罚的；(4) 依照刑法告诉才处理的犯罪，没有告诉或者撤回告诉的；(5) 犯罪嫌疑人、被告人死亡的；(6) 其他法律规定免予追究刑事责任的。

事诉讼法》第35条规定的符合法律援助条件应当指定辩护而未指派律师。五是《刑事诉讼法》第44条规定的辩护人或者其他任何人实施的禁止性行为追责。六是《刑事诉讼法》第70条规定的保证人未履行保证义务的行为。七是《刑事诉讼法》第71条规定的违反取保候审规定的行为。八是《刑事诉讼法》第77条规定的违反监视居住规定的行为。九是《刑事诉讼法》第117条规定的当事人和辩护人、诉讼代理人、利害关系人对于公安机关及其工作人员具有五种情形之一的申诉或控告。十是《刑事诉讼法》第147条规定的鉴定人做虚假鉴定的行为。可见，公安机关作为确认主体确认并适用刑事诉讼法律责任的对象，除了公安机关及其工作人员的程序违法行为，还包括当事人、其他诉讼参与人和案外人，具有多元化。这从一定意义上与检察机关和监察机关的适用对象形成互补。

三、检察机关

《刑事诉讼法》第8条规定，检察机关作为国家专门的法律监督机关，依法对刑事诉讼实行法律监督，包括立案监督、侦查监督、审判监督和执行监督，保证国家法律统一正确实施，保障刑事诉讼依法进行，保护公民的合法权益和国家、社会公共利益不受侵害。《高检规则》第十三章"刑事诉讼法律监督"和第十四章"刑罚执行和监管执法监督"，从16个方面细化了检察机关诉讼监督的职责与范围。检察机关对于国家专门机关违反法律规定的诉讼程序的行为，有权提出纠正意见并监督落实，有关机关应当依法纠正。《刑事诉讼法》第19条第2款规定，检察机关保留对14种侵权渎职犯罪的侦查权和享有一定的机动侦查权。检察机关作为确认主体适用刑事诉讼法律责任时主要包括以下四个方面。

（一）审前程序的程序性违法行为

主要通过立案监督和侦查监督实现。《刑事诉讼法》第113条规定了检察机关的立案监督，第100条和第171条第5项为检察机关的侦查监督提供了依据，包括对侦查行为合法性的监督。检察机关通过审查批捕、审查起诉等活动，发现公安机关侦查活动中存在违法行为，应当通知纠正；构成犯罪的，依法追究刑事责任。《高检规则》第567条规定，检察机关对侦查活动进行监督，主要发现和纠正 16 种违法行为。[1]此是其一。其二，《刑事诉讼法》第 57 条和《严格排除非法证据规定》第 14 条规定，检察机关在审前程序中接到报案、控告、举报或者发现侦查人员以非法方法收集证据的，应当进行调查核实并予以确认。对于确有以非法方法收集证据情形的，应当提出纠正意见；构成犯罪的，依法追究刑事责任。其三，《刑事诉讼法》第 49 条赋予辩护人、诉讼代理人申诉控告权，如果他们认为公安机关、检察机关、法院及其工作人员阻碍其依法行使诉讼权利的，有权向同级或上一级检察机关申诉或控告，检察机关应当及时审查，情况属实的，通知有关机关纠正。其四，《刑事诉讼法》第 75 条第 4 款规定，检察机关对指定居所监视居住的决定和执行是否合法实行监督，有权确认违法并通知纠正。其五，《刑事诉讼法》第 117 条规定了侦查救济制度，检察机关作为申诉、受理、审查和确认的机关，发现有关司法机关及其工作人员具有该条规定的五种违法情形之一的[2]，应当通知有关机关纠正。

（二）审判程序的程序性违法行为

《刑事诉讼法》第 209 条和《高法解释》第 315 条规定，检察机关发现法院审理案件违反法律规定的诉讼程序，有权审查确认并在庭审后以检察机关

---

〔1〕 16 种违法行为为，（1）采用刑讯逼供以及其他非法方法收集犯罪嫌疑人供述的；（2）讯问犯罪嫌疑人依法应当录音或者录像而没有录音或者录像，或者未在法定羁押场所讯问犯罪嫌疑人的；（3）采用暴力、威胁以及非法限制人身自由等非法方法收集证人证言、被害人陈述，或者以暴力、威胁等方法阻止证人作证或者指使他人作伪证的；（4）伪造、隐匿、销毁、调换、私自涂改证据，或者帮助当事人毁灭、伪造证据的；（5）违反刑事诉讼法关于决定、执行、变更、撤销强制措施的规定，或者强制措施法定期限届满，不予释放、解除或者变更的；（6）应当退还取保候审保证金不退还的；（7）违反刑事诉讼法关于讯问、询问、勘验、检查、搜查、鉴定、采取技术侦查措施等规定的；（8）对与案件无关的财物采取查封、扣押、冻结措施，或者应当解除查封、扣押、冻结而不解除的；（9）贪污、挪用、私分、调换、违反规定使用查封、扣押、冻结的财物及其孳息的；（10）不应当撤案而撤案的；（11）侦查人员应当回避而不回避的；（12）依法应当告知犯罪嫌疑人诉讼权利而不告知，影响犯罪嫌疑人行使诉讼权利的；（13）对犯罪嫌疑人拘留、逮捕、指定居所监视居住后依法应当通知家属而未通知的；（14）阻碍当事人、辩护人、诉讼代理人、值班律师依法行使诉讼权利的；（15）应当对证据收集的合法性出具说明或者提供证明材料而不出具、不提供的；（16）侦查活动中的其他违反法律规定的行为。

〔2〕 五种违法情形为，（1）采取强制措施法定期限届满，不予以释放、解除或者变更的；（2）应当退还取保候审保证金不退还的；（3）对与案件无关的财物采取查封、扣押、冻结措施的；（4）应当解除查封、扣押、冻结不解除的；（5）贪污、挪用、私分、调换、违反规定使用查封、扣押、冻结的财物的。

的名义提出书面纠正意见，法院认为正确的，应当采纳。如果法院拒不采纳，而检察机关认为确有错误的，可以通过向上一级人民法院抗诉来纠正违法行为。《高检规则》第 570 条规定，检察机关对审判活动进行监督主要是发现和纠正 16 种违法行为。[1] 第 572 条规定，检察机关在审判监督活动中，发现法院或者审判人员审理案件违反法律规定的诉讼程序，应当向法院提出纠正意见。检察机关对违反程序的庭审活动提出的纠正意见，应当由人民检察院在庭审后提出。出席法庭的检察人员发现法庭审判违反法律规定的诉讼程序，应当在休庭后及时向检察长报告，由检察长决定并以检察机关的名义向法院发出纠正意见通知书或提出纠正意见。同时，该规则第 571 条还明确，检察长列席同级法院审判委员会会议，也是依法履行法律监督职责，他们一旦发现审判委员会会议违反法定的诉讼程序，有权提出纠正意见。此外，《刑事诉讼法》第 251 条第 2 款规定，在最高人民法院复核死刑案件过程中，最高人民检察院有权提出意见，这种意见也包括对各级法院程序性违法行为的意见。

（三）执行程序的程序性违法行为

《刑事诉讼法》第 276 条规定，检察机关对执行机关执行刑罚的活动是否合法实行监督。如果发现有违法的情况，应当通知执行机关纠正。法院在交付执行死刑前，应当通知同级检察机关派员临场监督。检察机关认为暂予监外执行不当的，应当递交书面意见要求有关机关重新核查。检察机关认为法院减刑、假释裁定不当的，应当向法院提出书面纠正意见。法院应当组成合议庭进行审理，作出最终裁定。这种监督既包括实体事实的合法性，也包括有关诉讼程序的合法性。

---

〔1〕 16 种违法行为为，（1）人民法院对刑事案件的受理违反管辖规定的；（2）人民法院审理案件违反法定审理和送达期限的；（3）法庭组成人员不符合法律规定，或者依照规定应当回避而不回避的；（4）法庭审理案件违反法定程序的；（5）侵犯当事人、其他诉讼参与人的诉讼权利和其他合法权利的；（6）法庭审理时对有关程序问题所作的决定违反法律规定的；（7）违反法律规定裁定发回重审的；（8）故意毁弃、篡改、隐匿、伪造、偷换证据或者其他诉讼材料，或者依据未经法定程序调查、质证的证据定案的；（9）依法应当调查收集相关证据而不收集的；（10）徇私枉法，故意违背事实和法律作枉法裁判的；（11）收受、索取当事人及其近亲属或者其委托的律师等人财物或者其他利益的；（12）违反法律规定采取强制措施或者采取强制措施法定期限届满，不予释放、解除或者变更的；（13）应当退还取保候审保证金不退还的；（14）对与案件无关的财物采取查封、扣押、冻结措施，或者应当解除查封、扣押、冻结而不解除的；（15）贪污、挪用、私分、调换、违反规定使用查封、扣押、冻结的财物及其孳息的；（16）其他违反法律规定的行为。

（四）特别程序的决定和执行行为

《刑事诉讼法》规定了五种特别程序，根据诉讼法理，这五种特别程序作为刑事诉讼程序的一部分，同样适用《刑事诉讼法》第 8 条规定的检察监督原则，检察机关对于违反法定诉讼程序的行为，有权监督、确认和提出纠正意见。《刑事诉讼法》第 294 条第 2 款赋予检察机关对缺席判决的抗诉权，第 307 条明确检察机关对强制医疗的决定和执行实行监督。第 303 条赋予公安机关对实施暴力行为的精神病人在法院决定对其强制医疗前采取临时的保护性约束措施的权力，如果公安机关违法行使这种权力，检察机关有权监督、确认并处置。

此外，《刑事诉讼法》第 95 条规定，检察机关作为羁押必要性审查的主体，通过羁押必要性审查，发现犯罪嫌疑人、被告人不需要继续羁押的，应当建议公安机关、法院等办案机关予以释放或变更强制措施。《高检规则》第 579 条规定了应当向办案机关提出释放或者变更强制措施的建议的四种情形，[1] 第 580 条规定了可以向办案机关提出释放或者变更强制措施的建议的 13 种情形。[2]

由此可见，检察机关作为确认主体适用刑事诉讼法律责任时，涉及刑事诉讼全过程，但是，其适用的对象是国家专门机关，即单位，是对单位诉讼违法行为的监督、确认和处理，不涉及诉讼参与人和案外人等个人的诉讼不法行为，而有关公职人员涉嫌职务违法或职务犯罪的，由监察机关调查、确认和处置。

---

[1] 四种情形为，（1）案件证据发生重大变化，没有证据证明有犯罪事实或者犯罪行为系犯罪嫌疑人、被告人所为的；（2）案件事实或者情节发生变化，犯罪嫌疑人、被告人可能被判处拘役、管制、独立适用附加刑、免予刑事处罚或者判决无罪的；（3）继续羁押犯罪嫌疑人、被告人，羁押期限将超过依法可能判处的刑期的；（4）案件事实基本查清，证据已经收集固定，符合取保候审或者监视居住条件的。

[2] 13 种情形为，（1）预备犯或者中止犯；（2）共同犯罪中的从犯或者胁从犯；（3）过失犯罪的；（4）防卫过当或者避险过当的；（5）主观恶性较小的初犯；（6）系未成年人或者已满七十五周岁的人；（7）与被害方依法自愿达成和解协议，且已经履行或者提供担保的；（8）认罪认罚的；（9）患有严重疾病、生活不能自理的；（10）怀孕或者正在哺乳自己婴儿的妇女；（11）系生活不能自理的人的唯一扶养人；（12）可能被判处一年以下有期徒刑或者宣告缓刑的；（13）其他不需要继续羁押的情形。

四、法院

马克思指出："独立的法官既不属于我，也不属于政府。""法官是法律世界的国王，除了法律就没有别的上司。"[1]按照司法最终裁决原则，法院作为独立的司法机关，法官作为中立的裁判者，有权对所有社会纠纷，包括刑事诉讼过程中的各种诉讼不法行为进行审理、作出裁判并提供最终的司法救济。我国《刑事诉讼法》第3条规定，审判由法院负责。笔者认为，这里的审判既包括审判程序的审判，也包括审前程序和执行程序的裁判。但是，我国法院负责行使的审判权集中在审判程序的审判和执行程序中的刑罚执行变更裁判，并不进入审前程序。从我国《刑事诉讼法》的规定看，法院作为确认主体，确认和适用刑事诉讼法律责任主要包括以下三种情形。

（一）国家专门机关及其工作人员的程序性违法行为

这里的国家专门机关包括公安机关、检察机关、法院等。《刑事诉讼法》第52条规定，审判人员、检察人员、侦查人员都负有客观公正的取证义务，严禁违法取证。《刑事诉讼法》第56条至第60条，"两高三部"2010年《非法证据排除规定》和2017年《严格排除非法证据规定》等规范性文件规定了中国模式的非法证据排除规则。对于公安机关和检察机关的诉讼违法行为，《刑事诉讼法》第186条规定了对公诉案件的程序性审查制度，根据《高法解释》第218条第8项规定，这种审查内容包括监察调查、侦查、审查起诉程序的各种法律手续和诉讼文书是否齐全。该规定包含对监察调查、侦查、审查起诉程序合法性的审查确认和对违反法定诉讼程序行为的制裁。《刑事诉讼法》第187条规定了庭前会议程序，《高法解释》第228条、最高人民法院《庭前会议规程》和《排除非法证据规程》，以及《严格排除非法证据规定》都明确，庭前会议程序的主要功能之一是对是否申请排除非法证据了解情况，听取意见。如果控辩双方在庭前会议中对证据收集的合法性未达成一致意见，法院应当启动非法证据排除程序，在庭审中调查排除非法证据。因此，尽管《刑事诉讼法》第57条赋予检察机关在审前程序中调查核实非法证据的权力，

---

〔1〕　中共中央马克思恩格斯列宁斯大林著作编译局编：《马克思恩格斯全集》（第1卷），人民出版社1995年版，第76页、第180-181页。

但是，庭审调查排除非法证据是非法证据排除规则适用的主要领域，也是法院审查确认和制裁侦查机关及其工作人员违法侦查行为的主要方式。

对于法院自身的诉讼违法行为，《刑事诉讼法》第238条规定，二审法院发现一审法院的审理有违反法律规定的诉讼程序的5种情形之一的，[1]应当裁定撤销原判，发回重审。第253条第4项规定，原生效裁判违反法律规定的诉讼程序，可能影响公正审判，当事人及其法定代理人、近亲属申诉的，法院应当重新审判。《刑事诉讼法》第250条和《高法解释》第427条至第429条规定，复核死刑、死刑缓期两年执行案件，应当全面审查原审诉讼程序是否合法。原审违反法定诉讼程序，可能影响公正审判的，应当裁定不予核准，并撤销原判，发回重审。可见，对于法院违反法定诉讼程序的诉讼违法行为，《刑事诉讼法》否定其裁判效力，并且通过撤销原判，发回重审予以程序性制裁。

（二）监察机关及其工作人员的非法调查取证行为

《监察法》第33条第2款要求监察机关在收集、固定、审查、运用证据时，应当与刑事审判关于证据的要求和标准相一致，这体现了以审判为中心的刑事诉讼制度的要求，有利于统一刑事司法标准。同时，第3款规定了监察案件非法证据排除规则。对于监察机关移送的职务犯罪案件，经检察机关审查起诉到法院后，同样应当适用《刑事诉讼法》规定的审判程序，包括庭审调查排除非法证据，从而由法院对监察机关及其工作人员的违法调查取证行为进行确认和制裁。

（三）诉讼参与人和案外人的诉讼不法行为

法院或法官对当事人、其他诉讼参与人和案外人的诉讼不法行为进行确认和适用诉讼法律责任具有多种形式，既有救济，也有制裁。概括起来，主要有以下11种形式：（1）《刑事诉讼法》第44条规定的辩护人或者其他任何人实施的禁止性行为，即辩护人或者其他任何人帮助犯罪嫌疑人、被告人隐匿、毁灭、伪造证据或者串供，威胁、引诱证人作伪证以及进行其他干扰司

---

[1] 五种情形为，（1）违反本法有关公开审判的规定的；（2）违反回避制度的；（3）剥夺或者限制了当事人的法定诉讼权利，可能影响公正审判的；（4）审判组织的组成不合法的；（5）其他违反法律规定的诉讼程序，可能影响公正审判的。

法机关诉讼活动的行为。(2)《刑事诉讼法》第 54 条第 4 款规定的证据不法行为，即伪造证据、隐匿证据或者毁灭证据的行为。(3)《刑事诉讼法》第 56 条至第 60 条规定的非法证据的确认与排除。(4)《刑事诉讼法》第 61 条、第 147 条第 2 款和第 194 条规定的证人、鉴定人作伪证的行为。(5)《刑事诉讼法》第 62 条规定的证人资格的确认。(6)《刑事诉讼法》第 63 条规定的打击报复证人的行为。(7)《刑事诉讼法》第 70 条规定的保证人未履行保证义务的行为。(8)《刑事诉讼法》第 71 条、第 77 条和第 81 条规定的违反取保候审、监视居住规定的行为。(9)《刑事诉讼法》第 192 条第 3 款规定的鉴定人拒不出庭作证的行为。(10)《刑事诉讼法》第 193 条第 2 款规定的证人拒不出庭作证的行为。(11)《刑事诉讼法》第 199 条规定的违反法庭纪律的行为。《刑事诉讼法》虽然规定了法院对诉讼参与人和案外人的诉讼不法行为进行确认，但是，无论责任主体还是行为方式都不全面，也与《刑法》有关规定不完全协调。例如，《刑法》第 305 条规定的伪证罪的犯罪主体包括证人、鉴定人、记录人和翻译人员，但是，《刑事诉讼法》仅规定了证人和鉴定人作伪证的诉讼法律责任，并没有明确后二者的责任。因此，有待立法进一步完善。

第四节　承担主体

刑事诉讼法律责任的承担主体是指具有刑事诉讼行为能力，实施了刑事诉讼不法行为，依法应当承担刑事诉讼法律责任的单位或个人。从《刑事诉讼法》和有关规范性文件规定来看，刑事诉讼法律责任的承担主体既有作为国家专门机关的单位，也包括诉讼参与人和案外人在内的个人，还包括国家。但他们都必须具有刑事诉讼行为能力，并且自己或者其工作人员实施了刑事诉讼不法行为，《刑事诉讼法》和有关规范性文件规定应当承担相应的刑事诉讼法律责任。概括起来，主要分为以下六类。

一、国家

我国《宪法》第 2 条规定，国家的一切权力属于人民。国家权力来自人民，但是全体人民不可能共同行使国家权力，他们需要授权国家作为共同体行使。但国家是抽象的，国家权力需要由国家机关代为行使，最终是委托给国家机关的工作人员去具体行使，国家机关行使国家权力和国家机关工作人员受委托行使国家权力，实际上都具有"代理"性质，是代理国家行使来自人民授权的权力。国家通过社会契约代理人民行使权力，负有保障人民合法权益不受侵犯的责任。我国《宪法》第 33 条第 3 款规定："国家尊重和保障人权。"徐显明教授指出，"人的尊严是人权上的皇冠。尊重与保障人权是宪法赋予国家的重担"。陈光中先生也指出，"刑事诉讼法首先是宪法的程序法，然后才是刑法的程序法"。全国人民代表大会和地方各级人民代表大会依法授权有关国家机关行使国家权力，在权力行使过程中侵犯公民、法人和其他组织合法权益，造成损害的，国家应当根据社会契约履行赔偿责任，从而成为诉讼法律责任主体。正如学者指出，冤假错案"由国家赔偿、国家负责。这就是我们国家基本的司法制度。做过法院院长的人都明白，对于冤假错案，法官个人真的负不了责任"。[1]其他国家（地区）立法也有同样的规定。《西班牙宪法》第 106 条规定："凡人民因判决错误或司法官渎职所受之损害，得依照法律规定要求赔偿。前项赔偿，应由国家负责。"

我国《国家赔偿法》第 2 条为国家作为刑事赔偿责任主体承担刑事诉讼法律责任提供了直接依据。[2]在刑事诉讼中，行使侦查、检察、审判职权的机关以及看守所、监狱管理机关及其工作人员在行使职权时，具有《国家赔偿法》第 17 条规定的 5 种侵犯人身权情形之一的，或者具有该法第 18 条规定的 2 种侵犯财产权情形之一的，受害人有取得国家赔偿的权利，但是，该法第 19 条规定的 6 种情形除外。这里的责任主体就是国家，行为主体是代表国家行使刑事司法职权的国家专门机关及其工作人员，他们实施了《国家赔偿法》第 17 条或第 18 条规定的刑事诉讼不法行为，侵犯了公民、法人和其他组织的人身权或财产权，并且造成损害，受害人作为赔偿请求人和诉控主体，依法有权申请国家赔偿。而这种国家赔偿责任的确认主体是《国家赔偿法》第 21 条至第 25 条规定的赔偿义务机关、复议机关，以及人民法院赔偿委员会。《国家赔偿法》第 37 条规定，国家赔偿费用列入各级财政预算。第

---

〔1〕 张文显："论司法责任制"，载《中州学刊》2017 年第 1 期。

〔2〕《国家赔偿法》第 2 条第 1 款规定："国家机关和国家机关工作人员行使职权，有本法规定的侵犯公民、法人和其他组织合法权益的情形，造成损害的，受害人有依照本法取得国家赔偿的权利。"

31 条规定，赔偿义务机关赔偿后，应当向具有 2 种情形之一的工作人员追偿部分或者全部赔偿费用。换言之，国家作为刑事赔偿责任主体，承担国家赔偿责任，弥补被害人的损失，具体事务由赔偿义务机关负责，有关司法工作人员在一定情形下也要承担部分或全部追偿责任。受害人有申请国家赔偿的权利，具体赔偿数额由赔偿义务机关、复议机关或人民法院赔偿委员会确定。无论 2020 年改判的张志超案、2019 年改判的安徽"五周杀人案"，还是其他冤假错案改判后，法院都会告知当事人及其近亲属有申请国家赔偿的权利。

二、国家专门机关

根据我国宪法原理，国家专门机关在刑事诉讼中行使的侦查权、检察权、审判权，都是全国人民代表大会和地方各级人民代表大会依法授予的一种集体权力，其依法行使给受害人造成损害的，由国家承担刑事赔偿责任。但是，国家专门机关作为实施主体，《刑事诉讼法》和其他规范性文件规定了其他诉讼法律责任，以避免国家专门机关从其诉讼不法行为中获得利益，从而影响司法公正。从各国（地区）立法规定看，针对国家专门机关程序性违法行为设立的诉讼法律责任或程序法律后果就是程序性制裁，它相对于民事侵权赔偿、行政纪律责任、刑事追诉或国家赔偿等实体性制裁而言，通过对那些违反法定诉讼程序的侦查、公诉和审判行为宣告无效、使其不再产生所预期的法律后果的方式，惩罚和遏制各种程序违法行为。如果说几乎所有的实体性制裁制度都会带来对违法者个人的法律制裁或者对受害者的直接补偿的话，那么，这种程序性制裁制度所要惩罚的并不是违反法定程序的警察、检察官和法官个人，而是通过宣告其诉讼行为的违法性，使得那些受到程序性违法之直接影响的证据、公诉、裁判以及其他诉讼行为失去法律效果，即"剥夺违法者违法所得的利益"或者"使违法行为不发生预期的法律效果"。[1]国家专门机关作为程序性制裁制度的责任主体，对自己行使国家权力时违反法律程序的行为承担各种刑事诉讼程序法律责任，使"违反公平游戏规则的行为不产生积极效果"，从而在刑事诉讼法范围内解决违反诉讼程序的问题。这"对于刑事诉讼程序的实施、当事人权利的维护以及刑事执法和司法官员遵守程序法，

---

〔1〕　陈瑞华：《程序性制裁理论》，中国法制出版社 2005 年版，第 535-536 页。

都具有直接的促进和影响效果"，不仅充分体现了刑事程序的独立价值，而且使有关国家专门机关受到相应的惩戒，随之而来的是，有关部门可以依法追究该单位负责人和有关工作人员的纪律责任，构成犯罪的，依法追究刑事责任。

国家专门机关作为刑事诉讼法律责任主体，应当具有相应的诉讼责任能力，它必须是合法设置的单位，能够依法行使国家权力，具有相应的诉讼权利能力和诉讼行为能力。《刑事诉讼法》第 238 条规定，如果一审法院的审理具有违反法律规定的诉讼程序的 5 种情形之一的，二审法院应当撤销原判，发回原审法院重新审判，从而彻底否定一审法院的审判行为和审判结果，让一审法院自行改正错误，实现公正审判。一审法院就是这种程序性制裁的责任主体。《刑事诉讼法》第 253 条规定，当事人及其法定代理人、近亲属的申诉符合第 4 项和第 5 项的[1]，法院应当重新审判。这是对原审法院生效裁判违反法律规定的诉讼程序所应当承担的一种程序性制裁。此外，虽然《刑事诉讼法》第 52 条规定的取证主体是审判人员、检察人员、侦查人员，但是，他们违法收集证据导致非法证据排除这一程序性制裁的责任主体仍然是法院、检察院、公安机关等国家专门机关，审判人员、检察人员、侦查人员作为非法取证行为的具体实施者，由法院、检察院、公安机关等依法依规追究司法责任，给予纪律处分，构成犯罪的，依法追究刑事责任。

三、司法工作人员

在我国，侦查权、检察权、审判权、执行权作为一种集体权力，分别由作为单位的公安机关、检察机关、法院、监狱依法行使，警察、检察官、法官、监管人员等司法工作人员并不是司法权的合法主体，他们仅仅是以单位名义行使司法职权，履行法定职责。如果他们实施诉讼不法行为，侵犯公民、法人和其他组织合法权益，并且造成损害的，由国家（通过国家专门机关）承担刑事赔偿责任，国家专门机关可以依法向有关司法工作人员追偿。诉讼不法行为违反法律规定的诉讼程序，由其所在单位承担刑事诉讼程序法律责任。单位依法依规追究存在故意或重大过失心理状态的司法工作人员的司法责任，给予纪律处分，构成犯罪的，依法追究刑事责任，这也是刑事诉讼法

---

[1]《刑事诉讼法》第 253 条第 4 项规定，违反法律规定的诉讼程序，可能影响公正审判的；第 5 项规定，审判人员在审理该案件的时候，有贪污受贿，徇私舞弊，枉法裁判行为的。

律责任的一部分。因此，警察、检察官、法官、监管人员等司法工作人员也是有关刑事诉讼法律责任的主体。《刑事诉讼法》有关条款直接规定了司法工作人员的诉讼不法行为及其诉讼法律责任，主要是纪律责任和刑事责任。《保护司法人员履行职责规定》《法院司法责任制意见》《司法责任制实施意见》《检察院司法责任制意见》和《公安机关执法过错责任规定》等规定了法官、检察官、警察等司法工作人员的司法责任，也属于刑事诉讼法律责任的内容。我国《刑法》分则第六章"妨碍社会管理秩序罪"中第二节"妨害司法罪"从第305条至第317条共规定了15个妨碍司法行为的罪名，很多都是以司法工作人员作为犯罪主体的。《刑事诉讼法》第57条规定，检察机关发现侦查人员以非法方法收集证据，应当进行调查核实。构成犯罪的，依法追究刑事责任，包括《刑法》第238条规定的非法拘禁罪、故意伤害罪、故意杀人罪，第247条规定的刑讯逼供罪、暴力取证罪、故意伤害罪、故意杀人罪等。《刑法》第307条第3款规定，司法工作人员犯妨碍作证罪、帮助毁灭、伪造证据罪的，从重处罚。这里的犯罪主体，即刑事诉讼刑事责任主体，就是司法工作人员。我国澳门特别行政区也有类似规定，其《民事诉讼法》第378条规定："因任何司法人员之过错而须重新进行之措施及行为而致法院之行为押后进行而造成之费用，由有关司法人员或有关之人负担。行为无效之司法人员须对所造成之损失负责。"

我国《刑事诉讼法》第30条规定了违反回避制度的刑事诉讼法律责任，如果审判人员、检察人员、侦查人员接受当事人及其委托的人的请客送礼，或者违反规定会见当事人及其委托的人，就是一种违反回避制度的程序违法行为，应当依法追究法律责任。同时，当事人及其法定代理人有权要求他们回避。但是，这里"追究法律责任"或刑事诉讼法律责任的具体内容，立法没有明确。根据《刑事诉讼法》第31条规定，属于该种程序违法行为的回避对象不仅包括审判人员、检察人员、侦查人员，而且包括书记员、翻译人员和鉴定人。诉控主体不仅包括当事人及其法定代理人，而且包括辩护人、诉讼代理人，以及所有上诉权人、当事人的近亲属。《刑事诉讼法》第238条第2项将违反回避制度列为一审法院违反法律规定的诉讼程序的情形之一，二审法院应当给予撤销原判，发回重审的程序性制裁。《刑事诉讼法》第253条规定，当事人及其法定代理人、近亲属的申诉符合第4项和第5项的，法院应当重新审判。这两项规定都包括《刑事诉讼法》第 30 条规定的违反回避制度的情形。因此，笔者认为，《刑事诉讼法》第 30 条规定的司法工作人员违反回避制度的刑事诉讼法律责任应当包括撤销原判发回重审、重新审判等单位承担的刑事诉讼程序法律责任，以及司法工作人员承担的刑事诉讼纪律责任；根据《保护司法人员履行职责规定》《法院司法责任制意见》《司法责任制实施意见》《检察院司法责任制意见》和《公安机关执法过错责任规定》等规定，纪律责任包括党纪处分和政务处分；构成《刑法》第 385 条规定的受贿罪，或第 397 条规定的滥用职权罪，或第 399 条规定的徇私枉法罪的，依法追究刑事责任。《中国共产党纪律处分条例》第 8 条规定，对党员的纪律处分种类包括警告、严重警告、撤销党内职务、留党察看和开除党籍 5 种。第 80 条规定，司法工作人员中的党员违反该规定，情节较重的，给予警告或者严重警告处分；情节严重的，给予撤销党内职务、留党察看或者开除党籍处分。《政务处分法》第 7 条规定，对违法的公职人员的政务处分包括警告、记过、记大过、降级、撤职、开除 6 种。

此外，《刑事诉讼法》第 245 条第 5 款规定，司法工作人员贪污、挪用或者私自处理查封、扣押、冻结的财物及其孳息的，依法追究刑事责任；不构成犯罪的，给予处分。这里的刑事责任和处分就是司法工作人员非法处置查封、扣押、冻结财产行为的刑事诉讼法律责任，其中，处分属于纪律责任，包括党纪处分和政务处分。但是，这里规定的刑事诉讼刑事责任的主体仅限于司法工作人员，是特殊主体；客观方面是贪污、挪用或者私自处理查封、扣押、冻结的财物及其孳息的行为，而《刑法》第 314 条规定的非法处置查封、扣押、冻结的财产罪的主体为一般主体，客观方面表现为行为人实施了隐藏、转移、变卖、故意损毁已被司法机关查封、扣押、冻结的财产，并且情节严重，主观上存在故意。[1] 二者显然不是包容关系。作为《刑法》分则中"妨害司法罪"的具体罪名之一，《刑法》第 314 条难以成为《刑事诉讼法》第 245 条第 5 款规定的刑事诉讼刑事责任。此外，《刑事诉讼法》第 245 条第 5 款规定将刑事责任置于纪律责任之前，次序颠倒，不符合立法规范，在司法实践中很容易导致刑罚权滥用，优先追究甚至一律追究刑事责任。为

---

[1] 高铭暄、马克昌主编：《刑法学》，北京大学出版社、高等教育出版社 2011 年版，第 559 页。

此，笔者建议《刑事诉讼法》第 245 条第 5 款修改为："司法工作人员贪污、挪用或者私自处理查封、扣押、冻结的财物及其孳息的，给予纪律处分。情节严重，构成犯罪的，依法追究刑事责任。"与之相对应，《刑法》第 314 条应当修改为："司法工作人员贪污、挪用或者私自处理查封、扣押、冻结的财物及其孳息，情节严重的，处三年以下有期徒刑、拘役或者罚金。"

四、当事人

当事人与刑事诉讼结局有直接利害关系，他们有权参加刑事诉讼全过程，并且依法享有一系列诉讼权利，承担相应的诉讼义务。如果当事人违反刑事诉讼法规范行使诉讼权利，或者不履行法律规定的强制性义务，损害其他当事人或其他诉讼参与人合法权益，或者妨碍刑事诉讼顺利进行的，应当承担相应的刑事诉讼法律责任。其他国家或地区立法有类似规定。《俄罗斯联邦刑事诉讼法典》第 42 条第 7 项规定，被害人在刑事诉讼中拒绝作陈述或故意作虚假陈述的，应当依照《俄罗斯联邦刑法典》第 307 条（故意作虚假陈述罪）和第 308 条（被害人拒绝作陈述罪）承担刑事责任。被害人泄露侦查材料的，应当依照《俄罗斯联邦刑法典》第 310 条（泄露审前调查材料的内容罪）承担刑事责任，这就是被害人的刑事诉讼刑事责任。

当事人作为责任主体承担刑事诉讼法律责任比较复杂，不同的当事人在刑事诉讼不同阶段实施不同的诉讼不法行为可能要承担不同的诉讼法律责任。从《刑事诉讼法》的规定看，有三个条款直接涉及当事人的刑事诉讼法律责任，但是都不明确，有待补充完善。

（一）伪造证据、隐匿证据或者毁灭证据的刑事诉讼法律责任

《刑事诉讼法》第 54 条第 4 款是关于伪造、隐匿、毁灭证据必须受法律追究的规定，这里的"法律追究"就是指追究刑事诉讼法律责任。但是，立法规定过于粗俗，责任主体、责任形式等都有待明确。根据"参与立法者解释"，证据是否确实、充分，决定办案机关是否追究犯罪嫌疑人、被告人的刑事责任。证据的虚假、藏匿和灭失，尤其是可作为定案根据的关键证据的虚假、藏匿和灭失，会对案件的办理造成严重的影响，乃至造成冤假错案。所以，该款规定对伪造、隐匿、毁灭证据的，无论属于何方，都要追究法律责任。这里的"无论属于何方"，是指无论是执法人员，还是诉讼参与人（包括

辩护人），或是其他人，只要有这三种行为，都要受到法律追究。"受法律追究"，是指对伪造、隐匿、毁灭证据的行为依法追究责任。构成伪证罪、包庇罪、滥用职权罪等犯罪的，依法追究刑事责任。不构成犯罪的，依法给予行政处罚或者处分。该款规定的刑事诉讼法律责任的责任主体既包括司法工作人员，也包括当事人、其他诉讼参与人和案外人。诉讼违法行为的行为方式包括伪造证据、隐匿证据和毁灭证据三种，都是证据不法行为，可能导致证据不真实，危及案件事实的认定，应当追究诉讼法律责任，责任形式包括行政处罚、党纪处分、政务处分等，构成《刑法》第 305 条、第 310 条、第 397 条等规定的伪证罪、包庇罪、滥用职权罪等犯罪的，依法追究刑事责任。为此，笔者认为，该款应当修改为："凡是伪造证据、隐匿证据或者毁灭证据的，无论是司法工作人员，还是诉讼参与人或其他人，依法对其给予党纪处分、政务处分；构成犯罪的，依法追究刑事责任。"与此相对应，《刑法》应当废除带有职业歧视之嫌的第 306 条规定的"律师伪证罪"，将它并入第 307 条之中，同时将第 307 条第 2 款规定的"帮助毁灭、伪造证据罪"修改为"伪造证据、隐匿证据、毁灭证据罪"，即"伪造、隐匿、毁灭证据，情节严重的，处三年以下有期徒刑或者拘役"，包括伪造证据罪、隐匿证据罪、毁灭证据罪三个并列的罪名，惩罚对象不限于帮助当事人毁灭、伪造证据的行为，而是所有伪造证据、隐匿证据、毁灭证据的行为，犯罪主体是一般主体，包括司法工作人员、当事人、其他诉讼参与人和案外人等所有人。此外，根据"参与立法者解释"对《刑事诉讼法》第 44 条的解释，伪造证据是指制作虚假的物证、书证等，如补开假的单据、证明、涂改账目，甚至伪造是他人犯罪的物证、书证等。隐匿证据是指将司法机关尚未掌握的证据隐藏起来。毁灭证据是指将证据烧毁、涂抹、砸碎、撕碎、抛弃或者使用其他方法让其灭失或者不能再作为证据使用。因此，《刑事诉讼法》第 44 条与第 54 条第 4 款也属于法条竞合，可以纳入后者一并规定。

（二）打击报复证人及其近亲属的刑事诉讼法律责任

《刑事诉讼法》第 63 条是关于保障证人及其近亲属安全的规定，它分为 2 款，第 1 款是关于人民法院、人民检察院和公安机关保障证人及其近亲属安全的义务的规定，对于符合《刑事诉讼法》第 64 条规定的，还应当采取特殊保护措施。第 2 款是关于对打击报复证人及其近亲属的行为追究法律责任的规定。根据该款规定，凡是对证人及其近亲属进行威胁、侮辱、殴打、打击报复等，依照刑法规定构成犯罪的，应当依法追究刑事责任，根据犯罪情节定罪处刑。其中，"威胁"是指以将要实行暴力或者其他非法行为进行恐吓。"侮辱"是指在公众场合公然以言词、行为对其人格、名誉进行诋毁、攻击。"殴打"是指以暴力对证人及其近亲属进行伤害。"打击报复"包括用多种手段对证人及其近亲属进行报复、迫害等。对于上述行为，情节轻微，尚不够刑事处罚的，应当依照《治安管理处罚法》的规定，对行为人予以拘留或者罚款。《高检规则》第79条第5款还补充规定，对于情节轻微的，可以予以批评教育、训诫。这里的法律责任显然就是刑事诉讼法律责任，包括行政处罚和刑事责任，责任主体包括当事人、其他诉讼参与人和案外人在内的所有人。只要实施了威胁、侮辱、殴打、打击报复证人及其近亲属的行为，就要被追究诉讼法律责任。根据《治安管理处罚法》第42条第4项规定，对证人及其近亲属进行威胁、侮辱、殴打或者打击报复的，处5日以下拘留或者500元以下罚款；情节较重的，处5日以上10日以下拘留，可以并处500元以下罚款。这里的刑事责任根据责任主体的不同行为，可能构成不同的犯罪种类，包括《刑法》第308条专门规定的"打击报复证人罪"，第234条规定的"故意伤害罪"，以及第246条规定的"侮辱罪"等。

但是，笔者认为，该条第2款规定不够全面，不利于充分保护证人及其近亲属，难以免除证人作证的后顾之忧。这主要包括三个方面：第一，该条第一款明确赋予公、检、法三机关强制性保障义务，但是并未明确具体的保障机关，也未规定没有履行保障义务导致证人及其近亲属受到侵害所应当承担的诉讼法律责任，如民事赔偿、纪律责任等。《公安部规定》第74条第1款规定："公安机关应当保障证人及其近亲属的安全。"该规定是否适用于审查起诉、审判阶段、执行阶段，立法没有明确。第二，该条将保障对象限于证人及其近亲属，忽视了证人的法定代理人、监护人，不利于对未成年人和其他限制行为能力、无行为能力的证人的保护。第三，该款规定的法律责任先是刑事责任，再是行政处罚，顺序颠倒，不符合立法规范。为此，笔者认为，该条应当修改为："人民法院、人民检察院和公安机关应当在各自负责的诉讼阶段中保障证人及其法定代理人、监护人、近亲属的安全。对证人及其法定代理人、监护人、近亲属进行威胁、侮辱、殴打或者打击报复的，依法给予治安管理处罚。构成犯罪的，依法追究刑事责任。人民法院、人民检察院和公安机关没有履行保障职责导致证人及其法定代理人、监护人、近亲属受到损害的，应当依法承担民事赔偿责任，并对直接责任人员给予处分。"

（三）违反法庭秩序的刑事诉讼法律责任

将在本章第五部分专门研究。

五、其他诉讼参与人

其他诉讼参与人与刑事案件的诉讼结局没有直接利害关系，他们参加刑事诉讼是为了维护当事人的诉讼权利和其他合法权益，或者帮助当事人维护合法权益，或者为诉讼各方提供证据材料，或者为诉讼的顺利进行提供帮助和服务等。这些诉讼参与人虽然不承担独立的诉讼职能，也不会对诉讼的启动、进展和终结发挥较大的影响和推动作用，但是他们仍然可能实施诉讼不法行为，侵害当事人、其他诉讼参与人乃至国家、社会的利益，需要承担相应的诉讼法律责任。从《刑事诉讼法》的规定看，不同的其他诉讼参与人实施的诉讼不法行为存在差异，承担的诉讼法律责任也有区别。《刑事诉讼法》有 9 个条款直接涉及其他诉讼参与人的诉讼法律责任，其中涉及证人作证的有 4 个条文（第 61 条、第 125 条、第 193 条、第 194 条），将在第四章第三部分专门研究。第 63 条涉及其他诉讼参与人打击报复证人及其近亲属的刑事诉讼法律责任，上一部分已经研究。第 199 条规定的违反法庭纪律的刑事诉讼法律责任的主体也包括其他诉讼参与人，将在本章第五部分专门研究。关于辩护人和鉴定人的刑事诉讼法律责任，将分别在第四章第一部分、第二部分专门研究。

六、案外人

案外人虽然不直接参与刑事诉讼，在诉讼中不享有权利，但是他们与案件的处理结果可能存在某种利害关系，在诉讼过程中可能实施某些行为，干扰司法机关正常的诉讼活动，或者扰乱法庭秩序等，从而妨碍刑事诉讼的顺利进行，损害当事人、其他诉讼参与人、其他人的权利，以及国家、社会的利益，具有不法性，应当承担相应的诉讼法律责任。不同的案外人在不同诉讼阶段实施的诉讼不法行为存在差异，其诉讼法律责任也有区别。《刑事诉讼

法》有 5 个条款涉及案外人的诉讼法律责任，其中第 44 条规定的其他任何人
（包括案外人）实施禁止性行为的刑事诉讼法律责任和第 63 条规定的案外人
打击报复证人及其近亲属的刑事诉讼法律责任已经在上文论述。案外人违反
法庭纪律的刑事诉讼法律责任将在本章第五部分专门研究。这里主要研究保
证人和控告人、举报人作为责任主体的问题。

（一）保证人未履行保证义务的刑事诉讼法律责任

《刑事诉讼法》第 70 条是关于保证人的义务和不履行义务的法律责任的
规定，包括 2 款，第 1 款是关于保证人应当履行的义务的规定，第 2 款是对保
证人未履行保证义务的法律责任的规定。根据第 2 款规定，如果被保证人有
违反本法第 71 条规定的行为，保证人未履行保证义务的，对保证人处以罚
款；对保证人有帮助被保证人逃避侦查、审判、串供、毁灭、伪造证据等行
为，构成犯罪的，依照《刑法》追究刑事责任。被保证人有违反本法第 71 条
规定的行为，是对保证人进行处罚的前提。"未履行保证义务"，是指未履行
第 70 条第 1 款规定的保证义务，包括未认真对被保证人遵守第 71 条的规定进
行监督，和发现被保证人可能发生或者已经发生违反第 71 条规定的行为时未
及时向执行机关报告。

《刑事诉讼法》第 70 条第 2 款规定的刑事诉讼法律责任形式包括两种：
一是罚款。这是公安机关在行使刑事司法职权执行取保候审的过程中作出的
决定，笔者认为，它与法院罚款一样，应当理解为一种司法处罚，而不是行
政处罚。关于罚款的数额，《刑事诉讼法》没有明确，由公安机关根据被保证
人违法情况的严重程度、责任大小及其经济状况确定，应当遵循比例原则。
根据《公安部规定》第 103 条规定，应当在 1000 元以上 20 000 元以下。该规
定第 104 条补充规定了罚款的程序和救济，即罚款应当由县级以上公安机关
负责人批准，制作罚款决定书，并在 3 日内向保证人宣布。保证人对罚款决
定不服，可以在 5 日内向作出决定的公安机关申请复议。公安机关应当在收
到申请后 7 日内作出决定。保证人对复议决定不服的，还可以在收到复议决
定书后 5 日内向上一级公安机关申请复核一次。上一级公安机关应当在收到
复核申请后 7 日内作出决定。二是刑事责任。对保证人有帮助被保证人逃避
侦查、审判、串供、毁灭、伪造证据等行为，构成犯罪的，依照《刑法》追
究刑事责任。对此，《刑法》并没有规定专门的罪名，第 316 条规定的"脱逃

罪"并不适用于保证人。从《刑法》有关规定看，保证人可能构成的犯罪包括第 310 条规定的"窝藏、包庇罪"和第 307 条第 2 款规定的"帮助毁灭、伪造证据罪"，但是客观行为方面并不完全对应，不符合罪刑法定原则的要求。为此，笔者认为，既然《刑事诉讼法》第 70 条已经作出刑事诉讼刑事责任的规定，《刑法》应当在第六章第二节"妨害司法罪"中为保证人未履行保证义务增加一个专门的罪名，并且明确其行为表现和量刑。具体可以比照"妨害司法罪"一节中的相关罪刑设置，保持这一节罪刑体系的完整性、一致性。笔者将其设计为："被保证人有违反《刑事诉讼法》第 71 条规定的行为，保证人未履行保证义务，有帮助被保证人逃避侦查、审判、串供、毁灭、伪造证据等行为的，处三年以下有期徒刑或者拘役；情节严重的，处三年以上七年以下有期徒刑。"此外，司法实践中保证人未履行保证责任有多种理由和情形，而《刑事诉讼法》第 70 条第 2 款规定的诉讼法律责任只有罚款和刑事责任两种，缺乏一个过渡的中间责任，如行政处罚、民事赔偿等。笔者认为，立法应当增加规定，以便根据不同情节选择适用。

（二）控告人、举报人诬告的刑事诉讼法律责任

《刑事诉讼法》第 111 条第 2 款是关于接受控告或举报的工作人员应当向控告人、举报人说明诬告应当负法律责任的规定。控告、举报既是公民的基本权利，也是刑事立案材料的重要来源途径。为了保证控告、举报的真实性，准确地揭露犯罪，既防止诬告、陷害好人，又能充分保障单位或公民行使控告、举报的权利，该款明确规定了接受控告或举报的工作人员应当向控告人或举报人说明诬告应负的法律责任。也就是说，工作人员在接受控告、举报时，应当向控告人、举报人说明控告、举报应当实事求是，不得诬告陷害他人，违者依照《刑法》关于诬告陷害罪的规定追究刑事责任。这是司法机关工作人员接受控告、举报必须履行的程序。同时也明确规定了工作人员要注意严格区别错告与诬告。对报案失实的，甚至是错告，只要不是故意捏造事实，伪造证据，就不能认为是诬告。将错告与诬告严加区别，有利于解除报案人、控告人、举报人的思想顾虑，鼓励知情人报案、控告、举报，有利于依靠群众打击犯罪。根据该款规定，控告人、举报人故意捏造事实，伪造证据诬告他人，需要承担刑事诉讼法律责任。但具体的责任内容和责任形式，立法没有明确。立法者将其解释为"依照《刑法》关于诬告陷害罪的规定追

究刑事责任",这值得商榷。《刑法》第243条规定,诬告陷害罪是指捏造犯罪事实诬陷他人,意图使他人受到刑事追究,情节严重的行为。该罪在客观方面表现为捏造犯罪事实,并且进行告发,情节严重的行为。构成该罪不仅要求必须有捏造他人犯罪事实的行为,而且必须有告发行为,并且情节严重,一般是指使他人的名誉及司法机关的名誉受到严重的损害,或者被害人已被错误地追究刑事责任,或者严重干扰了司法机关的正常活动,或者手段恶劣,或者动机卑鄙等。[1]因此,不能将控告人、举报人的所有诬告行为都界定为诬告陷害罪,追究刑事责任。首先,需要判断情节是否严重。只有情节严重的,才构成犯罪。对于一般诬告陷害的行为,应当给予必要的批评教育或者政务处分,但不构成犯罪。其次,如果诬告不构成犯罪,但给他人人身、财产、精神等合法权益造成损害的,控告人、举报人应当依法承担相应的民事赔偿责任。最后,诬告陷害罪的客观方面要求有捏造犯罪事实并进行告发的行为,所谓捏造,是指无中生有,虚构他人的犯罪事实。而伪造证据不一定构成捏造事实。《刑法》第306条和第307条第2款规定,帮助当事人伪造证据的,分别构成"律师伪证罪"和"帮助伪造证据罪",而在立案阶段,刑事案件还未立案,不存在帮助当事人的问题。为此,笔者认为,《刑事诉讼法》第111条第2款规定的控告人、举报人诬告的刑事诉讼法律责任应当包括民事赔偿责任、政务处分和构成诬告陷害罪的刑事责任。伪造证据进行控告、举报不一定构成犯罪。这要求接受控告或举报的工作人员应当向控告人、举报人详细说明,分层次解释诬告可能导致的不同刑事诉讼法律责任。

第五节　违反法庭秩序的刑事诉讼法律责任

案例5　嫌犯法庭上喋喋不休干扰庭审　法官用胶带封了他嘴[2]

英国《每日邮报》2018年8月1日报道,2018年7月31日,在美国克利夫兰市某法庭,32岁的持枪抢劫嫌犯弗兰克林·威廉姆斯(Franklyn Wil-

---

〔1〕 高铭暄、马克昌主编:《刑法学》,北京大学出版社、高等教育出版社2011年版,第480—481页。

〔2〕 刘漫宇:"美抢劫犯频频打断开庭被法官下令用胶带封嘴",载手机人民网,http://m.people.cn/n4/2018/0803/c74-11391244.html,最后访问时间:2022年6月17日。

liams）在审判期间被判犯有三起持械抢劫罪，但在法官约翰·鲁索（John Russo）发表讲话时，他频频打断并想要为自己辩解。约翰法官再次警告："请闭嘴，如果你不在1分钟内安静下来，我将采取强制手段。闭上嘴，直到我允许你说话。"但弗兰克林继续无视严厉的命令，仍然大声嚷嚷。最后，约翰法官忍无可忍，直接下令让法警用胶带将弗兰克林的嘴封住。几名法警将弗兰克林团团围住，掏出红色胶带，在他嘴上紧紧封了一道，这才使他安静下来。弗兰克林曾因罪行被判14年徒刑，并且在他的重审过程中，他曾切断脚铐逃跑了。最终，他因多次犯罪被判处24年监禁。法院表示，封住他的嘴完全合法，因为他藐视法庭，嫌犯的辩护律师对此事也不予置评。

该案发生在美国，被告人在刑事庭审中拒不听从法官警告，喋喋不休干扰庭审。法官下令封住他的嘴，作为他违反法庭秩序而应承担的刑事诉讼法律责任。我国司法实践中因违反法庭秩序而追究刑事诉讼法律责任的案例也不时见诸报端，值得深入研究。

案例6　冲击法庭殴打庭审被告人　两兄弟扰乱法庭秩序被判刑[1]

2003年2月26日，孙某1、孙某2在西安市中级人民法院旁听其父亲孙某某被赵某、赵某某杀害一案时，置法警的劝阻于不顾，强行冲入审判区对两名被告人进行殴打，严重扰乱了法庭秩序，使法庭审判活动被迫中止。法庭内文速录机、电脑、桌椅等也被损坏，经估价造成经济损失2820元。西安市中级人民法院当日逮捕了孙某1，孙某2被取保候审。7月5日西安市莲湖区人民法院对此案开庭审理，以扰乱法庭秩序罪，分别判处孙某1有期徒刑1年，孙某2有期徒刑6个月、缓刑1年。

该案旁听人员不听法警的警告，强行冲入审判区殴打被告人，并损坏法庭设施，严重扰乱法庭秩序，构成扰乱法庭秩序罪，依法被追究刑事责任。尽管孙某1、孙某2扰乱法庭秩序并无预谋，主要是因为其母亲在法庭上见到被告人出现后，情绪非常激动，哭闹起来，被人带出法庭，而他们受到母亲

---

〔1〕　吴蔚："怒气难平当庭殴打杀父仇人　兄弟俩被判刑"，载新浪网，https://news.sina.com.cn/ s/2003-07-05/0613322564s.shtml，最后访问时间：2022年6月17日。

感染，对杀父仇人分外愤恨，因情绪失控而引发不理智行为，且事发后对法院的损失作出赔偿，但是，其行为导致庭审中止，法庭设施被破坏，应当承担相应的刑事诉讼法律责任。

案例 7　聚众哄闹法庭　殴打法警被判刑 [1]

2015 年 6 月 23 日，浙江省永嘉县人民法院依法公开宣判刘某等人聚众斗殴一案。在法警将刘某押解至法庭时，刘某的妹妹刘某 1、刘某 2 等人起立鼓掌。面对法官和法警的劝说制止，刘某 1、刘某 2 等人不仅拒不听从，反而变本加厉地鼓动喧闹，致使宣判被迫中止，刘某被法警带回暂押。刘某 1、刘某 2 等人见状，强行闯入审判区域和羁押通道，围困、推搡法警并拉扯法警衣物。其间，刘某 1 持手机将前来劝阻的法警郑某头部砸伤，并伙同刘某 2 纠集部分旁听者不停打骂郑某及法警黄某，导致黄某全身部分软组织挫伤，郑某全身多处表皮剥脱。根据刘某 1、刘某 2 各自的行为情节，乐清市人民法院判决刘某 1 犯扰乱法庭秩序罪，判处有期徒刑九个月；判决刘某 2 犯扰乱法庭秩序罪，判处拘役六个月。

该案旁听人员刘某 1、刘某 2 违反法庭秩序，聚众哄闹庭审现场，致使公开宣判无法进行，且强行闯入法庭审判活动区，暴力袭击司法警察，造成重大安全风险，构成扰乱法庭秩序罪，应当承担相应的刑事诉讼法律责任。

培根曾说："法院是一个神圣的场所。不仅法官座席不可亵渎，就连立足廊台、法庭围栏和其他司法设施都应当保持圣洁无瑕。正如《圣经》所言，'人们不可能从荆棘丛中摘到葡萄'。所以，在满是无良司法人员的法院里也不可能结出正义的果实。" [2]《法庭规则》第 2 条规定，法庭是法院代表国家依法审判各类案件的专门场所。法院依法独立行使审判权，需要一个良好的法庭秩序。如果法院审判的法庭秩序都无法保证，人们就很难相信法院能维护国家的法律和秩序，维护公民的合法权益，司法权威也就荡然无存。因此，司法活动及其过程不能受到冲击和干扰。所有诉讼参与人、旁听人员和媒体记者都必须维护法庭尊严，不得有妨碍法庭秩序的行为，从而保证法庭审判

---

〔1〕 "司法人员依法履职保障十大典型案例"，载《人民法院报》2017 年 2 月 8 日，第 3~4 版。

〔2〕 ［英］弗朗西斯·培根："论司法"，蒋惠岭译，载《人民法院报》2019 年 8 月 30 日，第 6 版。

顺利进行。法庭秩序就是指法院开庭审判案件时，所有诉讼参与人和旁听人员依法必须遵守的秩序和纪律。违反法庭秩序应当承担相应的诉讼法律责任，国内外立法都有这方面规定。《法国刑事诉讼法典》第 321 条、第 322 条、第 404 条和第 405 条规定，[1]扰乱法庭秩序的刑事诉讼法律责任的确认主体是审判长，执行主体是维持法庭秩序的司法警察，承担主体包括被告人和所有列席庭审的人员，诉讼法律责任方式包括驱逐出庭、拘留和监禁。而适用的时空范围是在法庭上，即在庭审过程中，行为方式包括以任何方式扰乱法庭秩序。英国、美国、意大利等国家及地区立法也区别不同情节对藐视法庭的行为予以制裁，包括设立藐视法庭罪。相比较而言，我国法律规定的违反法庭秩序的刑事诉讼法律责任存在一系列问题，实施效果并不理想，与深化以审判为中心的刑事诉讼制度改革，全面推进审判体系和审判能力现代化的目标尚存在很大差距，是亟待研究解决的一个重要课题。

一、违反法庭秩序的刑事诉讼法律责任的立法演进

我国法律对违反法庭秩序的刑事诉讼法律责任的规定有一个逐步演进的过程。

（一）1979 年《刑事诉讼法》

1979 年《刑事诉讼法》第 119 条[2]是我国法律最早规定违反法庭秩序的诉讼法律责任，适用的时空范围是在法庭审判过程中，包括开庭、法庭调查、法庭辩论、被告人最后陈述、评议和宣判整个审判过程，但是不包括开庭前的准备阶段。适用对象或责任承担主体限于诉讼参与人，包括当事人和其他诉讼参与人，但是不包括旁听人员。此外，根据违反法庭秩序的情节轻重，该条分别规定了三种不同的刑事诉讼法律责任，即情节较轻的，予以警告；情节较重的，责令退出法庭；构成犯罪的，依法追究刑事责任。这里情

---

〔1〕 根据上述法条规定，被告人和列席庭审的人员在法庭上以任何方式扰乱法庭秩序，审判长应当命令警察将其驱逐出庭。在执行驱逐措施时，如果该人进行抗拒或者引起混乱，应当当场予以拘留，判处 2 个月至 2 年的监禁，还可以适用《法国刑法典》规定的对法官实施侮辱罪和暴力罪所规定的刑罚。其后，由警察强制其离开法庭。

〔2〕 即，"在法庭审判过程中，如果诉讼参与人违反法庭秩序，审判长应当警告制止；情节严重的，可以责令退出法庭或者依法追究刑事责任"。

节轻重的判断权，即确认主体是主持法庭审判的审判长。警告和责令退出法庭都属于司法处罚措施，而情节严重触犯刑法构成犯罪的，依据《刑法》和《刑事诉讼法》有关规定追究刑事责任。但是，警告制止是"应当"，而责令退出法庭或者依法追究刑事责任只是"可以"，赋予审判长裁量决定权。此外，该条并没有明确严重扰乱法庭秩序构成犯罪的具体行为方式或判断标准，且1979年《刑法》也没有规定与之相对应的罪名和刑事责任，因此，违反该规定的刑事责任根本无法追究，只能停留在《刑事诉讼法》的法条层面。

1979年《刑事诉讼法》第119条的规定虽然相对简单，而且刑事责任无法落实，但是它初步构建了我国违反法庭秩序的刑事诉讼法律责任制度的雏形。

（二）1996年《刑事诉讼法》

1996年《刑事诉讼法》第161条总结了1979年《刑事诉讼法》第119条的实施经验及其在实施中暴露的各种问题，根据法庭审判实务的需要作了进一步完善，分两款作出规定。[1]该条适用的时空范围仍然是在法庭审判过程中，但是，与1979年《刑事诉讼法》第119条相比，它从四个方面进行了修改。第一，扩大了适用对象，除了诉讼参与人，还包括旁听人员，即所有进入法庭旁听审判的人，包括允许进入法庭进行采访的记者和其他新闻媒体人员。第二，增加了司法处罚措施的种类，在保留警告措施的同时，将责令退出法庭改为强行带出法庭，由审判长决定。同时，增加了罚款和拘留两种措施，罚款的限度是1000元以下，拘留的期限是15日以下，且进行罚款、拘留时，法庭应当制作决定书，经本院院长批准。该条还赋予被处罚人救济权，如果被处罚人对罚款、拘留的决定不服，他们可以向上一级人民法院申请复议。但复议期间不停止执行。第三，明确了四种不同的司法处罚措施各自的适用条件。对于一般违反法庭秩序的，审判长应当警告制止。对不听制止的，审判长可以指令法警将其强行带出法庭；对于不听制止且情节严重的，

---

[1]　即，"在法庭审判过程中，如果诉讼参与人或者旁听人员违反法庭秩序，审判长应当警告制止。对不听制止的，可以强行带出法庭；情节严重的，处以一千元以下的罚款或者十五日以下的拘留。罚款、拘留必须经院长批准。被处罚人对罚款、拘留的决定不服的，可以向上一级人民法院申请复议。复议期间不停止执行。对聚众哄闹、冲击法庭或者侮辱、诽谤、威胁、殴打司法工作人员或者诉讼参与人，严重扰乱法庭秩序，构成犯罪的，依法追究刑事责任"。

经院长批准，可以处以 1000 元以下的罚款或者 15 日以下的拘留，这两种措施可以根据具体情况选择适用。这里的"不听制止"，是指经审判长警告制止后，不听警告，仍然继续违反法庭秩序。"情节严重"是指违反法庭秩序者的态度比较恶劣，造成的后果、影响比较严重等，损害法庭尊严，使审判活动无法正常进行。与 1979 年《刑事诉讼法》第 119 条一样，这里的警告制止也是"应当"，而强行带出法庭和罚款、拘留都是"可以"，赋予审判长裁量决定权。第四，分两款区分违反法庭秩序和扰乱法庭秩序的行为，分别规定了不同的刑事诉讼法律责任，并且明确了扰乱法庭秩序的具体表现形式，即聚众哄闹、冲击法庭，或者侮辱、诽谤、威胁、殴打司法工作人员或者诉讼参与人。行为人的行为严重扰乱法庭秩序，构成犯罪的，依法追究刑事责任。而是否构成犯罪，根据《刑法》有关规定认定。

与 1996 年《刑事诉讼法》第 161 条相对应，1997 年《刑法》第 309 条增加扰乱法庭秩序罪，[1] 本罪属于《刑法》分则第六章第二节"妨害司法罪"的罪名之一，其侵犯的直接客体是人民法院审理案件的正常秩序，即法庭秩序。客观方面表现为行为人实施了聚众哄闹、冲击法庭，或者殴打司法工作人员，严重扰乱法庭秩序的行为。这与 1996 年《刑事诉讼法》第 161 条第 2 款的规定不完全一致。

(三) 2012 年和 2018 年《刑事诉讼法》

2012 年《刑事诉讼法》第 194 条和 2018 年《刑事诉讼法》第 199 条都保留了 1996 年《刑事诉讼法》第 161 条的内容，分两款分别规定了违反法庭秩序的司法处罚和扰乱法庭秩序的刑事责任这两种刑事诉讼法律责任。《高法解释》第 306 条规定了法庭纪律，第 307 条分不同情形规定了对扰乱法庭秩序的处理，而第 309 条与《刑事诉讼法》第 199 条第 2 款一致，规定了严重扰乱法庭秩序的刑事责任。最高人民法院 2016 年修改《法庭规则》时对法庭纪律和违反法庭秩序的行为作了进一步完善。与之相对应，2015 年《刑法修正案（九）》第 37 条对扰乱法庭秩序罪作出修改，补充细化了该罪客观方面

---

[1] 即，"聚众哄闹、冲击法庭，或者殴打司法工作人员，严重扰乱法庭秩序的，处三年以下有期徒刑、拘役、管制或者罚金"。1979 年《刑法》没有设立扰乱法庭秩序罪，当时对于情节严重的扰乱法庭秩序行为，是按照妨碍公务罪论处的。关于扰乱法庭秩序罪的演变过程、修订背景和罪体特征，参见陈兴良："扰乱法庭秩序罪的修订：以律师为视角的评判"，载《现代法学》2016 年第 1 期。

的表现形式，当时曾在律师界引起极大争议，被指针对律师，且开"言论入罪"之先例。[1]

最高人民法院 2021 年 6 月发布的《人民法院在线诉讼规则》第 25 条规定了在线诉讼的法庭纪律。出庭人员参加在线庭审时应当尊重司法礼仪，遵守法庭纪律。人民法院根据在线庭审的特点，适用《法庭规则》相关规定。除确属网络故障、设备损坏、电力中断或者不可抗力等原因外，当事人无正当理由不参加在线庭审，视为"拒不到庭"；在庭审中擅自退出，经提示、警告后仍不改正的，视为"中途退庭"，分别按照相关法律和司法解释的规定处理。在线诉讼参与人故意违反上述规定，实施妨害在线诉讼秩序的行为，根据第 28 条规定，人民法院可以根据法律和司法解释关于妨害诉讼的相关规定作出处理，即与线下诉讼承担同等诉讼法律责任。

二、违反法庭秩序的刑事诉讼司法处罚及其实施

《刑事诉讼法》第 199 条第 1 款共 5 句话，包含三层意思，它规定了违反法庭秩序的刑事诉讼司法处罚，包括四种不同的司法处罚措施。《高法解释》第九章第六节（第 305 条至第 315 条）规定了法庭纪律，细化了违反法庭秩序的处理方式，又增加了两种处罚措施。根据该解释第 655 条规定，最高人民法院以前发布的司法解释及规范性文件，与本解释不一致的，以本解释为准。而《高法解释》有关规定与《法庭规则》不一致。为此，笔者认为，研究法庭纪律和违反法庭秩序的刑事诉讼法律责任，应当以《刑事诉讼法》第 199 条和《高法解释》为依据。

《高法解释》第 306 条（即《法庭规则》第 17 条）对不同人员应当遵守的法庭纪律分别作出规定，适用于各类庭审活动，即在法庭审判过程中，与《刑事诉讼法》第 199 条保持一致。《高法解释》第 306 条共 3 款，分为 3 类适用对象。第一类是全体人员，包括法庭内的审判人员、检察人员、诉讼参与人、旁听人员和媒体记者，他们都应当服从审判长或独任审判员的指挥，

---

[1] 庄胜春："'扰乱法庭秩序罪'修改引争议　律师法官各自存无奈"，载央广网，http://china. cnr. cn/yaowen/20150630/t20150630_ 519005487. shtml，最后访问时间：2018 年 11 月 5 日。"扰乱法庭秩序罪修改引争议　被指开言论入罪先例"，载搜狐网，http://news. sohu. com/20150701/n415984066. shtml，最后访问时间：2018 年 11 月 5 日。

尊重司法礼仪，遵守法庭纪律，并且不得实施五种行为。[1]第二类是旁听人员，他们不得进入审判活动区，不得随意站立、走动，不得发言和提问。第三类是媒体记者，他们经许可实施第 1 款第 4 项规定的行为，应当在指定的时间及区域进行，并且不得影响或干扰庭审活动。需要注意的是，该条第 1 款第 2 项只是禁止在法庭内进食，并没有禁止喝水。第 2 款禁止旁听人员发言和提问，并没有禁止他们作法庭记录。第 3 款允许媒体记者经许可在法庭内录音录像拍照，但应当在指定的时间及区域进行，且不得影响或干扰庭审活动。而且媒体记者对法庭录音录像拍照的使用应该限定在新闻传播、教育等正当目的，不得用于非法目的，不得违规使用、传播和复制有关庭审的图文、音频和视频等资料。[2]因此，《高法解释》第 306 条规定的法庭纪律在维护法庭的庄严肃穆和正常秩序，保障法院依法独立行使审判权和庭审顺利进行的同时，注重保障公民言论自由权、公众知情权和公开审判权等。

关于违反法庭秩序的刑事诉讼司法处罚及实施，《高法解释》第 307 条和《法庭规则》第 19 条、第 20 条、第 21 条作了补充规定，进一步细化了《刑事诉讼法》第 199 条第 1 款的内容。《高法解释》第 307 条第 1 款规定，对于危害法庭安全或者扰乱法庭秩序的有关人员，审判长或独任审判员应当区分不同情形，有三种处理方式，即：（1）情节较轻的，应当警告制止；根据具体情况，也可以进行训诫；（2）训诫无效的，责令退出法庭；拒不退出的，指令法警强行带出法庭。（3）情节严重的，报经院长批准后，可以对行为人处 1000 元以下的罚款或者 15 日以下的拘留。第 2 款规定，行为人违反《高法解释》第 306 条第 1 款第 4 项规定，未经许可对庭审活动进行录音、录像、拍照或使用即时通讯工具等传播庭审活动的，可以暂扣其使用的设备及存储介质，删除相关内容。第 3 款赋予有关人员对罚款、拘留的决定不服，向上一级人民法院申请复议的救济权。但是，复议期间，不停止决定的执行。根据该条规定，此类刑事诉讼法律责任的诉控主体是法庭内的检察人员、诉讼

---

［1］ 不得实施的五种行为为，（1）鼓掌、喧哗；（2）吸烟、进食；（3）拨打或接听电话；（4）对庭审活动进行录音、录像、拍照或使用移动通信工具等传播庭审活动；（5）其他危害法庭安全或妨害法庭秩序的行为。

［2］ 胡仕浩、刘树德、杨建文："'中华人民共和国人民法院法庭规则'的理解与适用"，载《人民司法（应用）》2016 年第 16 期。

参与人和旁听人员，确认主体是审判长或独任审判员，而承担主体是所有违反法庭秩序的人员。根据《法庭规则》第 21 条规定，司法警察负有依照审判长或独任审判员的指令维持法庭秩序的义务，一旦出现危及法庭内人员人身安全或者严重扰乱法庭秩序等紧急情况时，司法警察可以直接采取必要的处置措施。法院依法对违反法庭秩序的人采取扣押物品、强行带出法庭以及罚款、拘留等司法处罚措施，也由司法警察执行。可见，《高法解释》第 307 条与《刑事诉讼法》第 199 条第 1 款相比，不仅增加了训诫、责令退出法庭，以及暂扣相关设备及存储介质，删除相关内容三种责任形式，而且明确设置了由轻到重的适用程序，细化了《刑事诉讼法》第 199 条第 1 款中"不听制止"的内涵，体现了司法处罚的谦抑性原则，避免法院直接适用较重的司法处罚措施。也就是说，对于行为人违反法庭纪律的行为，审判长或独任审判员首先应当警告制止；如果行为人不听警告，可以进行训诫；训诫也无效时，可以责令自行退出法庭；只有对那些拒不退出法庭，并且继续违反法庭秩序的人，才能指令法警将其强行带出法庭。对于行为人未经法院许可对庭审活动进行录音、录像、拍照或使用移动通信工具等传播庭审活动的行为，法院依照《高法解释》第 307 条第 1 款对行为人实施相应处罚后，还可以暂扣相关设备及存储介质，删除相关内容，待庭审结束后返还，但不宜没收和销毁所携带的物品。最高人民法院于 2020 年 6 月印发的《关于进一步规范庭审秩序、保障诉讼权利的通知》第 12 条还建立了在线庭审秩序保障机制，对违反在线庭审纪律、扰乱在线庭审秩序的人员，应当依照《法庭规则》第 19 条的规定依次予以警告、训诫、责令退出在线庭审；拒不退出在线庭审的，可以强行关闭其语言、视频功能。最高人民法院 2021 年出台的《人民法院在线诉讼规则》第 25 条再次确认了这一点，并且细化解释了"拒不到庭""中途退庭"的内容。

此外，《高法解释》第 307 条第 1 款第 3 项和第 3 款规定，行为人危害法庭安全或者扰乱法庭秩序，情节严重的，报经院长批准后，可以罚款或者拘留。这里的罚款和拘留是两种选择性司法处罚措施，只能根据具体情况选择适用一种，而且决定权在法院院长，罚款的限度是 1000 元以下，拘留的期限是 15 日以下。行为人对罚款、拘留的决定不服的，既可以直接向上一级人民法院申请复议，也可以通过作出罚款、拘留决定的法院向上一级人民法院申请复议。向作出罚款、拘留决定的法院申请复议的，该法院应当自收到复议申请之日起 3 日内，将复议申请、罚款或者拘留决定书和有关事实、证据材料一并报送上一级人民法院。但是，复议期间不停止决定的执行。无论罚款还是拘留，都是人民法院为了维持法庭秩序所采取的临时性保障措施，法院可以根据被处罚人和案件情况的变化而改变。这赋予法院一定的裁量权。例如，江苏省靖江市人民法院 2013 年以辩护律师王某违反法庭秩序，情节严重为由，依法决定对其拘留。两天后，法院认为拘留已起到惩戒作用，继续拘留已无必要，于是公告决定提前解除拘留，这符合《刑事诉讼法》的规定，不存在报复律师之说，也不是什么闹剧丑剧。[1]2018 年 9 月 12 日，福建石狮两名律师未经法庭许可，擅自携带斧头参与庭审，他们是想当庭进行演示，证明被告人使用作案工具的情况，从而查明被告人是否有杀人的主观故意，而石狮市人民法院认定其行为严重危害法庭安全，罚款 500 元，还向司法行政机关发送司法建议书，建议依法给予他们处罚。当事律师认为自己的行为确实不妥，缴纳了罚款，并没有申请复议。[2]但是，泉州市律师协会随后对该案进行调查，认定两律师携带斧头是作为证据，协助法庭查清案情，不构成危害法庭安全，因而决定不予处罚。[3]这种做法也符合相关法律规定。

但是，《高法解释》第 307 条将司法处罚的适用对象扩大到全体人员，即所有违反法庭秩序的人员，这与《刑事诉讼法》第 199 条第 1 款规定不一致。根据《立法法》第 104 条和第 96 条规定，《高法解释》作为最高人民法院制定的司法解释，不能与作为国家基本法律的《刑事诉讼法》相抵触，否则无效。为此，笔者认为，违反法庭秩序的刑事诉讼司法处罚的适用对象，即责任主体，应当适用《刑事诉讼法》第 199 条的规定，即仅限于诉讼参与人和旁听人员，不能扩大到全体人员。这是其一。其二，《刑事诉讼法》第 199 条第 1 款只规定了警告、强行带出法庭和罚款、拘留四种司法处罚措施，虽然也有轻重之别，但适用条件模糊，适用程序缺乏，司法实践中很难避免对较重的处罚措施的直接滥用。相比较而言，《高法解释》第 307 条区分不同情形

〔1〕 朱海兵："律师被拘，闹剧丑剧"，载《浙江日报》2013 年 4 月 12 日，第 15 版。
〔2〕 沈度："'福建两律师'擅自携带斧头上法庭　司法部门介入调查"，载上游新闻网，http://www.cqcb.com/headline/2018-09-19/1101673_ pc_ 2.html，最后访问时间：2018 年 10 月 1 日。
〔3〕 王选辉："泉州律协通报'律师携斧作证参与庭审'：责令检讨　不予处罚"，载澎湃新闻网，https://www.sohu.com/a/256907452_ 260616，最后访问时间：2018 年 10 月 1 日。

分别处理，且增加了训诫、责令退出法庭，以及暂扣相关设备及存储介质、删除相关内容等处罚措施，适用条件更加明确，适用程序更加清晰，处罚措施也更加符合司法实践需要。因此，笔者建议进一步修改《刑事诉讼法》第199条第1款，适当吸收上述内容，细化其适用情形，增强其可操作性。其三，《刑事诉讼法》第199条第1款、《高法解释》第307条将罚款、拘留作为两种选择性处罚措施，适用于违反法庭秩序，或扰乱法庭秩序、情节严重但尚未构成犯罪的情形，但并没有明确解释何为"情节严重"，以及这两种选择性处罚措施各自具体的适用条件。虽然它们都规定，罚款和拘留必须经法院院长批准，并且为被处罚人不服提供了救济，但是这很难避免二者被滥用，因为1000元以下罚款与15日以下拘留的处罚相差太大，如果15日以下的司法拘留被滥用，对被处罚人造成的影响极大。为此，笔者认为，应当对"情节严重"作出解释，即严重危害法庭内人员人身或财产安全，或者严重扰乱法庭秩序，致使庭审被迫中断或中止。此外，还要明确拘留的适用条件，即严重危害法庭内人员人身或财产安全，或者严重扰乱法庭秩序，致使庭审被迫中止，从而将拘留设置为追究刑事责任的替代措施，尽量限制其适用。

三、扰乱法庭秩序的刑事诉讼刑事责任及其追诉

法庭是一个摆事实、讲道理的场所，法庭秩序应当得到参加庭审的各方诉讼参与人和旁听人员的遵守和尊重，它不能也不应该通过刑事手段加以维护。[1]但是，危害法庭安全或扰乱法庭秩序，是一种藐视法庭权威、粗暴践踏法律的行为，不仅破坏法庭审理活动的正常进行，而且给司法工作人员、诉讼参与人的人身安全和公私财产带来威胁或损害。为此，2018年《刑事诉讼法》第199条延续了1979年、1996年和2012年《刑事诉讼法》的做法，在第2款规定了扰乱法庭秩序的刑事诉讼刑事责任，作为严重扰乱法庭秩序且构成犯罪的处罚。根据该款规定，扰乱法庭秩序的行为包括聚众哄闹、冲击法庭和侮辱、诽谤、威胁、殴打司法工作人员或者诉讼参与人两类，且都必须情节严重，才构成犯罪。党的十八届四中全会通过的《中共中央关于全面推进依法治国若干重大问题的决定》提出"完善惩戒妨碍司法机关依法行

---

[1]　陈兴良："扰乱法庭秩序罪的修订：以律师为视角的评判"，载《现代法学》2016年第1期。

使职权、拒不执行生效裁判和决定、藐视法庭权威等违法犯罪行为的法律规定",对严重扰乱法庭秩序的行为追究刑事责任符合该规定要求,也是其他国家(地区)的共同做法。

为了贯彻落实党的十八届四中全会精神,《刑法修正案(九)》第 37 条采取列举方式对扰乱法庭秩序罪进行修正,在保持刑事责任不变的情况下,适当扩大了扰乱法庭秩序行为的表现形式。[1]这四种表现形式与《刑事诉讼法》第 199 条第 2 款规定相比,有四个变化。第一,直接增加一种表现形式,即毁坏法庭设施,抢夺、损毁诉讼文书、证据等扰乱法庭秩序的行为。这里的"等"字包括哪些行为,需要相应的立法或司法解释予以明确,否则,极易被滥用。第二,明确侮辱、诽谤、威胁、殴打司法工作人员或者诉讼参与人是扰乱法庭秩序罪的客观方面表现形式之一,不单独构成故意伤害、侮辱、诽谤等犯罪。第三,将殴打司法工作人员或者诉讼参与人单列为一种表现形式,认为其本身就是一种严重扰乱法庭秩序的行为,不需要其他任何情节。第四,侮辱、诽谤、威胁司法工作人员或者诉讼参与人,只有在不听法庭制止,严重扰乱法庭秩序时,才构成犯罪。这区别于殴打司法工作人员或者诉讼参与人的构成要件。司法实践中,只有对法庭安全具有现实的危险性或造成法庭秩序严重混乱,致使案件难以或无法继续正常审理,或者案件审理被迫中断、中止等情形,才属于情节严重。而对那些扰乱法庭秩序情节较轻,经劝阻、制止,停止实施扰乱行为的,不应认定为犯罪,法院可以对其实施罚款、拘留的司法处罚措施。例如,辩护律师在法庭上因为一时控制不住情绪,言辞激烈,经过法庭制止及时停止,并没有使庭审陷入"骂战"的,也不构成扰乱法庭秩序罪,不能追究其刑事诉讼刑事责任。[2]

《高法解释》第 309 条与《刑法修正案(九)》第 37 条修改后的扰乱法庭秩序罪相衔接,增加了一种表现形式和一个兜底性条件,分别是第 1 项"非法携带枪支、弹药、管制刀具或者爆炸性、易燃性、放射性、毒害性、腐

---

[1] 即,"有下列扰乱法庭秩序情形之一的,处三年以下有期徒刑、拘役、管制或者罚金:(一)聚众哄闹、冲击法庭的;(二)殴打司法工作人员或者诉讼参与人的;(三)侮辱、诽谤、威胁司法工作人员或者诉讼参与人,不听法庭制止,严重扰乱法庭秩序的;(四)有毁坏法庭设施,抢夺、损毁诉讼文书、证据等扰乱法庭秩序行为,情节严重的"。

[2] 胡仕浩、刘树德、杨建文:"《中华人民共和国人民法院法庭规则》的理解与适用",载《人民司法(应用)》2016 年第 16 期。

蚀性物品以及传染病病原体进入法庭"和第 5 项"其他危害法庭安全或扰乱法庭秩序的行为"。笔者认为，该条规定与《刑事诉讼法》第 199 条的立法本意不符。《刑事诉讼法》第 199 条仅仅在第 1 款将罚款、拘留作为违反法庭秩序的司法处罚措施，其适用条件限于违反法庭秩序且情节严重的行为，不包括那些危害法庭安全或扰乱法庭秩序的行为。

《高法解释》第 309 条第 1 项和第 5 项增列可以追究刑事责任的情形，明显超出《刑事诉讼法》第 199 条第 2 款和《刑法修正案（九）》第 37 条修改后的扰乱法庭秩序罪的客观方面的表现形式。1996 年《刑事诉讼法》第 161 条第 2 款（即 2012 年《刑事诉讼法》第 194 条和 2018 年《刑事诉讼法》第 199 条第 2 款）将严重扰乱法庭秩序构成犯罪的行为规定为聚众哄闹、冲击法庭和侮辱、诽谤、威胁、殴打司法工作人员或者诉讼参与人两类，前面一类包括两种行为，后面一类包括四种行为，都没有使用"等"字，防止对其进行扩大解释。根据罪刑法定原则和程序法定原则，《刑法》和《刑事诉讼法》都是全国人大制定的基本法律，1997 年修改《刑法》增设第 309 条扰乱法庭秩序罪，作为严重扰乱法庭秩序的刑事诉讼法律责任，仅仅将聚众哄闹、冲击法庭和殴打司法工作人员两类、三种行为列为客观方面的表现形式，其范围比《刑事诉讼法》规定窄，体现了刑法的谦抑性。根据《立法法》第 92 条规定的新法优于旧法原理，笔者认为，该罪客观方面的表现形式应当适用 1997 年《刑法》的规定。《刑法修正案（九）》第 37 条第 1 项至第 3 项采取列举方式，将《刑事诉讼法》规定的两类、六种行为都纳入扰乱法庭秩序罪的客观方面的表现形式，增强了法条的可操作性，笔者认为是合理的，值得肯定。但是，第 37 条增加第 4 项，将毁坏法庭设施，抢夺、损毁诉讼文书、证据等扰乱法庭秩序的行为也一并纳入，明显扩大了该罪的适用范围，不仅与《刑事诉讼法》第 199 条第 2 款规定不符，而且有违全国人大 1997 年《刑法》增设的第 309 条的立法本意或基本原则，还违反了《立法法》第 7 条第 3 款的规定，笔者认为是不可取的。《高法解释》第 309 条第 2 项至第 4 项与《刑法修正案（九）》第 37 条第 1 项至第 3 项保持一致，又增加第 1 项，将"非法携带枪支、弹药、管制刀具或者爆炸性、易燃性、放射性、毒害性、腐蚀性物品以及传染病病原体进入法庭"纳入其中，同时第 5 项还规定了一个兜底性条款，即"其他危害法庭安全或扰乱法庭秩序的行为"，笔者认为，如果将它们一并作为危害法庭安全或扰乱法庭秩序的行为而适用罚款、拘留措施的条件，是可行的，但是将它们一并纳入追究刑事诉讼刑事责任的范畴，不仅有悖罪刑法定原则和程序法定原则，而且与《刑事诉讼法》和《刑法》设置扰乱法庭秩序罪的刑事诉讼刑事责任原理不符，也是不可取的。为此，笔者认为，扰乱法庭秩序罪的客观方面的表现形式或行为种类应当适用《刑法修正案（九）》第 37 条，即《刑法》第 309 条第 1 项至第 3 项规定。这是其一。

其二，《法庭规则》第 20 条、《高法解释》第 309 条和《刑法》第 309 条都没有明确扰乱法庭秩序罪适用的时空范围，这也与《刑事诉讼法》第 199 条规定不符。既然《刑法》第 309 条和《高法解释》第 309 条都是针对扰乱法庭秩序的行为追究诉讼刑事责任（含刑事诉讼、民事诉讼和行政诉讼）而设置的，其适用的时空范围应当与三大诉讼法保持一致。虽然《刑事诉讼法》第 199 条第 2 款没有明确刑事诉讼刑事责任适用的时空范围，但从该条立法演变过程来看，它应当与第 1 款规定保持连续性，包括适用的时空范围保持一致，即在法庭审判过程中。因此，扰乱法庭秩序罪只能发生在法庭审判过程中，具有特定的时空限制，针对正在进行审判活动的法庭。笔者认为，这需要从三个方面进行理解。首先，根据《法庭规则》第 2 条第 1 款规定，这里的“法庭”，是法院代表国家依法审判各类案件的专门场所。而这种“专门场所”，应当实质性地理解为正在承担审判职能的任何场所，既可以是专门审理案件的固定法庭，也可以是临时审理案件的场所，包括田间地头巡回法庭等。其次，从空间上看，只要以正在进行审判活动的法庭（包括在线庭审）作为侵害对象的行为，均可以认定为扰乱法庭秩序的行为。刑法并没有要求扰乱法庭秩序的行为必须在法庭之内实施，在法庭外实施相关行为同样属于扰乱法庭秩序。最后，从时间上看，扰乱法庭秩序罪通常发生在庭审过程中，即从宣布开庭到宣布闭庭的整个审判过程中。但是，在庭审准备阶段和庭审结束后相关人员尚未离开法庭的时间段，实施相关行为同样可能扰乱法庭秩序。[1]陈兴良教授赞同该观点，他认为，扰乱法庭秩序罪发生的时间和地点应当是开庭的时间和地点。这里的开庭时间，不仅包括庭审正在进行的时间，

---

[1] 喻海松、邵新：“扰乱法庭秩序罪‘落地’在《法庭规则》”，载《人民法治》2016 年第 5 期。

而且包括开庭准备的时间。该罪发生的地点是法庭，即庭审举行的地点，一般是指法庭之内，也可能在法庭以外。[1]这是由扰乱法庭秩序罪发生时间和地点的特殊性所决定的。

至于扰乱法庭秩序罪的追诉程序，有学者提出借鉴其他国家或地区藐视法庭行为的处理机制，[2]设立无控诉审判程序，由审判该案的审判组织直接予以判决，无须经过立案、侦查、审查起诉、法庭审理等环节。最高人民法院 1992 年发布的《关于适用〈中华人民共和国民事诉讼法〉若干问题的意见》第 125 条曾明确规定该程序。对此，学者们有不同观点。[3]笔者认为，我国对扰乱法庭秩序罪设立特别追诉程序缺乏法理根据。虽然该类案件发生在法庭审判过程中，"法官所见，无须证明"，法官亲身感知了案件事实，对犯罪事实确信无疑，无须当事人履行证明责任，由法官直接判决，有助于维护法庭秩序和司法权威，提高诉讼效率。但是，如果这样，法官及法院与自己处理的案件就存在直接利害关系，集裁判者、控诉方（被害人）和证人于一身，从而成为自己案件的裁判者，既有悖自然正义原则的基本要求，也与我国《宪法》和《刑事诉讼法》规定的公、检、法三机关分工配合制约的原则不符，其公正性和正义的实现程度都会受到质疑。另外，该类案件不经过立案、侦查、审查起诉和法庭审理，由法庭直接判决，缺乏控诉方，无法形成以审判为中心的现代诉讼构造，有悖控审分离原则，被告人的辩护权难以得到有效保障，裁判者也难以保持中立。因此，为了保证此类案件处理的程序公正，笔者认为，该类案件还是应当按照公诉程序进行追诉，其诉讼程序可以借鉴《刑事诉讼法》第 44 条第 2 款规定的辩护人涉嫌犯罪的异地管辖机制，由审判案件法院的上级人民法院指定与其同等级别的其他法院管辖，实行异地侦查、异地审查起诉和异地审判，充分保障犯罪嫌疑人、被告人的辩护权和上诉权。前文案例 6 发生在西安市中级人民法院的案件，由其下级连

---

〔1〕　陈兴良："扰乱法庭秩序罪的修订：以律师为视角的评判"，载《现代法学》2016 年第 1 期。

〔2〕　参见易延友："藐视法庭罪设立与否无关司法权威"，载《法制日报》2009 年 1 月 22 日，第 3 版。吉萌、庞云龙："英国藐视法庭制度的发展及其启示"，载《东南司法评论》2009 年第 0 期。

〔3〕　参见黄胜春："论无控诉审理模式"，载《中外法学》1993 年第 5 期。吴登龙："无控诉审判程序探讨"，载《法学研究》1996 年第 1 期。于朝曦、孙保齐："无控诉审判程序质疑"，载《政法论丛》1996 年第 4 期。姚莉、詹建红："扰乱法庭秩序罪追诉程序探讨"，载《法学》2000 年第 3 期。陈彬："扰乱法庭秩序犯罪能否引入直判程序"，载《人民法院报》2015 年 11 月 23 日，第 2 版。

湖区人民法院进行审判，显然不符合程序正义的要求，一旦被告人上诉，二审法院仍然是西安市中级人民法院。如果由陕西省高级人民法院指定西安市以外的其他基层法院审判，就可以避免该弊端。而案例 7 发生在浙江省温州市永嘉县人民法院的案件，改由乐清市人民法院进行审判，显得更加合理。此外，对于犯罪嫌疑人、被告人认罪认罚的案件，还可以依法简化诉讼程序，从宽处罚。

第三章

刑事诉讼法律责任的具体形态

从《刑事诉讼法》和有关规范性文件看，刑事诉讼法律责任根据责任形式的不同可分为刑事诉讼实体法律责任、刑事诉讼程序法律责任和刑事诉讼纪律责任三大类。每一类又包括若干种具体形态的责任形式。刑事诉讼法律责任就是由这些不同形态的责任形式构成的一个相互协调的、完整的责任体系。研究刑事诉讼法律责任的具体形态是确认并追究刑事诉讼法律责任的前提。

第一节　刑事诉讼实体法律责任

案例8　云南杜培武案追责 [1]

杜培武原是昆明市公安局戒毒所的民警，因被怀疑是一起恶性枪杀警察案件的凶手，在未办理任何法律手续的情况下，于1998年4月被昆明市公安局刑侦部门关押审讯。1999年2月，昆明市中级人民法院以故意杀人罪判处杜培武死刑，剥夺政治权利终身。杜培武上诉至云南省高级人民法院后，被改判死刑，缓期二年执行。2000年6月，昆明警方破获一起震惊全国的杀人劫车特大团伙案，在抓捕真凶后，意外地洗清了杜培武的冤情。7月，杜培武终于被无罪释放。至此，杜培武已被整整关押了26个月。2001年8月，昆明

---

〔1〕 2000年12月，杜培武以无罪羁押为由，向云南省高级人民法院提出以下赔偿：精神损害赔偿100万元，要求昆明市中级人民法院、市公安局和市人民检察院各承担30万元，云南省高级人民法院承担10万元；关押期间身体受到伤害的国家刑事赔偿；律师费2000元；因该案发生的各种费用11 900元和医疗费31 753元。参见彭显才、施家三："杜培武错案的前前后后"，载腾讯网，https://view.news.qq.com/a/20100511/000012.htm，最后访问时间：2018年9月23日。殷红："杜培武洗清冤屈获国家赔偿　未得精神赔偿起争议"，载新浪网，https://news.sina.com.cn/c/2001-10-13/377336.html，最后访问时间：2022年6月18日。

市公安局刑侦支队原政委秦某某、队长宁某某以刑讯逼供罪分别被判处有期徒刑 1 年缓刑 1 年、有期徒刑 1 年零 6 个月缓刑 2 年。昆明市公安局支付杜培武医药费 31 735 元。云南省高级人民法院决定赔偿杜培武工资、律师费、交通费和资料费等 91 141 元。但没有考虑精神损害赔偿。

办案民警采取刑讯逼供等严重违反刑事诉讼程序的手段办案酿成杜培武冤案，杜培武后因"真凶再现"而洗冤，两名刑警支队的负责人被追究刑事责任，云南省高级人民法院依法给予杜培武国家赔偿，并赔偿其律师费和因该案发生的各种费用，医药费由侦查机关昆明市公安局支付。但是，杜培武提出的精神损害赔偿 100 万元未获得支持，从而引起争议。该案涉及的刑事诉讼法律责任包括刑事诉讼民事责任、刑事诉讼刑事责任和刑事诉讼国家赔偿（即刑事赔偿），它们都是刑事诉讼实体法律责任。根据《刑事诉讼法》和有关规范性文件的规定，刑事诉讼实体法律责任还包括刑事诉讼行政责任和刑事诉讼司法处罚。

一、刑事诉讼民事责任

民事责任是民事行为人违反民事法定义务或约定义务所应承担的法律后果。《民法典》第 179 条规定，民事责任的承担方式包括停止侵害，排除妨碍，消除危险，返还财产，恢复原状，修理、重作、更换，继续履行，赔偿损失，支付违约金，消除影响、恢复名誉和赔礼道歉，共 11 种，可以单独适用，也可以合并适用。民事责任主要是一种补偿性责任，是通过补偿受害人权利损害，向受害的民事主体承担的责任，但法律规定惩罚性赔偿的除外。《民法典》第 187 条和《刑法》第 36 条等规定，民事责任相对于刑事责任、行政责任而言，具有独立性、优先性，民事主体因同一行为承担行政责任或者刑事责任，并不影响其承担民事责任；如果民事主体的财产不足以同时支付时，应当优先承担民事责任。这体现了国不与民争利的现代法治理念和人文精神。

刑事诉讼民事责任是指刑事诉讼法律关系主体违反刑事诉讼法规范，造成公民、法人或其他组织的民事权利受到损害而应当承担的一种诉讼法律责任。这种民事责任产生于刑事诉讼过程中，是一种诉讼法律责任，它不同于我国《刑法》第 36 条和《刑事诉讼法》第 101 条规定的因犯罪行为给被害人造成物质损失而应当承担的民事赔偿责任，后者在刑事诉讼启动前与刑事责任同时产生，是一种实体法律责任，通过附带民事诉讼或独立民事诉讼程序予以解决。在案例 8 中，昆明市公安局支付刑讯逼供被害人杜培武医疗费 31 753 元，就是该局办案人员在侦查阶段对犯罪嫌疑人杜培武实施刑讯逼供而应当承担的刑事诉讼民事责任。《刑事诉讼法》第 2 条规定，尊重和保障人权是刑事诉讼法的基本任务之一，也是一种国家责任，这里的"人权"包括刑事诉讼程序受害人基本的民事权利、诉讼权利和其他合法权益。《刑事诉讼法》第 37 条规定，辩护人的职责是维护犯罪嫌疑人、被告人的诉讼权利和其他合法权益，这里的"其他合法权益"也包括犯罪嫌疑人、被告人的民事权利。但是，《刑事诉讼法》第 14 条第 1 款规定的诉讼参与人权利保障原则，仅限于保障犯罪嫌疑人、被告人和其他诉讼参与人的辩护权和其他诉讼权利，范围略显狭窄。笔者认为，该条第 1 款中的"辩护权和其他诉讼权利"和第 2 款中的"诉讼权利和人身侮辱"都应当修改为"诉讼权利和其他合法权益"，从而与《刑事诉讼法》第 37 条规定保持一致，保障犯罪嫌疑人、被告人、被害人和其他诉讼参与人的诉讼权利和其他合法权益不受损害，全面完成刑事诉讼尊重和保障人权的基本任务，贯彻国家尊重和保障人权的宪法原则，加强人权司法保障和法治保障。

刑事诉讼民事责任作为刑事诉讼法律责任的具体形态之一，本质上是一种民事责任，对于其具体的责任形式和承担方式，《刑事诉讼法》及其司法解释有规定的，适用这些规定；没有规定的，适用《民法典》第八章有关民事责任的规定，由相关刑事诉讼法律关系主体承担。《国家赔偿法》第 35 条规定了国家赔偿中民事责任的承担。[1]司法实践中，"安徽于英生案"等很多冤假错案的被告人经审判监督程序再审改判无罪后，他们作为程序被害人，精神上遭受巨大痛苦，大多只是拿到国家赔偿，错案追责问题并不明朗，有关刑事诉讼民事责任的追究没有落实。而当事人及其近亲属要求有关责任机关承担为其消除影响、恢复名誉、赔礼道歉的刑事诉讼民事责任，具有法律依据，有关机关应当满足其正当要求。据报道，2019 年 11 月 29 日，山东潍

---

〔1〕 即，"有本法第三条或者第十七条规定情形之一，致人精神损害的，应当在侵权行为影响的范围内，为受害人消除影响，恢复名誉，赔礼道歉；造成严重后果的，应当支付相应的精神损害抚慰金"。

坊高新技术产业开发区法院为孙某举行赔礼道歉、消除影响的仪式。孙某因涉嫌虚开增值税专用发票罪而被一审法院判处有期徒刑三年零六个月，二审撤销原判并发回重审，随后，检察院撤诉并作出不起诉决定，孙某无罪。[1] 2016 年 7 月 8 日，云南省高级人民法院副院长、赔偿委员会主任田某代表云南省高级人民法院在媒体的见证下，公开向冤案被害人钱某鞠躬赔礼道歉。钱某当场表示接受道歉。[2] 据悉，这是云南省高级人民法院第一次公开向公民致歉，开创了法院承担刑事诉讼民事责任的形式的先河。河南省濮阳市工业园区党工委原书记程某于 2014 年 11 月被鹤山法院以受贿罪、滥用职权罪判刑 10 年，2018 年 3 月，他在案件发回重审期间因公诉机关决定不起诉而无罪获释。该冤案纠正后，鹤山法院不仅明确认可和采信程某在侦查阶段"遭受刑讯逼供的事实"，而且于 2019 年 1 月 17 日在濮阳工业园区以开大会的方式为其消除影响、恢复名誉、赔礼道歉。[3] 这在我国也是首次。

我国《刑事诉讼法》有关条款规定了刑事诉讼民事责任，主要包括三个方面：（1）第 65 条规定证人作证补偿制度，明确禁止证人所在单位克扣或者变相克扣出庭作证的证人的工资、奖金及其他福利待遇。一旦违反该禁止性规定，有关单位应当承担相应的民事责任，向证人补发工资、奖金及其他福利待遇。（2）第 295 条第 3 款规定，在缺席审判程序中，如果法院依照生效判决、裁定对罪犯财产的处理确有错误的，应当予以返还、赔偿。（3）第 301 条第 2 款规定，在违法所得的没收程序中，如果法院没收犯罪嫌疑人、被告人财产确有错误的，应当予以返还、赔偿。具体来说，已经没收的财产，应当及时返还；财产已经上缴国库的，由原没收机关从财政机关申请退库，予以返还；原物已经出卖、拍卖的，应当退还价款；造成犯罪嫌疑人、被告人、罪犯以及利害关系人财产损失的，应当依法赔偿。这两款还明确规定了

---

〔1〕 史东旭："申请 2 亿国家赔偿，清华海归博士被判 54 万赔偿金：法院为其举行赔礼道歉消除影响仪式"，载新浪网，http://k.sina.com.cn/article_1409194012_53fe981c00100ns4c.html，最后访问时间：2020 年 1 月 2 日。

〔2〕 "钱仁凤申请 955 万元国家赔偿案听证 省高院副院长向钱仁凤鞠躬致歉"，载搜狐网，https://www.sohu.com/a/102838099_119665，最后访问时间：2022 年 6 月 18 日。

〔3〕 王瑞文、雷燕超："濮阳一书记被判刑十年今获无罪 鹤山区法院公开致歉"，载新浪网，https://finance.sina.com.cn/roll/2019-01-17/doc-ihqfskcn7997693.shtml，最后访问时间：2020 年 1 月 2 日。

适用返还、赔偿这两种责任形式的前提条件，即经过法定程序审查确认，原来执行程序对涉案财产的处理确有错误。但是，很多规定过于原则，还有很多规定缺失，有待立法完善，包括《刑事诉讼法》第 86 条、第 94 条、第 141 条、第 143 条、第 145 条、第 152 条、第 154 条、第 166 条、第 182 条第 2 款，以及第 245 条第 1 款等。而且法律并没有明确公安机关、检察机关、法院违反这些强制性义务或禁止性规定应当承担的诉讼法律责任，包括给当事人造成损害的民事赔偿责任。第四章分别研究辩护人、鉴定人、证人、法院的刑事诉讼法律责任时，也将不同程度地涉及刑事诉讼民事责任。

二、刑事诉讼行政责任

《刑事诉讼法》作为一部刑事程序法，不仅包含以复议、复核、申诉方式处理的行政程序（如第 31 条第 3 款、第 179 条、第 181 条），而且设置了许多行政责任，作为尚不够刑事处罚的替代责任。刑事诉讼行政责任就是指刑事诉讼法律关系主体在刑事诉讼中违反行政法律、法规或规章，依照行政法规定应当承担的行政处罚或处分。行政责任以违反行政法律法规为前提，它不同于民事责任或刑事责任。但是，行政责任严重的，可以转化为刑事责任。行政责任包括行政处罚和行政处分两种实现方式。

行政处罚是特定的行政主体依法对违反行政管理秩序尚未构成犯罪的行政相对人给予的行政制裁，处罚对象是行政管理相对人，包括公民、法人和其他组织。被处罚人对处罚决定不服，可以依法申请行政复议或提起行政诉讼。2017 年《行政处罚法》第 8 条规定，行政处罚的种类包括七种。[1]行政处分又称纪律处分，是纪律责任的一个组成部分，它是行政机关依法对其内部的公务员和经其任命的其他人员作出的行政制裁行为，处分对象是从事行政管理工作的行政主体，而不涉及行政管理相对人。被处分人对处分决定不服，只能依法提出申诉，不能提起行政诉讼。行政处分的种类包括警告、记过、记大过、降级、降职、撤职、开除留用察看、开除八种。行政处罚与行政处分都属于行政制裁行为，但是二者被制裁的行为性质、实施的主体、制

---

〔1〕　七个种类为，（1）警告；（2）罚款；（3）没收违法所得、没收非法财物；（4）责令停产停业；（5）暂扣或者吊销许可证、暂扣或者吊销执照；（6）行政拘留；（7）法律、行政法规规定的其他行政处罚。

裁的对象、制裁的形式和救济的途径不同。随着国家监察体制改革的全面推进，2018 年全国人大修改《宪法》和制定《监察法》，同时，废止了《行政监察法》，行政处分作为行使公权力的行政主体职务违法的法律责任被纳入政务处分，由监察机关依法实施。《监察法》第 45 条第 2 项规定，政务处分的种类包括警告、记过、记大过、降级、撤职、开除等。《政务处分法》规定了政务处分的种类、程序、适用对象和适用条件等。

从《刑事诉讼法》及其司法解释、相关规范性文件来看，刑事诉讼行政责任往往与刑事责任同时规定，将行政责任规定为不够刑事处罚的一种替代法律责任。这主要包括以下三种情形。

（一）立法直接规定行政处罚的种类

《刑事诉讼法》第 70 条第 1 款规定了保证人的保证义务，第 2 款规定，被保证人有违反本法第 71 条规定的行为，保证人未履行保证义务的，对保证人处以罚款，构成犯罪的，依法追究刑事责任。这里的"罚款"就是公安机关对保证人未履行保证义务的一种行政处罚。被保证人有违反《刑事诉讼法》第 71 条规定的行为，是对保证人进行处罚的前提。"未履行保证义务"，是指未履行第 70 条第 1 款规定的保证义务，包括未认真对被保证人遵守第 71 条的规定进行监督，在发现被保证人可能发生或者已经发生违反第 71 条规定的行为时未及时向执行机关报告。2020 年《公安部规定》第 103 条规定，对保证人的罚款，必须先查证属实，然后经县级以上公安机关负责人批准，罚款的数额在 1000 元以上 20 000 元以下。同时，第 104 条还赋予保证人对罚款决定不服的申请复议、复核权。此外，《刑事诉讼法》第 71 条第 1 款和第 2 款规定了被取保候审的犯罪嫌疑人、被告人在取保候审期间应当遵守的规定，同时，第 3 款规定，如果被取保候审的犯罪嫌疑人、被告人违反前两款规定，已交纳保证金的，没收部分或者全部保证金。这里"没收部分或者全部保证金"也是公安机关对被取保候审的犯罪嫌疑人、被告人违反取保候审规定的一种行政处罚。

此外，党的十八届四中全会通过的《中共中央关于全面推进依法治国若干重大问题的决定》提出"加强对司法活动的监督"，其中措施之一就是终身禁止那些因违法违纪被开除公职的司法人员、吊销执业证书的律师和公证员从事法律职业，构成犯罪的，依法追究刑事责任。2018 年修改的《刑事诉讼法》增加了第 33 条第 3 款，禁止被开除公职和被吊销律师、公证员执业证书的人担任辩护人，[1]就是对违法执业的律师的一种行政处罚。

（二）立法没有明确行政责任的具体方式，而是援引其他法律法规或党内法规的规定

《刑事诉讼法》第 63 条第 2 款规定，对证人及其近亲属进行威胁、侮辱、殴打、打击报复等，依照刑法规定构成犯罪的，依法追究刑事责任，根据犯罪情节定罪处刑。根据"参与立法者解释"，这里的"威胁"是指以将要实行暴力或者其他非法行为进行恐吓。"侮辱"是指在公众场合公然以言词、行为对其人格、名誉进行诋毁、攻击。"殴打"是指以暴力对证人及其近亲属进行伤害。"打击报复"包括用多种手段对证人及其近亲属进行报复、迫害等。对于有上述行为，情节轻微，尚不够刑事处罚的，依照《治安管理处罚法》规定，对行为人予以拘留或者罚款。该规定体现了对证人权利的保护，也是人民法院、人民检察院、公安机关保护证人及其近亲属安全的法律依据。但是，该款没有直接规定行为人威胁、侮辱、殴打、打击报复证人及其近亲属的行政责任，而是援引《治安管理处罚法》的规定，给予行政拘留或罚款两种处罚方式。这里行政责任的承担主体包括所有行为人，只要该行为人实施了威胁、侮辱、殴打、打击报复证人及其近亲属的行为。行政拘留或罚款的适用条件和程序等，适用《治安管理处罚法》的有关规定。

《刑事诉讼法》第 245 条第 5 款规定，司法工作人员在办理案件过程中，如果贪污、挪用或者私自处理查封、扣押、冻结的财物及其孳息，构成犯罪的，应当依照刑法关于贪污罪、挪用公款罪等规定依法追究刑事责任；对于不构成犯罪的，依照《公务员法》等有关法律法规给予处分。这里的"处分"就是纪律责任，包括党纪处分和政务处分，其中具有侦查、监管职责的公安机关、司法行政机关和监狱的工作人员在办理刑事案件过程中实施了贪污、挪用或者私自处理查封、扣押、冻结的财物及其孳息的违法行为，对其给予政务处分。政务处分的种类、适用条件与适用程序等，适用《政务处分法》的有关规定。

---

　　[1]　即，"被开除公职和被吊销律师、公证员执业证书的人，不得担任辩护人，但系犯罪嫌疑人、被告人的监护人、近亲属的除外"。

（三）立法只是笼统规定应当承担法律责任，通过司法解释补充规定行政责任的内容

这包括四个条文：一是《刑事诉讼法》第 147 条第 2 款对鉴定人作虚假鉴定应负法律责任的规定，但仅规定鉴定人故意作虚假鉴定的，应当承担法律责任，并没有明确法律责任的具体种类，以及是否包括行政责任。根据"参与立法者解释"，这里的"承担法律责任"，是指对于故意作虚假鉴定，构成伪证罪、受贿罪等犯罪的，依法追究刑事责任；尚不够刑事处罚的，依法予以政务处分。这样，鉴定人作虚假鉴定的法律责任包括刑事责任和行政责任两种，其中，行政责任也是指政务处分。对于身为国家工作人员或以国家工作人员论的鉴定人的政务处分，适用《政务处分法》。但是，对于非公职人员的鉴定人的政务处分，目前还缺乏法律依据。如果他们给当事人造成损害，是否可以适用民事责任，立法和司法解释也没有明确，有待补充完善。笔者将在第四章第二部分研究。

二是《刑事诉讼法》第 44 条第 2 款对辩护人或其他任何人违反第 1 款规定的行为，即六种禁止行为，应当追究法律责任。这里的法律责任没有明确，根据"参与立法者解释"，主要包括两方面：对于构成伪证罪等犯罪的行为，依法追究刑事责任。对于尚不够刑事处罚的，应依照有关法律的规定追究行政责任，如依照《律师法》的有关规定吊销律师执业资格；依照《治安管理处罚法》的有关规定给予治安管理处罚等。

三是《刑事诉讼法》第 53 条关于提请批准逮捕书、起诉书、判决书必须忠实于事实真象的规定，明确故意隐瞒事实真象的，应当追究责任。根据"参与立法者解释"，这是指侦查人员、检察人员、审判人员在提请批准逮捕书、起诉书、判决书中故意弄虚作假的，应当依法追究其法律责任。构成妨害作证、徇私枉法、滥用职权、玩忽职守等犯罪的，应当依法追究刑事责任；对于尚不够刑事处罚的，应当依照《公务员法》《人民警察法》《检察官法》《法官法》等规定予以处理。这里的处理就是纪律责任，包括党纪处分和政务处分。其中公安机关的侦查人员故意隐瞒事实真象的，应当给予政务处分，就是一种行政责任。

四是《刑事诉讼法》第 54 条第 4 款关于伪造、隐匿、毁灭证据必须受法律追究的规定，对伪造、隐匿、毁灭证据的，无论属于何方，都要追究法律

责任。根据"参与立法者解释"，这里的"无论属于何方"，是指无论是执法人员，还是诉讼参与人，或是其他人，只要有这三种行为之一的，都要受到法律追究。"受法律追究"，是指对伪造、隐匿、毁灭证据的行为依法追究法律责任。构成伪证罪、包庇罪、滥用职权罪等犯罪的，依法追究刑事责任。不构成犯罪的，依法给予行政处罚或者处分。这种行政处罚或者处分，包括行政责任和纪律责任，其中"处分"应当包括党纪处分和政务处分、行业纪律处分，责任主体是所有实施了伪造、隐匿、毁灭证据行为之一的人员，既包括公安司法机关工作人员和监察机关调查人员，也包括当事人和其他诉讼参与人，以及其他人员。

此外，《刑事诉讼法》第110条、第129条和第137条规定了任何单位和个人的有关强制性义务，但并没有规定不履行该义务的后果，即诉讼法律责任，这显然不利于以上义务的履行。立法应当进一步明确上述三个条文中的诉讼法律责任，包括行政责任、民事责任、纪律责任乃至刑事责任。

三、刑事诉讼刑事责任

刑事诉讼刑事责任是在刑事案件发生后，刑事诉讼法律关系主体在刑事诉讼过程中违反刑事诉讼法规范且触犯刑法构成犯罪而应当承担的一种法律责任，《刑事诉讼法》有关法条规定了此类刑事责任，它是《刑法》分则第六章第二节"妨害司法罪"有关罪名的立法依据。该类罪名包括伪证罪、妨碍作证罪、扰乱法庭秩序罪等20个罪名，除第307条之一规定的虚假诉讼罪外，其他都适用于刑事诉讼。此外，《刑法》分则其他条文也规定了一些罪名，如刑讯逼供罪、滥用职权罪、故意伤害罪、故意杀人罪等，也适用于刑事诉讼。

（一）"律师伪证罪"的刑事责任

《刑法》第306条规定的辩护人、诉讼代理人毁灭证据、伪造证据、妨碍作证罪，是《刑法》分则唯一针对特定人群——辩护人、诉讼代理人（主要是律师）规定的犯罪，立法依据是《刑事诉讼法》第44条第1款的规定。该罪侵犯的客体是司法机关的正常刑事诉讼活动；客观方面表现为行为人实施了毁灭、伪造证据，帮助当事人毁灭、伪造证据，威胁、引诱证人违背事实改变证言或者作伪证的行为，但是它并没有包含《刑事诉讼法》第44条第1

款规定的全部六种禁止行为。而且《刑法》第306条第2款明确，辩护人、诉讼代理人提供、出示、引用的证人证言或者其他证据失实，不是有意伪造的，不属于伪造证据，不构成犯罪。此外，针对该罪的特殊性，《刑事诉讼法》第44条第2款规定了专门的追诉程序，包括异地管辖和通知等内容。笔者将在第五章第五部分做专门研究。

（二）司法文书故意隐瞒事实真象的刑事责任

《刑事诉讼法》第53条是关于提请批准逮捕书、起诉书、判决书必须忠实于事实真象的规定，要求公安机关提请批准逮捕书、人民检察院起诉书、人民法院判决书必须忠实于事实真象。也就是说，三种司法文书必须符合客观实际，不得故意隐瞒事实真象。这包括两方面内容：一是不得主观臆断，不得夸大一方面而缩小另一方面，甚至只反映事实的一个侧面。二是不得歪曲事实、捏造事实，故意隐瞒事实真象，使犯罪分子逃避法律制裁，或者使无罪的人受刑事追究。侦查人员、检察人员、审判人员在提请批准逮捕书、起诉书、判决书中故意弄虚作假的，应当依法追究法律责任。如果构成妨害作证、徇私枉法、滥用职权、玩忽职守等犯罪的，应当依法追究刑事责任。该类犯罪的主体是特殊主体，即依法制作三类司法文书的侦查人员、检察人员、审判人员等司法工作人员。根据行为人实施的不同行为，他们可能涉及《刑法》第307条第1款规定的妨害作证罪、第307条第2款规定的帮助毁灭、伪造证据罪、第399条第1款规定的徇私枉法罪，以及第397条规定的滥用职权罪和玩忽职守罪等罪名。

（三）伪造、隐匿、毁灭证据的刑事责任

《刑事诉讼法》第54条第4款规定，对于伪造、隐匿、毁灭证据的行为，无论属于何方，都要追究法律责任。构成伪证罪、包庇罪、滥用职权罪等犯罪的，依法追究刑事责任。该类犯罪的主体是一般主体，既包括侦查人员、检察人员、审判人员、监管人员等司法工作人员，以及职务犯罪中监察机关的调查人员，也包括犯罪嫌疑人、被告人、被害人、辩护人、诉讼代理人、证人、鉴定人等诉讼参与人，以及案外人。根据不同行为主体以及行为人实施的不同行为，该类犯罪可能涉及《刑法》第305条规定的伪证罪、第310条第1款规定的包庇罪，以及第397条规定的滥用职权罪等罪名。但是，《刑法》仍然缺乏与此款对应的刑事责任规定。笔者主张修改《刑法》第307条，使之与《刑事诉讼法》第54条第4款规定的伪造、隐匿、毁灭证据行为相对应，并将《刑法》第306条规定的辩护人、诉讼代理人妨碍证据的行为，以及证人、鉴定人妨碍证据的行为一并纳入其中，构成刑法中妨碍证据罪的刑事诉讼刑事责任。

（四）非法取证的刑事责任

《刑事诉讼法》第52条规定了非法取证的禁止性规定，严禁刑讯逼供和以威胁、引诱、欺骗以及其他非法方法收集证据，不得强迫任何人证实自己有罪。这主要是指严禁刑讯逼供，或者以威胁、引诱、欺骗方式获取证据。特别是以刑讯逼供、威胁、引诱、欺骗方式取得的犯罪嫌疑人、被告人口供，是供述人在迫于压力或被欺骗的情况下提供的，虚假的可能性非常大，不能仅凭此就作为定案根据，否则极易造成冤假错案。其中，刑讯逼供既包括以暴力殴打犯罪嫌疑人以逼取口供，也包括以冻、饿、长时间不让睡眠等虐待方法逼取口供。"不得强迫任何人证实自己有罪"是对司法机关收集口供的原则性要求，是指不得以任何强迫手段迫使任何人认罪和提供证明自己有罪的证据。同时，第57条规定了检察机关对侦查人员非法收集证据的两种调查处理方式：一是对于确有以非法方法收集证据情形的，应当提出纠正意见。二是对于侦查人员以非法方法收集证据，构成刑法规定的刑讯逼供、暴力取证、非法搜查、滥用职权、徇私舞弊等犯罪的，应当依法立案侦查，追究有关人员的刑事责任。从《刑法》规定来看，该类犯罪的主体是特殊主体，即刑事诉讼中依法行使证据收集权的侦查人员，客观方面具有非法取证的行为，且情节严重，依照《刑法》构成犯罪。根据行为人实施的不同行为，该类犯罪可能涉及的罪名包括《刑法》第247条规定的刑讯逼供罪或暴力取证罪、第234条规定的故意伤害罪、第232条规定的故意杀人罪、第245条规定的非法搜查罪、第397条规定的滥用职权罪，以及第399条第1款规定的徇私枉法罪等。2011年7月，重庆市长寿区公安局以苟某波、但某、郑某林涉嫌刑讯逼供罪开展立案侦查。苟某波负责审讯工作，其授意、指使但某、郑某林等民警采取刑讯手段逼取吕某口供。经鉴定，吕某损伤程度为重伤。案发后，但某主动到检察机关投案。法院审理后认为，检察机关指控的事实和罪名成立。三名被告人当庭均如实供述了自己的犯罪事实，取得被害人谅解；但某系自首；郑某林犯罪情节轻微。对三名被告人可分别依法予以从轻、减轻和免予处罚。据此，法院当庭宣判，苟某波犯故意伤害罪，判处有期徒刑三年，缓刑三年；但某犯故意伤害罪，判处有期徒刑二年六个月，缓刑二年六个月；郑某林犯刑讯逼供罪，免予刑事处罚。[1]

此外，《监察法》第 40 条第 2 款规定，严禁以威胁、引诱、欺骗及其他非法方式收集证据，严禁侮辱、打骂、虐待、体罚或者变相体罚被调查人和涉案人员。第 66 条规定，违反本法规定，构成犯罪的，依法追究刑事责任。笔者认为，这包括职务犯罪的监察调查人员违反《监察法》规定的调查取证程序，构成犯罪的，与侦查人员非法取证一样，应当依照《刑法》有关规定追究刑事责任。《刑事诉讼法》第 170 条第 1 款规定了检察机关对监察机关移送起诉案件的审查，包括对监察机关非法取证行为的审查，以及对非法证据的调查核实和处理。为此，笔者认为，为了实现《监察法》与《刑事诉讼法》的衔接，《刑事诉讼法》第 57 条应当进一步完善，让其同等适用于监察机关调查收集证据，该类犯罪的刑事责任也应当平等适用于监察机关的调查人员。

（五）打击报复证人的刑事责任

《刑事诉讼法》第 63 条第 2 款规定，对证人及其近亲属进行威胁、侮辱、殴打、打击报复等，依照《刑法》规定构成犯罪的，依法追究刑事责任。根据"参与立法者解释"，这里的"威胁"是指以将要实行暴力或者其他非法行为进行恐吓。"侮辱"是指在公众场合公然以言词、行为对其人格、名誉进行诋毁、攻击。"殴打"是指以暴力对证人及其近亲属进行伤害。"打击报复"包括用多种手段对证人及其近亲属进行报复、迫害等。《刑法》第 308 条规定了打击报复证人罪，该罪的主体是一般主体，客观方面表现为行为人对证人及其近亲属实施了威胁、侮辱、殴打、打击报复的行为。从司法实践看，打击报复的手段包括降职降薪、解聘解雇、扣发薪金、侮辱人格、侵害人身、骚扰安宁等。如果打击报复证人的行为同时触犯其他罪名的，应当按照想象竞合犯的"从一重处断原则"处理，不实行数罪并罚。[2]因此，根据行为人

---

〔1〕 "重庆三名警察涉刑讯逼供案一审宣判"，载人民网，http://politics.people.com.cn/n/2014/0514/c1001-25013780.html，最后访问时间：2022 年 6 月 18 日。

〔2〕 高铭暄、马克昌主编：《刑法学》，北京大学出版社、高等教育出版社 2011 年版，第 555 页。

实施的不同行为，该类犯罪可能涉及的罪名包括《刑法》第 246 条规定的侮辱罪、第 234 条规定的故意伤害罪、第 232 条规定的故意杀人罪，以及第 308 条规定的打击报复证人罪等。

（六）保证人未履行保证义务的刑事责任

《刑事诉讼法》第 70 条第 2 款是对保证人未履行保证义务的法律责任的规定，包括行政处罚和刑事责任两个方面，2019 年《高检规则》第 99 条和 2020 年《公安部规定》第 103 条做了细化规定。保证人有帮助被保证人逃避侦查、审判、串供、毁灭、伪造证据等行为，构成犯罪的，依照《刑法》追究刑事责任。该类犯罪的主体是保证人，客观方面表现为保证人有帮助被保证人逃避侦查、审判、串供、毁灭、伪造证据等行为，可能涉及的罪名包括《刑法》第 307 条第 1 款规定的妨害作证罪，第 307 条第 2 款规定的帮助毁灭、伪造证据罪，第 310 条第 1 款规定的包庇罪等。

此外，2021 年《高法解释》第 157 条规定："根据案件事实和法律规定，认为已经构成犯罪的被告人在取保候审期间逃匿的，如果系保证人协助被告人逃匿，或者保证人明知被告人藏匿地点但拒绝向司法机关提供，对保证人应当依法追究责任。"这里的"责任"，除了行政罚款和刑事责任，是否包括民事责任，即附带民事诉讼中的连带赔偿责任，立法没有明确，学界存在争议。笔者认为，从法解释学角度思考，对这里的"责任"应当作扩大解释。因为保证人通过签署保证书，成为刑事诉讼法律关系主体，应当依法履行保证义务。如果保证人协助被告人逃匿，或者保证人明知被告人藏匿地点但拒绝向司法机关提供，明显违反了保证义务，导致刑事诉讼中止，其主观上存在过错，客观上致使附带民事诉讼原告人的民事赔偿责任无法实现，二者存在因果关系，因此，保证人因保证法律关系应当承担连带赔偿的民事责任。此时，由于附带民事诉讼被告人不在案，人民法院应当告知附带民事诉讼原告人因诉讼当事人已经发生变化，追加保证人为附带民事诉讼的当事人，向其主张权利，由人民法院依法审判。也就是说，保证人未履行保证义务的刑事诉讼法律责任，不仅包括立法明确规定的行政责任（罚款）和刑事责任，还应当包括民事责任（即连带赔偿责任）。

（七）控告人、举报人诬告陷害的刑事责任

《刑事诉讼法》第 111 条第 2 款规定，接受控告、举报的工作人员，应当向控告人、举报人说明诬告应负的法律责任。如果控告人、举报人捏造事实诬告陷害他人，意图使他人受刑事追究，情节严重，构成《刑法》第243条规定的诬告陷害罪，应当依法承担刑事责任。该类犯罪的主体是控告人、举报人，主观方面只能是直接故意，必须具有使他人受到刑事追究的目的。但是，如果行为人不是捏造事实，伪造证据，即使控告、举报的事实有出入，甚至错告，也不构成犯罪，不能追究刑事责任。

（八）证人作伪证或隐匿罪证的刑事责任

《刑事诉讼法》第61条、第125条和第194条都要求证人如实提供证言，有意作伪证或者隐匿罪证要负法律责任。[1]为此，《刑法》第305条规定了伪证罪，第310条中规定了包庇罪。笔者将在第四章第三部分作专门研究。

（九）鉴定人做虚假鉴定的刑事责任

《刑事诉讼法》第147条第2款规定，鉴定人故意作虚假鉴定的，应当承担法律责任。根据"参与立法者解释"，这里的"故意作虚假鉴定"，是指故意出示不符合事实的鉴定意见。因技术上的原因而错误鉴定的，不属于"故意作虚假鉴定"。这里的"承担法律责任"，是指对于故意作虚假鉴定，构成《刑法》第305条规定的伪证罪、第385条规定的受贿罪等犯罪的，依法追究刑事责任。笔者将在第四章第二部分作专门研究。

（十）严重扰乱法庭秩序的刑事责任

《刑事诉讼法》第199条第2款规定，对聚众哄闹、冲击法庭或者侮辱、诽谤、威胁、殴打司法工作人员或者诉讼参与人，严重扰乱法庭秩序，构成犯罪的，依法追究刑事责任。《刑法》第309条规定了扰乱法庭秩序罪。第二章第五部分对此作过专门研究。

（十一）司法工作人员违法处理涉案财物及孳息的刑事责任

《刑事诉讼法》第245条第5款规定，司法工作人员在办理案件过程中，

---

〔1〕 根据"参与立法者解释"，这里的"作伪证"主要有两种情况：一种是歪曲事实，没有提供案件的真实情况，另一种是捏造事实，包括通过诬陷无罪的人有犯罪行为，或者为有罪的人开脱。"隐匿罪证"是指证人明知被告人有犯罪行为而故意隐瞒的行为。"依法处理"是指除不采用该证人证言外，对证人的行为构成伪证罪、包庇罪等犯罪的，移送公安机关依法追究刑事责任。

如果贪污、挪用或者私自处理查封、扣押、冻结的财物及其孳息，构成犯罪的，应当依照《刑法》第 382 条规定的贪污罪、第 384 条规定的挪用公款罪等追究刑事责任。

此外，《刑法》第 314 条规定了非法处置查封、扣押、冻结的财产罪，该罪的主体为一般主体；主观方面为故意，即，明知司法机关已经对财产采取强制措施，仍然故意隐藏、转移、变卖或毁损；侵害的客体是国家审判机关的正常活动和司法秩序，直接对象是已经被司法机关查封、扣押、冻结的财产；客观方面表现为有隐藏、变卖、转移和故意毁损的行为，且情节严重。虽然该罪立法的直接依据是《民事诉讼法》第 111 条，但它同样适用于刑事诉讼中的涉案财产执行。

除了上述 11 种情形，还有一些特殊的情形，其一，《刑事诉讼法》第 262 条和第 263 条规定了死刑停止执行制度，人死不能复生，如果罪犯符合这两条规定的应当停止执行或暂停执行死刑的条件，负责指挥执行的审判人员和临场监督执行的检察人员没有停止执行或暂停执行，导致错误执行死刑的，应当根据行为人的不同情节，按照《刑法》第 232 条规定的故意杀人罪、第 233 条规定的过失致人死亡罪，或者第 397 条规定的滥用职权罪等追究刑事责任。

其二，《刑法》第 305 条规定的伪证罪的主体除了证人、鉴定人，还包括记录人、翻译人员，他们在刑事诉讼中对与案件有重要关系的情节，故意作虚假记录、翻译，意图陷害他人或者隐匿罪证的，也构成该罪，应当依法承担刑事责任。

其三，《刑法修正案（九）》增加了第 308 条之一，共 4 款，涉及泄露不应公开的案件信息罪、故意泄露国家秘密罪、过失泄露国家秘密罪、披露和报道不应公开的案件信息罪四个罪名，包括单位犯罪，以保障落实《刑事诉讼法》第 188 条规定的依法不公开审理制度。

泄露不应公开的案件信息罪的主体是司法工作人员、辩护人、诉讼代理人或者其他诉讼参与人，包括所有参与不公开审理的案件诉讼活动并知悉不应当公开的案件信息的人。这里的"其他诉讼参与人"是指除司法工作人员、辩护人、诉讼代理人之外的其他参加诉讼的人员，包括证人、鉴定人、有专门知识的人、记录人、翻译人员等。该罪主观方面包括故意和过失，即故意泄露和过失泄露案件信息都可能构成本罪。客观方面必须同时具备两个条件：一是泄露依法不公开审理的案件中不应当公开的信息。其中"不应当公开的信息"，是指公开以后可能对国家安全和利益、当事人受法律保护的隐私、商业秘密造成损害，以及对涉案未成年人的身心健康造成不利影响的信息，既包括案件涉及的国家秘密、个人隐私、商业秘密本身，也包括其他与案件有关不宜为诉讼参与人以外的人员知悉的信息，如案件事实的细节，诉讼参与人在参加庭审时发表言论的具体内容，被性侵犯的被害人的个人信息等。对于未成年人犯罪案件，未成年犯罪嫌疑人、被告人的姓名、住所、照片图像以及可能推断出该未成年人的资料，都属于不应当公开的信息。二是造成信息公开传播或者其他严重后果。这是构成本罪的结果条件。信息公开传播是指信息在一定数量的公众中广泛传播。如果泄露的案件信息只是为个别人私下知悉，没有公开传播的，不构成本罪。信息的公开传播使对不公开审理制度所保护的法益的损害扩大，是严重的危害后果。"其他严重后果"是指信息公开传播以外的其他严重的危害后果，如造成被害人不堪受辱而自杀，造成审判活动被干扰导致无法顺利进行等。

对披露、报道不应公开的案件信息罪的主体没有特别限制，在自媒体条件下，任何个人或者单位都可以构成本罪。该罪主观方面包括故意和过失。客观方面是公开披露、报道该条第 1 款规定的案件信息，且情节严重。其中，"公开披露"是指通过各种途径向他人和公众发布有关案件信息。"报道"主要是指通过报刊、广播、电视、网站等媒体向公众公开传播有关案件信息。第 3 款规定的"情节严重"，是公开披露、报道第 1 款规定的案件信息行为构成犯罪的条件，具体含义可以参照第 1 款的规定，主要是造成信息大量公开传播、为公众所知悉，给司法秩序和当事人合法权益造成严重损害，以及其他与此类似的严重后果。

其四，《刑法》第 310 条第 1 款规定的罪名除了包庇罪，还有窝藏罪，是指明知是犯罪的人而为其提供隐藏处所、财物，帮助其逃匿的行为。该罪侵害的客体是司法机关正常的刑事诉讼活动。犯罪对象是各种依照《刑法》规定构成犯罪的人，即在客观上被合理地认为有强烈的犯罪嫌疑的人，既包括真正犯了罪的人，也包括因犯罪嫌疑而受到司法机关侦查或起诉的人，还包括暂时未列为犯罪嫌疑人，但确实实施了犯罪行为的人。[1]主观上必须是出于故意，即明知是犯罪的人而实施窝藏行为，这种明知要求行为人主观上认识到自己窝藏的是犯罪的人。此外，《刑法》第 310 条第 2 款还规定，犯窝藏罪、包庇罪，事前通谋的，以共同犯罪论处。在这种情况下，即使共同犯罪所犯之罪的法定刑低于窝藏罪、包庇罪，也应以共同犯罪论处。笔者认为，《刑法》第 310 条第 1 款规定窝藏罪、包庇罪，其立法依据就是《刑事诉讼法》第 110 条第 1 款规定的报案与举报义务。

同理，《刑法》第 311 条规定的拒绝提供间谍犯罪、恐怖主义犯罪、极端主义犯罪证据罪，第 312 条规定的掩饰、隐瞒犯罪所得、犯罪所得收益罪，侵犯的客体都是司法机关正常的刑事诉讼活动。

其五，对于人民法院刑事判决、裁定中具有民事执行内容的部分有能力执行而拒不执行，情节严重的，构成《刑法》第 313 条规定的拒不执行判决、裁定罪。隐藏、转移、变卖、故意损毁已被司法机关查封、扣押、冻结的财产，情节严重的，构成《刑法》第 314 条规定的非法处置查封、扣押、冻结的财产罪，它们侵犯的客体也是国家审判机关的正常诉讼活动。《刑法》第 315 条规定的破坏监管秩序罪，第 316 条规定的脱逃罪和劫夺被押解人员罪，第 317 条规定的组织越狱罪、暴力越狱罪和聚众持械劫狱罪，侵犯的客体是国家机关对在押人员的正常监管秩序。它们都违反了刑事执行程序的强制性规定，也属于刑事诉讼刑事责任。

其六，无论是作为一种"不得已之恶"的刑法，还是作为一种人权保障法的刑事诉讼法，都具有谦抑性，应当严格刑事责任追究。《刑事诉讼法》设置刑事诉讼刑事责任，应当以民事责任、行政责任、司法处罚或纪律责任作为前置责任，并且明确各种前置责任的适用条件和适用程序，只有在追究民事责任、行政处罚、司法处罚或处分，还不能遏制或制止刑事诉讼不法行为，且情节严重时，才能依法追究刑事责任。同时，《刑法》分则应当据此完善相关罪名设置。《刑事诉讼法》第 199 条规定的违反法庭秩序的刑事诉讼刑事责任的设置符合这一要求。但《刑事诉讼法》第 63 条第 2 款规定的打击报复证人的刑事责任、第 245 条第 5 款规定的司法工作人员违法处理涉案财物及孳

---

〔1〕　高铭暄、马克昌主编：《刑法学》，北京大学出版社、高等教育出版社 2011 年版，第 555-556 页。

息的刑事责任等，均先规定刑事责任，尚不够刑事处罚或不构成犯罪的，才给予行政处罚或处分，这些都是颠倒设置，应当予以修改。

四、刑事诉讼国家赔偿

案例9　吉林刘忠林案国家赔偿[1]

1990年，吉林省东辽县会民村一名18岁女孩被杀害，时年22岁的刘忠林被认定为凶手并因此被判死缓。服刑期间他持续申诉17年，2012年3月28日，吉林省高院决定再审此案。经过6年多的再审，法院认定原审证据不足，宣告刘忠林无罪。2018年5月23日，50岁的刘忠林在律师陪同下向吉林省高级人民法院递交共计1660万余元的国家赔偿申请，包括787万余元的人身自由赔偿金和800万元的精神损害抚慰金。2019年1月7日，吉林省辽源市中级人民法院作出国家赔偿决定，给予刘忠林460万元国家赔偿，其中人身自由赔偿金262.4万余元，精神损害赔偿金197万余元。该两项赔偿数额均创下历年平反冤案的最高值。

最高人民法院2019年2月发布的《中国法院的司法改革（2013—2018）》白皮书显示，从2014年至2018年，各级人民法院受理国家赔偿案件31 434件。呼格吉勒图案、张氏叔侄案、聂树斌案、刘忠林案等刑事冤假错案的受害人或其近亲属依法及时获得赔偿。[2]但是，即使是460万元或者更多的赔偿金，也无法弥补刘忠林被无辜关押27年而造成的损害。近几年，我国司法机关平反的冤案，如云南大学生孙万刚杀女友案、安徽于英生杀妻案、浙江张氏叔侄强奸杀人案、河南张绍友案、广东徐辉案、陕西余路平案等，都存在类似情形：女子被奸杀——>丈夫、男友或者疑似密切关系人遭受怀疑——>发现动机——>查找证据——>突破口供（推翻口供）——>证据有缺陷、判决"留有余地"——>长期申诉——>发现新证据或者推翻原证据——>再审无罪——>国家赔偿。

---

〔1〕　王巍："被羁押9217天　刘忠林获史上最高国家赔偿460万元"，载新浪网，https:// news. sina. com. cn/c/2019-01-07/doc-ihqhqcis3757603. shtml，最后访问时间：2022年6月19日。

〔2〕　中华人民共和国最高人民法院编：《中国法院的司法改革（2013—2018）》，人民法院出版社2019年版，第25页。吴佳潼："司法改革白皮书：5年来纠正重大刑事冤假错案46起"，载新浪网，http://news. sina. com. cn/o/2019-02-27/doc-ihsxncvf8274748. shtml，最后访问时间：2022年6月19日。

在我国，公安机关、检察机关、法院等国家专门机关作为刑事诉讼法律关系主体，以单位的名义参加刑事诉讼，代表国家依法行使侦查权、检察权、审判权等公权力。《国家赔偿法》第2条规定，在刑事诉讼中，国家专门机关及其工作人员行使职权，有该法第17条或第18条规定的侵犯公民、法人和其他组织的人身权、财产权的情形，造成损害的，由国家对侵权行为承担刑事赔偿责任，从而保障受害人取得国家赔偿的权利。此即刑事诉讼国家赔偿，或国家刑事赔偿。其责任主体是国家专门机关及其工作人员，而承担主体是国家。这种国家刑事赔偿责任与民事责任、行政责任或刑事责任的区别在于，它不以行为人主观上存在过错（故意或过失）为条件，只要行为人实施了《国家赔偿法》第17条或第18条规定的情形，并且给受害人造成损害的，国家就应当承担赔偿责任。《国家赔偿法》第三章对刑事赔偿的赔偿范围、赔偿请求人和赔偿义务机关，以及赔偿程序作了规定。

（一）赔偿范围

《国家赔偿法》第17条和第18条规定，国家刑事赔偿分为侵犯人身权和侵犯财产权两大类型，分别适用不同情形。其中，第17条规定侵犯人身权适用刑事赔偿的五种情形，[1]第18条规定侵犯财产权适用刑事赔偿的两种情形。[2]同时，第19条规定排除国家刑事赔偿责任的六种情形。[3]从司法实践看，刑事赔偿的范围显得狭窄，侦查机关违法实施的一些重要的侦查行为，给当事人造成损害的，没有被纳入赔偿范围。例如，2012年《刑事诉讼法》

---

〔1〕　即，（1）违反刑事诉讼法的规定对公民采取拘留措施的，或者依照刑事诉讼法规定的条件和程序对公民采取拘留措施，但是拘留时间超过刑事诉讼法规定的时限，其后决定撤销案件、不起诉或者判决宣告无罪终止追究刑事责任的；（2）对公民采取逮捕措施后，决定撤销案件、不起诉或者判决宣告无罪终止追究刑事责任的；（3）依照审判监督程序再审改判无罪，原判刑罚已经执行的；（4）刑讯逼供或者以殴打、虐待等行为或者唆使、放纵他人以殴打、虐待等行为造成公民身体伤害或者死亡的；（5）违法使用武器、警械造成公民身体伤害或者死亡的。

〔2〕　即，（1）违法对财产采取查封、扣押、冻结、追缴等措施的；（2）依照审判监督程序再审改判无罪，原判罚金、没收财产已经执行的。

〔3〕　即，（1）因公民自己故意作虚伪供述，或者伪造其他有罪证据被羁押或者被判处刑罚的；（2）依照《刑法》第17条、第18条规定不负刑事责任的人被羁押的；（3）依照《刑事诉讼法》第15条、第173条第2款、第273条第2款、第279条规定不追究刑事责任的人被羁押的；（4）行使侦查、检察、审判职权的机关以及看守所、监狱管理机关的工作人员与行使职权无关的个人行为；（5）因公民自伤、自残等故意行为致使损害发生的；（6）法律规定的其他情形。

增加了技术侦查措施，但法律规制并不完善，导致实践中滥用现象比较普遍。其他国家或地区立法规定了各种侵权救济措施，赋予受损害的当事人申请获得国家赔偿权。笔者建议适当借鉴其他国家或地区做法，将违法实施技术侦查措施给当事人造成损害的情形，纳入刑事赔偿范畴。

（二）赔偿请求人

赔偿请求人是指人身权或财产权遭受违法行使职权行为的侵害而依照《国家赔偿法》的规定有权提起国家赔偿请求的个人或单位，包括公民、法人和其他组织。《国家赔偿法》第20条规定，赔偿请求人的确定依照第6条规定，无论是受害的公民、法人和其他组织作为赔偿请求人，还是受害的公民死亡，其继承人和其他有扶养关系的亲属作为赔偿请求人，以及受害的法人或者其他组织终止的，其权利承受人作为赔偿请求人，都有权要求赔偿。

（三）赔偿义务机关

赔偿义务机关是指接受刑事赔偿请求、支付赔偿费用、参加赔偿诉讼的义务方。《国家赔偿法》第21条分别不同情形作了规定，同时，第31条规定了追偿制度，要求赔偿义务机关在履行赔偿义务后，应当向有两种情形之一的工作人员追偿部分或者全部赔偿费用，[1]并且对有前款规定情形的责任人员，有关机关应当依法给予处分；构成犯罪的，依法追究刑事责任。从该条规定看，刑事赔偿中的追偿也不以行为人主观上存在故意或过失为条件，而且赔偿义务机关在履行赔偿义务后，必须向有关工作人员追偿，最高可以追偿全部赔偿费用。

（四）赔偿程序

赔偿请求人先向赔偿义务机关提出请求，对赔偿义务机关的处理不服，向其上一级机关申请复议，对赔偿的复议决定不服，再向与复议机关同级的人民法院赔偿委员会申请赔偿，人民法院赔偿委员会的赔偿决定是最终决定。它分为刑事赔偿义务机关处理程序、刑事赔偿复议程序和人民法院赔偿委员会的决定程序三个阶段。

---

〔1〕 即，（1）有本法第17条第4项、第5项规定情形的；（2）在处理案件中有贪污受贿，徇私舞弊，枉法裁判行为的。

（五）赔偿方式和计算标准

按照《国家赔偿法》第四章规定进行。但是，在冤假错案纠正后，当事人往往提出很高的赔偿请求，最终获得的国家赔偿金却很难如愿。有学者研究发现，自《国家赔偿法》于 2010 年修改施行以来，刑事赔偿司法实践呈现出案件数量少、增长缓慢、赔偿率持续走低、申诉多、精神损害抚慰金数额低等特征，[1]引起社会高度关注。在案例 9 中，刘忠林申请 1660 万余元，获赔 460 万余元。湖北佘祥林案提出 437.13 万赔偿请求，获赔 45 万余元。河北聂树斌案申请 1391 万余元赔偿请求，获赔 268 万余元。福建念斌案申请 1532 万，获赔 116 万余元等。2016 年 1 月，最高人民法院、最高人民检察院联合发布《关于办理刑事赔偿案件适用法律若干问题的解释》，针对刑事赔偿法律适用中存在的突出问题，作出有针对性的规定，内容涵盖侵犯人身权和侵犯财产权的刑事赔偿两大类型，具体包括对"终止追究刑事责任"的认定、侵犯财产权的赔偿审查范围、违法刑事拘留赔偿、再审无罪赔偿、免责条款的适用、赔偿法律关系主体、赔偿标准、赔偿金的确定、赔偿决定的效力等。该解释将六种特殊情形认定为刑事赔偿中的"终止追究刑事责任"，[2]同时，对于数罪并罚的案件经再审改判部分罪名不成立的，实践中存在监禁期限超出再审判决确定刑期的情形。该解释也明确，尽管被超期监禁的公民并非完全无罪，但由于其中的部分罪名已经不成立，针对这类具体个罪而言的超期羁押行为构成无罪羁押，应当予以赔偿。由此，进一步增强国家刑事赔偿法律的可操作性。

此外，根据《监察法》第 67 条的规定，监察机关及其工作人员对职务犯罪案件行使调查权，侵犯公民、法人和其他组织的合法权益，造成损害的，监察机关应当承担相应的赔偿责任，即监察国家赔偿。但如何赔偿，立法没有明确。笔者认为，这种监察赔偿责任也属于国家刑事赔偿的范畴，应当参照适用《国家赔偿法》有关刑事赔偿的规定处理。

---

〔1〕 杜仪方："新《国家赔偿法》下刑事赔偿的司法实践研究"，载《当代法学》2018 年第 2 期。

〔2〕 即，（1）办案机关决定对犯罪嫌疑人终止侦查的；（2）解除、撤销取保候审、监视居住、拘留、逮捕措施后，办案机关超过一年未移送起诉、作出不起诉决定或者撤销案件的；（3）取保候审、监视居住法定期限届满后，办案机关超过一年未移送起诉、作出不起诉决定或者撤销案件的；（4）人民检察院撤回起诉超过 30 日未作出不起诉决定的；（5）人民法院决定按撤诉处理后超过 30日，人民检察院未作出不起诉决定的；（6）人民法院准许刑事自诉案件自诉人撤诉的，或者人民法院决定对刑事自诉案件按撤诉处理的。

五、刑事诉讼司法处罚

刑事诉讼作为解决犯罪嫌疑人、被告人的刑事责任问题而进行的一种诉讼活动，其顺利进行需要国家专门机关、当事人、其他诉讼参与人以及案外人等共同遵守法定诉讼程序，维护正常的诉讼秩序（包括法庭秩序），并根据不同情节，对违反诉讼秩序的行为给予制裁。《刑事诉讼法》规定了五种强制措施，赋予公安机关、人民检察院、人民法院依法采取限制或剥夺犯罪嫌疑人、被告人人身自由的各种强制方法。对于刑事诉讼法律关系主体违反行政法律、法规或规章的行为，有关行政机关（包括公安机关）可以依照行政法规定给予行政处罚或处分。刑事诉讼司法处罚是指人民检察院、人民法院作为司法机关为了保障刑事诉讼行为的顺利进行，对于违反诉讼秩序的行为人依法采取的各种处罚措施。《刑事诉讼法》根据不同情形，分别规定了警告、训诫、责令具结悔过、强行带出法庭、罚款、拘留等司法处罚措施，保障刑事诉讼程序顺利进行。

（一）《刑事诉讼法》第 193 条第 2 款规定了对拒不出庭和拒绝作证的证人的处罚

法院对证人处罚的前提是证人符合《刑事诉讼法》第 192 条第 1 款规定的应当出庭作证的条件，没有正当理由拒绝出庭或者出庭后拒绝作证；处罚的方式包括训诫和拘留，即，一般情况下，予以训诫，情节严重的，予以拘留。这里的"情节严重"，由法院根据案件具体情况裁量确定。但根据第 193 条第 1 款规定免予强制到庭的人，包括被告人的配偶、父母、子女，不能因为其未出庭而予以处罚。第 193 条第 2 款后半句还规定了救济机制，被处罚人对拘留决定不服，有权向上一级人民法院申请复议。笔者将在第四章第三部分做专门研究。

（二）《刑事诉讼法》第 199 条第 1 款规定了违反法庭秩序的处罚

前文已经做过专门研究，其目的在于保障法庭审判的顺利进行，维护正常的法庭秩序。

此外，《刑事诉讼法》第 65 条第 2 款是关于证人作证补偿的保障规定。证人作证是协助公安司法机关查明案件事实，本质上是一种履行社会责任和法定义务的行为，因此，其耽误工作不是旷工。根据该款规定，证人有工作单位的，其所在单位不得以作证耽误工作为由，克扣或者以其他理由、方式变相克扣其工资、奖金及其他福利待遇，即，作证期间的待遇应当与工作期间相同。这是证人所在单位支持证人作证，配合公安司法机关办案的责任。但是，该款并没有明确有关单位违反该规定的诉讼法律责任。在实践中，有的单位克扣或变相克扣证人的工资待遇，经反复申请甚至法院通知纠正，也无济于事，而法院并没有相应的处罚措施。为此，笔者认为，该款后面应当补充规定相应的司法处罚措施，即，所在单位违反该规定，审判长应当警告，要求按时纠正。对不听警告且拒不纠正的，经院长批准，对单位处以 10 000 元以下罚款，并可以对该单位的法定代表人或主要负责人处以 15 日以下拘留。

第二节　刑事诉讼程序法律责任

刑事诉讼程序法律责任或程序性法律后果，是指刑事诉讼法律关系主体违反刑事诉讼法规范而在程序上遭受的各种否定性评价或不利后果。与刑事诉讼实体法律责任不同，刑事诉讼程序法律责任的主体主要是国家专门机关，特殊情形下包括证人、鉴定人等诉讼参与人。《刑事诉讼法》第 52 条规定，严禁刑讯逼供和以威胁、引诱、欺骗或其他非法方法收集证据。违反该规定，如果致人伤害或死亡，引起刑事诉讼实体法律责任，构成《刑法》规定的刑讯逼供罪或其他犯罪，有关侦查人员依法承担刑事责任、民事责任、行政责任或纪律责任，国家依法承担刑事赔偿责任。同时，《刑事诉讼法》第 56 条规定，侦查机关通过刑讯逼供等非法方法收集的证据材料应当排除，不得作为证据使用，这就是刑事诉讼程序法律责任。有学者将刑事诉讼中的程序性法律后果概括为四种，[1]并且分析了其三个基本要素和四个特点。[2]还有学

---

〔1〕　四种法律后果为：一是否定该违反诉讼程序的行为的效力，并使诉讼从违反诉讼程序的行为发生的那个阶段重新开始；二是否定该违反诉讼程序的行为的效力，并否定因该行为所得到的诉讼结果；三是否定违反诉讼程序的行为及其结果，并使诉讼进入另一阶段；四是补正该违反诉讼程序的行为，以使其得到纠正，最终符合程序法的要求。参见王敏远："论违反刑事诉讼程序的程序性后果"，载《中国法学》1994 年第 3 期。王敏远："设置刑事程序法律后果的原则"，载《法学家》2007 年第 4 期。

〔2〕　三个基本要素为，违反刑事诉讼程序的行为、程序意义上的阻断、程序意义上的处置。四个特点为，程序的专属性、程序的消极性、程序性法律后果与违法行为主体的非对应性、程序性法律后果之受害人的非同一性。参见王敏远："刑事程序性法律后果新论"，载《法商研究》2021 年第 3 期。

者通过对西方国家刑事诉讼中程序性制裁制度的考察，将程序性制裁引发的"程序性后果"概括为五种模式，即，非法证据排除规则、终止诉讼制度、撤销原判制度、诉讼行为无效制度和解除羁押制度。[1]从某种意义上说，这五种程序性后果模式是前面四种程序性法律后果的具体化，二者异曲同工，都是违反刑事诉讼程序的行为应当承担的程序法律责任。从我国《刑事诉讼法》的规定看，刑事诉讼程序法律责任可分为六种形式，而每一种形式又包括若干种具体的责任形式。

一、补充修正程序

补充修正程序是指刑事诉讼法律关系主体的诉讼不法行为导致刑事诉讼程序出现瑕疵，通过相应的措施补充、修正，从而恢复法律规定的诉讼程序，保障刑事诉讼顺利进行。《刑事诉讼法》规定了五种具体责任形式。

(一) 要求回避

《刑事诉讼法》第30条是关于办案人员违反禁止行为的回避规定，其中，第1款规定禁止行为，包括接受当事人及其委托的人的请客送礼和违反规定会见当事人及其委托的人两个方面。第2款规定法律后果，包括实体法律责任和程序法律责任两个方面，实体法律责任即"依法追究法律责任"，是指行为人的行为构成受贿、徇私舞弊、枉法裁判罪的，应当依法追究刑事责任；对于尚不够刑事处罚的，应当依照《法官法》《检察官法》《人民警察法》《政务处分法》等规定，予以政务处分。程序法律责任即"要求他们回避"，是指对于办案人员有该条第1款规定行为的，当事人及其法定代理人有权要求他们回避，从而避免其参与而影响案件的公正处理，确保诉讼程序的正当性和裁判结果的公正性。这种要求他们回避就是为了恢复正当法律程序而由违反禁止行为的办案人员承担的一种程序法律责任。

(二) 瑕疵证据的补正或者合理解释

《刑事诉讼法》第56条第1款是关于排除非法证据的范围，即，哪些证据属于应当排除的非法证据的规定。根据该款规定，刑事诉讼中应当排除的

---

[1] 陈瑞华：《程序性制裁理论》，中国法制出版社2005年版，第161-187页。

非法证据分为两类：一是采用非法方法收集的言词证据，实行绝对排除；二是收集程序不符合法定程序的物证、书证，实行裁量排除，或者可补正的排除。这种瑕疵证据的补正或者合理解释，就是对收集证据的机关或者人员收集的物证、书证不符合法定程序的一种补救，经过补救使其符合法定程序或不影响证据使用。

（三）强制人身检查

《刑事诉讼法》第 132 条是关于人身检查的规定。第 1 款规定，人身检查的目的是确定被害人、犯罪嫌疑人的某些特征、伤害情况或者生理状态，以查明案件性质、犯罪手段和方法、犯罪工具及犯罪其他相关情节。它对于查明案件事实、查获犯罪嫌疑人等具有重要意义。第 2 款是关于强制检查的规定。在实践中，对犯罪嫌疑人进行人身检查遭到拒绝时，侦查人员应当根据具体情况采取有效措施。一般情况下，侦查人员应当首先问明原因，向其讲明检查的目的、意义，让其接受检查，如果犯罪嫌疑人经教育仍拒绝检查的，侦查人员应当采取强制手段进行检查，从而查明案件事实，保障刑事诉讼顺利进行。该款规定的"必要的时候"是指不进行强制检查，人身检查的任务无法完成，侦查活动无法正常进行，而经教育，犯罪嫌疑人仍拒不接受检查等。但是，强制人身检查只适用于犯罪嫌疑人，不适用于被害人、证人等。对于被害人，如果其拒绝接受人身检查，侦查人员不得使用该款规定的强制检查措施，以免造成对被害人的"二次被害"。这种强制人身检查就是犯罪嫌疑人拒绝检查所承担的一种程序法律责任。

（四）强制证人到庭

《刑事诉讼法》第 193 条第 1 款是关于强制证人到庭的规定。《刑事诉讼法》第 62 条第 1 款将作证规定为知道案件情况的人的一项义务，第 192 条第 1 款规定了证人应当出庭作证的条件。第 193 条第 1 款规定，经法院通知，证人没有正当理由不出庭作证的，法院可以强制其到庭，但是被告人的配偶、父母、子女除外。这里的"强制其到庭"，是指法院派法警采用强制手段，将证人带至法庭，它是应当出庭作证的证人拒不出庭所应当承担的一种程序法律责任。《高法解释》第 255 条规定，强制证人出庭必须由院长签发强制证人出庭令，并由法警执行。必要时，可以商请公安机关协助。《刑事诉讼法》第

193 条第 1 款规定，在两种情况下，法院不能采取强制到庭的措施：一是证人有正当理由，如生病、不可抗力等。这里的"正当理由"由法官裁量确定。《高法解释》第 253 条规定了法院可以准许证人不出庭的四种情形，[1]允许证人通过视频等方式作证。二是被告人的近亲属，即配偶、父母、子女，如果强制他们在法庭上指证被告人，将不利于维系正常的家庭关系，不利于维护刑事诉讼的多元价值。但是，这里规定的仅仅是免予强制出庭，而不是拒绝作证权或作证豁免，从实践看，它并不能实现立法目的。笔者主张直接赋予犯罪嫌疑人、被告人近亲属拒绝作证权或作证豁免权，并将该权利贯彻到刑事诉讼全过程。[2]换言之，在侦查、审查起诉阶段、庭前程序乃至执行程序，侦查人员、检察人员、审判人员也不能强迫犯罪嫌疑人、被告人的近亲属作证，除非他们自愿作证。

（五）补充鉴定或重新鉴定

《刑事诉讼法》第 148 条是关于告知犯罪嫌疑人、被害人鉴定意见以及申请补充鉴定或者重新鉴定的规定。它包括两层意思：第一，用作证据的鉴定意见应当告知犯罪嫌疑人、被害人。其中，"用作证据的鉴定意见"，是指经过专门机构鉴定后形成的专门性问题的鉴定意见，经侦查机关审查核实后，要作为证据使用的鉴定意见。告知犯罪嫌疑人、被告人用作证据的鉴定意见必须是书面的，因为用作证据的鉴定意见，直接关系到案件事实的认定，对犯罪嫌疑人和被害人有着直接的利害关系，所以将鉴定意见告知犯罪嫌疑人、被害人，使其有机会申请补充鉴定或者重新鉴定，是侦查阶段保障犯罪嫌疑人、被害人权利的重要设置。第二，犯罪嫌疑人、被害人可以申请补充鉴定或者重新鉴定。该条规定的申请"补充鉴定"，是指犯罪嫌疑人或者被害人认为鉴定意见有疑点、鉴定意见与案件事实因果关系不明确或者所提供的鉴定意见有遗漏等，可能影响对案件事实的认定，使自己的合法权益受到损害而提出的申请。对犯罪嫌疑人或者被害人提出的申请，侦查机关应当进行审查，认为原鉴定意见正确的，可以驳回申请人的申请，并说明理由；如果原鉴定

---

〔1〕 即，（1）在庭审期间身患严重疾病或者行动极为不便的；（2）居所远离开庭地点且交通极为不便的；（3）身处国外短期无法回国的；（4）有其他客观原因，确实无法出庭的。

〔2〕 兰跃军：《以审判为中心的刑事诉讼制度改革》，社会科学文献出版社 2018 年版，第 163—169 页。

内容有明显遗漏，发现新的有鉴定意义的证物，对鉴定证物有新的鉴定要求或者鉴定意见不完整、委托事项无法确定时，经县级以上公安机关负责人批准，应当要求鉴定人补充鉴定，并将补充鉴定意见及时告知申请人。司法部《司法鉴定程序通则》第30条规定了可以根据委托人要求进行补充鉴定的三种情形，[1]而且明确补充鉴定是原委托鉴定的组成部分，应当由原鉴定人进行。"重新鉴定"是指犯罪嫌疑人或者被害人有充足的理由证明鉴定意见确有错误或者鉴定人应当回避而没有回避的，以及其他原因影响鉴定人作出正确鉴定的，其鉴定意见可能影响案件公正处理，而提出的申请。对犯罪嫌疑人或被害人提出的申请，侦查机关应当进行审查，符合条件的，应当重新鉴定。《司法鉴定程序通则》第31条规定了可以接受办案机关委托进行重新鉴定的五种情形。[2]对于应当回避的鉴定人员所做的鉴定进行重新鉴定的，侦查机关应当重新聘请或指派鉴定人进行鉴定。可见，补充鉴定或重新鉴定既是对犯罪嫌疑人、被害人诉讼权利的保障，又是鉴定人没有依照法定的鉴定程序或技术规范进行鉴定而承担的一种程序法律责任，还可以保证作为证据使用的鉴定意见的正确性，从而为公安司法机关正确认定案件事实提供保障。

二、撤销结果

撤销结果是指对于刑事诉讼法律关系主体违反刑事诉讼法规范的诉讼不法行为，依法撤销该行为产生的结果，使其不能产生预定的法律效力的一种程序责任形式。《刑事诉讼法》主要规定了排除非法证据、排除鉴定意见、撤销原判发回重审三种责任形式。

（一）排除非法证据

通过排除非法证据来制裁警察的违法取证行为，使其取得的证据无效，是各国的共同做法。典型代表是美国的非法证据排除规则和德国的证据禁止制度。从非法证据排除规则的起源看，最初是美国联邦最高法院根据联邦宪

---

〔1〕 三种情形为，（1）原委托鉴定事项有遗漏的；（2）委托人就原委托鉴定事项提供新的鉴定材料的；（3）其他需要补充鉴定的情形。

〔2〕 五种情形为，（1）原司法鉴定人不具有从事委托鉴定事项执业资格的；（2）原司法鉴定机构超出登记的业务范围组织鉴定的；（3）原司法鉴定人应当回避没有回避的；（4）办案机关认为需要重新鉴定的；（5）法律规定的其他情形。

法第四修正案确立的非法实物证据排除规则，适用对象限于非法搜查或扣押所获得的实物证据。随后，美国联邦最高法院根据联邦宪法第五、第六修正案确立了非法自白排除规则，以及"毒树之果"规则等。美国作为非法证据排除规则的发源地，目前也是排除非法证据最彻底的国家，它既对非法言词证据实行绝对排除，又对非法实物证据实行绝对排除，还排除非法证据的"派生证据"——"毒树之果"，认为毒树长出来的，也是毒果，不能食用，应当排除，从而抑制警察通过侵犯公民宪法权利的方法收集证据。但是，近年来，排除规则出现了若干例外，主要包括"微弱联系的例外""独立来源的例外""不可避免的发现的例外""附带使用的例外"和"善意的例外"等。"证据禁止原则"通过德国联邦宪法法院和最高法院的判例成为一个重要的宪法原则，它是指在刑事诉讼以及裁判过程中禁止公权力机关取得或使用某些特定的证据，包括"证据取得禁止"和"证据使用禁止"，前者主要用来规范追诉机关的取证行为，要求追诉机关收集证据必须严格遵守法定程序；后者主要用来规范法院的审判行为，禁止法院在审判中使用某些特定证据作为裁判的基础。《德国刑事诉讼法典》规定，证据取得禁止主要包括四类：一是禁止不正当讯问方式，集中在《德国刑事诉讼法典》第 136 条 a 之规定，禁止追诉机关采取暴力、欺诈、折磨等方式获取犯罪嫌疑人、被告人供述，违反这一规定即导致证据禁止原则的适用。二是违反告知义务，要求侦查人员在讯问犯罪嫌疑人、被告人前全面严格地履行告知义务，否则，所获得的供述就被禁止使用。三是违反证人拒证权，要求公权力机关在对证人进行询问或讯问时必须事先告知其享有拒绝作证权，否则，即属于证据取得禁止。四是违反实施强制处分的程序规定，要求侦查人员必须依照法定程序使用强制处分措施，否则，即构成证据取得禁止。证据使用禁止主要包括两类：一是非自主性证据使用禁止，由证据取得禁止推导出来，要求法官禁止那些以严重违反法定程序规范的方式所取得的证据出现在法庭上，并且拒绝将其作为裁判的根据。该类证据被禁止使用，是因为它们是侦查机关违法取得的，不是证据本身造成的。二是自主性证据使用禁止，是法官从宪法有关保障公民基本权利的条款中推导出来的不将某些已经取得的特定证据作为裁判的根据，依据是使用该证据是否会直接造成对《德国基本法》规定的公民基本权利的侵犯。例如，私人不法取得的证据被禁止使用，是因为使用证据本身涉及侵害权利，而并非侦查机关违法取证。与美国"毒树之果"理论不同，德国联邦最高法院对于证据禁止的"放射效力"或波及力基本持否定态度，即使法官认为警察的讯问行为属于法律禁止的不正当讯问方式，但在此基础上间接取得的证据不一定禁止使用，而应由法官进行个案利益权衡，区别对待。《俄罗斯联邦刑事诉讼法典》第 75 条第 2 款第 1 项规定，审前程序中犯罪嫌疑人、被告人在律师不在场，包括在他拒绝辩护人的情况下所做的陈述，未经犯罪嫌疑人、被告人在法庭上所证实，不允许采信。我国台湾地区证据排除的类型也包括不正讯问、违反告知义务、违反拒绝证言权和违反强制处分之要件四种。

我国 1979 年、1996 年、2012 年和 2018 年《刑事诉讼法》第 3 条第 2 款都规定，法院、检察机关和公安机关进行刑事诉讼，必须严格遵守法定的诉讼程序。这四部《刑事诉讼法》第 32 条、第 43 条、第 50 条、第 52 条都有取证禁止性规定，严禁刑讯逼供和以威胁、引诱、欺骗以及其他非法的方法收集证据。为了落实该规定，遏制刑讯逼供等各种非法取证行为，2012 年《刑事诉讼法》第 54 条至第 58 条（即 2018 年《刑事诉讼法》第 56 条至第 60 条）确立了中国模式的非法证据排除规则。"两高三部"2010 年、2017 年先后印发《非法证据排除规定》和《严格排除非法证据规定》，以及其他有关规范性文件，如《审判中心改革意见》《审判中心改革实施意见》《健全防范冤假错案意见》和《排除非法证据规程》等，都对非法证据排除规则作了补充细化。根据这些规定，侦查机关、检察机关、审判机关都不得采取非法方法收集证据，也都有维护司法公正和诉讼参与人合法权利的职责或客观公正义务。《刑事诉讼法》第 56 条第 1 款规定了非法证据排除的范围，包括非法言词证据和非法实物证据。第 2 款规定了侦查机关、检察机关、审判机关排除非法证据的义务，明确他们在办理案件过程中发现有依法应当排除的非法证据的，应当予以排除，不得作为侦查机关起诉意见、检察机关起诉决定和审判机关判决中认定事实的依据。也就是说，侦查人员非法收集的证据在诉讼中没有证据效力，不得作为认定事实的根据。《刑事诉讼法》第 57 条进一步规定了人民检察院作为国家专门的法律监督机关，对侦查人员非法收集证据的行为进行调查核实和处理的规定，包括排除非法证据和追究有关人员的刑事责任。

此外,《监察法》作为职务违法和职务犯罪调查的程序法,规定了监察程序非法证据排除规则。该法第40条第2款不仅严禁以威胁、引诱、欺骗及其他非法方式收集证据,而且严禁侮辱、打骂、虐待、体罚或者变相体罚被调查人和涉案人员,比《刑事诉讼法》第52条要求更加严格。同时,《监察法》第33条第3款明确,以上述非法方法收集的证据应当依法予以排除,不得作为案件处置的依据。这两款规范既是监察机关审查排除非法证据的依据,也是职务犯罪案件移送进入刑事诉讼程序后检察机关审查起诉和法院审判排除非法证据的根据。

从司法实践看,我国排除非法证据的情况并不乐观,排除程序启动比例低,排除证据数量少。以上海为例,2018年上海市三级法院刑事案件收结案31 926件,其中,一审案件17 269件,法院共受理非法证据排除申请36件,排除的只有8件。[1]上海市高级人民法院和上海市人民检察院2019年工作报告显示,上海市三级法院启动非法证据排除程序只有13次,上海市检察机关排除非法证据15件。而即使是少数案件排除非法证据,也很少对案件裁判产生实质影响。中国模式的非法证据排除规则仍是一个需要继续研究完善的重要课题。

第一,"非法证据"的概念与我国诉讼传统不合。党的十九大和十九届四中全会报告都提出深化司法体制综合配套改革,全面落实司法责任制。鉴于我国公、检、法三机关分工配合制约原则和司法责任制的实施给公安司法人员带来的种种顾虑,为避免在司法实践中一提到"非法证据"就与司法责任联系起来,从而影响该规则的有效实施,笔者建议立法时充分考虑我国亲大陆法的强职权主义诉讼传统,借鉴德国的证据禁止理论,以"证据禁止规则"取代"非法证据排除规则"这个名称,并按照证据禁止原理和我国刑事司法实践重构该规则。[2]意大利和俄罗斯刑事诉讼法确立的非法证据排除规则采用了这一模式,值得我国借鉴。《意大利刑事诉讼法典》第191条规定了"非法获取的证据",即非法证据排除规则,禁止在刑事诉讼中使用违反法律禁止性规范所获取的证据。这种证据在诉讼的任何阶段和审级中使用,都可构成

---

[1] 数据来自上海市高级人民法院刑事庭负责人在上海市法学会刑法学研究会2018年年会上的报告。

[2] 参见兰跃军:"刑事证据规则体系的建构",载《中国刑事法杂志》2015年第6期。

提起上诉的理由。有学者认为，意大利证据排除规则这种使程序违法行为无效的方法，最主要的目的是用来限制法官在证据取舍评断中的自由度和保障被告人的相应人身权。[1]《俄罗斯联邦宪法》第 50 条第 2 款规定："在进行审判时不允许使用违反联邦法律取得的证据。"俄罗斯联邦最高法院指出，如果收集和固定证据时侵犯了《俄罗斯联邦宪法》所保障的人和公民的权利或违反了刑事诉讼立法规定的收集和固定证据的程序，以及收集证据的人员或机关不当或实施了诉讼法规范规定以外的行为，证据就被认为是违反法律取得的、不可采信的。[2]为此，《俄罗斯联邦刑事诉讼法典》第 75 条规定了不允许采信的证据，[3]对非法证据也实行绝对排除制度。

第二，严格限制书面情况说明的使用，并适当限制法院对侦查人员和监察调查人员出庭作证的裁量权。非法证据排除的关键是侦查人员和监察调查人员出庭作证证明证据收集的合法性。在我国侦查程序中，侦查人员讯问犯罪嫌疑人时，只有犯罪嫌疑人和侦查人员双方，不允许律师在场。《刑事诉讼法》第 59 条第 2 款规定，在现有证据材料不能证明证据收集的合法性的，检察机关可以提请法院通知有关侦查人员或者其他人员出庭说明情况。经法院通知，有关人员应当出庭。但是，这里并没有明确侦查人员不出庭的法律后果。因此，在司法实践中，侦查人员出庭作证成了罕见的例外，通常都是以侦查人员签名并加盖公章的书面情况说明替代，显然不利于实现庭审实质化。遗憾的是，2019 年修改的《高检规则》第 410 条明确在庭审调查非法证据时，公诉人可以通过提请法庭通知调查人员、侦查人员或者其他人员出庭说明情况等方式，对证据收集的合法性加以证明。但是，该规则第 74 条仍然没有就书面情况说明的使用作出任何限制。[4]为此，笔者认为，虽然目前我国

---

〔1〕 孙维萍："意大利非法证据排除规则对我国的立法借鉴"，载《沈阳师范大学学报（社会科学版）》2003 年第 6 期。

〔2〕 ［俄］к. ф. 古岑科主编：《俄罗斯刑事诉讼教程》，黄道秀等译，中国人民公安大学出版社 2007 年版，第 215 页。

〔3〕《俄罗斯联邦刑事诉讼法典》第 75 条规定，"违反本法典的要求而获得的证据不允许采信。不允许采信的证据不具有法律效力，不得作为指控的根据，也不得用来证明本法典第 73 条规定的任何情况"。

〔4〕《高检规则》第 74 条规定："人民检察院认为可能存在以刑讯逼供等非法方法收集证据情形的，可以书面要求监察机关或者公安机关对证据收集的合法性作出说明。说明应当加盖单位公章，并由调查人员或者侦查人员签名。"

还不可能全面禁止书面情况说明的使用，但是，应当严格限制书面情况说明的使用，明确书面情况说明只能作为程序性证据使用，用来证明证据收集程序的合法性；它不得作为实体性证据使用，用来证明和认定案件的实体事实。[1] 2021年《高法解释》第135条第3款要求书面情况说明必须经侦查人员、调查人员签名，并且加盖单位公章，否则，不得作为证据使用。同时，增加规定："上述说明材料不能单独作为证明取证过程合法的根据。"该规定明确书面情况说明只能作为程序性证据，证明取证过程的合法性，并且必须得到其他证据的印证、补强，才能使用，不能单独使用。同时，还应当适当限制法院对侦查人员、调查人员出庭作证的裁量权。最高人民法院《审判中心改革实施意见》第25条和《排除非法证据规程》第20条和第23条规定，侦查人员、调查人员出庭不得以侦查人员、调查人员签名并加盖公章的说明材料替代。经法院通知，侦查人员、调查人员不出庭说明情况，并且不能排除以非法方法收集证据情形的，法院对有关证据应当予以排除。该规定明确了侦查人员、调查人员不出庭的刑事诉讼法律责任，即排除书面情况说明的使用。

第三，应当明确排除通过非法拘禁、疲劳讯问乃至夜间讯问获得的口供。从司法实践看，非法拘禁、疲劳讯问尤其是夜间讯问是侦查人员获取非法口供的主要途径。《刑事诉讼法》第119条第3款规定，不得以连续传唤、拘传的形式变相拘禁犯罪嫌疑人。传唤、拘传犯罪嫌疑人，应当保证犯罪嫌疑人的饮食和必要的休息时间。但是，立法并没有明确违反该规定的法律后果。《严格排除非法证据规定》第4条规定，采用非法拘禁等非法限制人身自由的方法收集的犯罪嫌疑人、被告人供述，应当予以排除。《高法解释》第123条第3项和第125条分别规定，采取非法限制人身自由的方法收集的被告人供述、证人证言、被害人陈述，应当予以排除。但是，这两份规定仅仅是"两高三部"联合印发的一个规范性文件和司法解释，效力等级偏低。为此，笔者认为，立法应当提升其效力等级，通过《刑事诉讼法》明确规定侦查人员采用疲劳讯问、非法拘禁等非法限制人身自由的方法收集的犯罪嫌疑人、被告人供述，证人证言、被害人陈述应当予以排除，不得作为定案的根据。同

---

[1] 关于非法证据排除规则的确立与发展，参见樊崇义、兰跃军、潘少华：《刑事证据制度发展与适用》，中国人民公安大学出版社2020年版，第25-65页。

时，立法还应适当借鉴其他国家或地区做法，[1]明确规定，除非法律规定的特殊情况，原则上禁止夜间讯问，并将"夜间"界定为晚上20：00至上午8：00之间，从而保障犯罪嫌疑人、证人、被告人的休息权，尽量减少非法言词证据的产生。

（二）排除鉴定意见

鉴定意见是鉴定人运用专门知识对诉讼活动中的专门性问题进行鉴别和判断所形成的个人意见，对于案件的定性具有直接影响，因此必须在法庭上对其进行公开质证。鉴定人出庭作证是对鉴定意见进行质证，保证鉴定意见真实性、合法性的基本要求。《刑事诉讼法》第192条第3款规定了鉴定人出庭作证的条件和拒不出庭作证的程序法律责任。根据该款规定，在同时符合两个条件的情况下，鉴定人应当出庭作证：一是公诉人、当事人或者辩护人、诉讼代理人对鉴定意见有异议；二是人民法院认为鉴定人有必要出庭的。这里规定的条件和证人出庭作证相比有所降低，没有要求"对案件定罪量刑有重大影响"，主要是因为鉴定意见通常都对案件的定罪量刑有重大影响，同时，鉴定意见具有专门性、科学性的特征，往往在证明力上会优于其他证据。关于鉴定人不出庭的法律后果，根据该款规定，经人民法院通知，鉴定人拒不出庭作证的，鉴定意见不得作为定案的根据。也就是说，经人民法院通知鉴定人出庭，鉴定人拒不出庭的，其鉴定意见将被排除。通过排除鉴定意见，作为鉴定人不出庭作证的程序性制裁，迫使鉴定人出庭作证，保障庭审对鉴定意见质证的顺利进行。这样规定，是考虑到鉴定意见与其他证据不同，鉴定意见是专业人员根据科学方法和自己的专业知识作出的判断，不具有唯一性，鉴定人不出庭的，可以另外委托鉴定人进行鉴定，重新提出鉴定意见。

（三）撤销原判发回重审

《刑事诉讼法》第238条规定，二审法院发现一审法院有违反法律规定的诉讼程序的五种情形之一审判案件的，应当裁定撤销原判，发回原审法院重新审判，作为对一审法院违反法定诉讼程序的程序法律责任或程序性制裁。

---

[1]《日本犯罪侦查法》第165条规定，除非存在不得已的情况，必须避免在深夜对嫌疑人进行讯问。《俄罗斯刑事诉讼法典》第164条第3项也规定，除非出现刻不容缓的情况，原则上禁止夜间进行讯问。

一审法院应当重新组成合议庭对案件进行审判，纠正违反法定诉讼程序的做法。同时，《刑事诉讼法》第253条第4项将"违反法律规定的诉讼程序，可能影响公正审判的"作为申诉应当重新审判的法定情形之一，再审法院应当裁定撤销原判，重新审判，改判无罪，或者发回原审法院重审。笔者将在第四章第四部分对此作详细研究。

此外，最高人民法院、司法部于2017年发布的《律师辩护全覆盖试点办法》第11条规定，二审法院发现一审法院未履行通知辩护职责，导致被告人在审判期间未获得律师辩护的，应当认定为符合《刑事诉讼法》第238条第3项规定的情形，裁定撤销原判，发回原审法院重新审判，从而将一审法院在审判期间未保障被告人获得律师帮助权的行为作为一种违反法定诉讼程序的事由，二审法院应当撤销原判发回重审进行程序性制裁，充分保障被告人在庭审中获得律师的法律帮助权。

三、确认无效

确认无效是指通过确认刑事诉讼法律关系主体实施的违反刑事诉讼法规范的诉讼行为无效，使其失去法律效力。与英美法系国家的非法证据排除规则一样，法国、意大利、葡萄牙等大陆法系国家及地区针对警察、检察官、法官的程序性违法行为，建立了诉讼行为无效或程序无效制度，作为程序性制裁机制。我国《澳门刑事诉讼法典》第五编专设"无效"制度作为一编，包括不可补正之无效和取决于抗辩之无效两种。第105条确立了"合法性原则"，[1]第109条规定"宣告无效之效力"，[2]在宣告无效时，必须明确哪些行为被视为无效行为，且在必要时及在可能范围内必须命令重新作出该等行为，有关开支由因为过错导致该等行为无效的嫌犯、辅助人或民事当事人负责。也就是说，诉讼行为无效不仅导致有关诉讼行为失去法律效力，而且在必要和可能时必须责令重做，并由相关当事人承担民事赔偿责任。该法典第

---

〔1〕 即，违反或者不遵守刑事诉讼法的规定，只在法律明文规定诉讼行为属于无效之时，才会导致有关诉讼行为被宣告为无效。而在刑事诉讼法没有明文规定以宣告无效作为制裁违法行为之方式的情况下，违反诉讼程序的行为只属于不当情事或者不规则，而可以不带来诉讼行为无效之后果。

〔2〕 即，无论是不可补正之无效，还是取决于抗辩之无效，不仅带来有瑕疵的诉讼行为被宣告无效之法律后果，而且还使依附于该行为之各诉讼行为，以及可能受该无效宣告影响的其他诉讼行为均失去法律效力。但无效之宣告并不影响那些不受该无效行为影响的其他行为继续有效。

113 条还分四项规定了"在证据上禁用之方法"，即，收集证据的行为无效，获得的证据不得使用。[1]法国诉讼行为无效分为法定无效与实质无效两类，贯穿整个刑事诉讼的始终。这种诉讼行为无效制度与英美非法证据排除规则具有类似的功能，用来制裁预审程序中的各种程序性违法行为。[2]《日本刑事诉讼法》第 256 条规定了起诉状一本主义，[3]一旦违反，法院将依据《日本刑事诉讼法》第 338 条第 4 项规定，以起诉程序违法判决宣告驳回公诉，并且禁止再行起诉。这是违反起诉状一本主义导致起诉无效的程序法律责任。

　　我国《刑事诉讼法》有大量包含"必须""应当"类词汇的强制性、禁止性规范，但并没有明确违反此类规范的诉讼法律责任，这也是各种程序性违法行为频繁发生的主要根源。例如，《刑事诉讼法》第 197 条赋予当事人和辩护人、诉讼代理人申请调取新的证据的权利，法庭应当作出是否同意此类申请的决定，并当庭宣布，说明理由。但是，这里并没有明确法庭违反该规定拒不作为的法律后果，实践中导致当事人和辩护人、诉讼代理人的申请调取证据的权利得不到保障，从而引发审辩冲突，乃至对庭审正当性的质疑。最高人民法院 2018 年 7 月在再审申请人上海市丁某铁与被申请人林某吉法律服务合同纠纷一案的民事再审裁定书中认定，当事人签订的《法律服务协议》中"1.3 律师费"条款采取将律师服务费与追回赃物的办案结果直接挂钩的

---

　　〔1〕　第 1 项规定，透过酷刑或胁迫，或者一般侵犯人之身体或精神的完整性所获得的证据，均无效，且不得使用。第 2 项进一步细化规定，利用下列五种手段获得的证据，即使获得有关人同意，亦属于侵犯人之身体或精神的完整性：（1）以虐待、伤害身体、使用任何性质之手段、催眠或施以残忍或欺骗的手段，扰乱意思之自由或作出决定之自由；（2）以任何手段扰乱记忆能力或评估能力；（3）在法律容许的情况及限度以外使用武力；（4）以法律不容许的措施作威胁，以及以拒绝或限制给予依法获得的利益作威胁；（5）承诺给予法律不容许的利益。第 3 项规定，在未经有关权利人同意的情况下，透过侵入私人的生活、住所、函件或电讯而获得的证据，亦为无效，但属于法律规定的情况除外。第 4 项规定，如果使用本条所指获得证据之方法构成犯罪，则该等证据得仅以对该犯罪之行为人进行追诉。

　　〔2〕　无论在预审阶段还是在审判阶段，《法国刑事诉讼法典》都确立了大量的诉讼行为无效的规定，在确立了一系列诉讼程序要求之后，对于那种"违反上述程序规定的行为"明确宣告其"无效"。诉讼行为无效的宣告，不仅带来与该行为有关的诉讼文书的撤销，而且可能导致有关证据材料的排除。而诉讼文书和证据材料的排除，还可能带来依据该文书和证据所制作的裁决无效这一间接后果。参见陈瑞华：《比较刑事诉讼法》，中国人民大学出版社 2010 年版，第 192~202 页。

　　〔3〕　该条禁止起诉书添附任何可能使法官对案件产生预断的文书和其他物件，或者引用该文书等的内容。检察官也不能向法官移送侦查中形成的笔录和收集的证据。实践中一般也不允许在起诉书中记载被告人的前科、学历、经历、性格以及犯罪动机和目的等情况。参见沈源洲："论起诉状一本主义的功能缺失：以日本刑事诉讼法为范本的考察"，载《铁道警官高等专科学校学报》2011 年第 1 期。

收费方式，属于刑事风险代理。它以刑事司法活动结果作为收取报酬的条件，其性质和后果干扰了正常的司法秩序，损害了司法公正和社会公共利益。因此，该律师费条款违反《合同法》第52条第4项规定，应当认定为无效。[1] 该案由最高人民法院再审裁判确认具有刑事风险代理性质的律师费约定无效，也是一种诉讼行为无效。从我国《刑事诉讼法》规定看，明确规定确认无效的诉讼行为主要包括两类：

（一）按撤诉处理

《刑事诉讼法》第211条第2款规定，自诉人经两次依法传唤，无正当理由拒不到庭的，或者未经法庭许可中途退庭的，按撤诉处理。根据"参与立法者解释"，这里的"无正当理由拒不到庭"，是指不是出于客观上的原因，而是有意不出席法庭，致使案件无法正常审理。"未经法庭许可中途退庭"，是指没有向法庭提出申请并经法庭同意，在庭审过程中退出法庭审理的行为。根据该款规定，符合上述情况的，应当按撤诉处理，视为自诉人已经撤回自诉，从而导致自诉人提起自诉的诉讼行为失去法律效力。这是自诉人拒不到庭或者中途擅自退庭应当承担的程序法律责任。

（二）不计入执行刑期

暂予监外执行是有条件地在监外执行刑罚，监外执行一日相当于在监狱内服刑一日。《刑事诉讼法》第268条第3款规定，在两种情况下暂予监外执行的期间不计入执行刑期，即确认执行无效：一是不符合暂予监外执行条件的罪犯通过贿赂等非法手段被暂予监外执行的。这里的"不符合暂予监外执行条件"，应结合《刑事诉讼法》第265条进行理解，与第265条第1款第1项中的"不符合暂予监外执行条件"相同。"非法手段"不仅指贿赂的非法手段，还包括隐瞒、欺骗等手段。二是罪犯在暂予监外执行期间脱逃的，脱逃期间不计入执行刑期。此外，第268条第1款规定了对暂予监外执行的罪犯应当及时收监执行的三种情形，[2]但并没有明确未及时收监执行的法律后果，这样，极易导致实践中执行权的滥用，乃至司法腐败。笔者认为，对于

---

[1] 最高人民法院（2018）最高法民申1649号民事裁定书。

[2] 即，（1）发现不符合暂予监外执行条件的；（2）严重违反有关暂予监外执行监督管理规定的；（3）暂予监外执行的情形消失后，罪犯刑期未满的。

应当及时收监执行的罪犯没有收监执行的，暂予监外执行的期间也应当不计入执行刑期，作为不及时收监执行的程序法律责任。

同理，《刑事诉讼法》规定大量的强制性、禁止性规范，也应当明确违反该规范的程序法律责任，即确认诉讼行为无效。这主要包括：（1）第135条第3款规定了侦查实验的禁止性行为，违反该规范的侦查实验，应当确认无效，侦查实验笔录不得作为证据使用。（2）第152条第1款规定了技术侦查措施的实施程序，违反该规范实施的技术侦查措施，应当确认无效，取得的证据材料不得作为证据使用。同样，该条第3款规定了技术侦查获取材料的用途，违反该规范应当确认无效，证据材料不得作为证据使用。（3）第153条第1款中用但书规定了隐匿身份侦查的禁止性规范，违反该规范进行隐匿身份侦查，应当确认无效，取得的证据材料不得作为证据使用。（4）第161条规定侦查终结前听取辩护律师意见的制度，侦查机关违反该规范，应当确认侦查终结和移送起诉、不起诉无效，检察机关应当责令侦查机关重做。（5）第173条规定了审查起诉阶段听取意见制度和认罪认罚案件听取意见程序，违反听取意见制度的审查起诉行为和违反听取意见程序的认罪认罚处理，应当确认无效，责令重做，从而充分保障当事人及其辩护人、诉讼代理人和值班律师的诉讼权利。（6）第174条规定犯罪嫌疑人签署认罪认罚具结书应当有辩护人或者值班律师在场。违反该规范，应当确认签署具结书的行为无效，责令重做。（7）第177条第1款和第175条第4款分别规定了法定不起诉和两次退回补充侦查的证据不足不起诉，在这两种情形下，检察机关应当作出不起诉的决定。违反该规范的起诉行为，应当确认无效。（8）第184条规定了合议庭评议规则，要求将少数人的意见写入评议笔录。违反该规范，评议笔录没有记载少数人意见的，应当确认合议行为与结果无效，责令重做。（9）第185条规定了合议庭评议案件制度，要求合议庭开庭审理并且评议后，应当作出判决，只有确属疑难、重大、复杂的案件，才能提请院长决定提交审判委员会讨论决定。违反该规范而提交审判委员会讨论的，应当确认审判委员会讨论决定无效，责令合议庭判决。此外，违反《刑事诉讼法》规定的其他诉讼程序或强制性、禁止性规范，符合第238条规定的违反法定诉讼程序的五种情形之一的，应当撤销原判发回重审，或者符合第253条第4项、第5项规定情形的，应当启动审判监督程序重新审判。

四、责令重做

责令重做是指刑事诉讼不法行为被确认无效或撤销后，责令刑事诉讼法律关系主体依法重新作出新的诉讼行为的一种责任形式。上文研究的撤销原判发回重审，作为二审或再审法院对原审法院违反法定诉讼程序实施的一种程序性制裁，既是撤销结果的一种具体责任形式，也是责令重做的一种具体责任形式。除此之外，《刑事诉讼法》还规定了重新缴纳保证金或提出保证人和重新审判两种责任形式。

（一）重新缴纳保证金或提出保证人

《刑事诉讼法》第 71 条第 3 款是对犯罪嫌疑人、被告人在取保候审期间违反规定的处理或其应承担的诉讼法律责任。根据该款规定，如果被取保候审的犯罪嫌疑人、被告人违反该条第 1 款、第 2 款规定，已交纳保证金的，没收部分或者全部保证金，此即作为实体法律责任的行政处罚。另外，还应根据不同情形分别处理，此即程序法律责任。这主要分两种情形：（1）对于违法情节较轻，不需要逮捕，允许再次取保候审的，责令犯罪嫌疑人、被告人具结悔过、重新交纳保证金或者提出保证人。（2）对于违法情节比较严重，不允许再取保候审的，采取监视居住或者予以逮捕。这里的重新缴纳保证金或提出保证人就是违反取保候审规定的犯罪嫌疑人、被告人应当承担的程序法律责任，通过责令犯罪嫌疑人、被告人重新缴纳保证金或提出保证人，再次取保候审，从而让取保候审程序回到原点状态，保障刑事诉讼顺利进行。

（二）重新审判

《刑事诉讼法》第 253 条规定了对申诉应当重新审判的五种情形，其中，第四种情形"违反法律规定的诉讼程序，可能影响公正审判的"属于原审违反法定诉讼程序，第五种情形"审判人员在审理该案件的时候，有贪污受贿，徇私舞弊，枉法裁判行为的"属于违反《刑事诉讼法》第 30 条第 1 款规定的禁止行为，只要当事人及其法定代理人、近亲属提出申诉，再审法院应当依法确认原审判无效，责令重做，即重新审判，纠正原判决、裁定的错误。这里的"违反法律规定的诉讼程序"，是指已经发生法律效力的判决、裁定在审判过程中违反了《刑事诉讼法》第 238 条规定的五种情形之一。"可能影响公正审判的"是指违反法律规定的诉讼程序，可能影响案件的实体裁判。这两个条件必须同时具备，才能对案件进行重新审判，包括改判无罪。同理，如果当事人及其法定代理人、近亲属提出申诉，指出审判人员在审理该案件时有贪污受贿，徇私舞弊，枉法裁判行为的，人民法院也应当重新审判，纠正原判决、裁定的错误，包括改判无罪。

五、终止程序

终止程序是指在刑事诉讼过程中，由于正在进行的刑事诉讼行为违反刑事诉讼法规范而没有必要继续进行下去，依法终止程序或者转为其他合法程序。从《刑事诉讼法》规定来看，主要包括以下五种情形。

（一）终止侦查且撤销案件

《刑事诉讼法》第112条规定，刑事立案必须有犯罪事实且需要追究刑事责任。第163条规定，在侦查过程中，侦查机关一旦发现不应对犯罪嫌疑人追究刑事责任，应当及时终止侦查，撤销案件。其中，"侦查过程中"包括整个侦查阶段，即，无论何时发现不应对犯罪嫌疑人追究刑事责任，都应立即终止侦查。"不应对犯罪嫌疑人追究刑事责任的"，是指经侦查查明，已经立案的案件没有构成犯罪的事实，或者虽有犯罪事实但不是该人所为的，或者属于《刑事诉讼法》第16条规定的依法不追究刑事责任的六种情形之一的。通过终止侦查且撤销案件的方式终止诉讼程序，保障无罪的人不受刑事追究。撤销案件的理由按其性质可以分为刑事实体法和刑事程序法两种，前者是指根据《刑法》不存在犯罪行为，或者存在排除刑事责任的理由；后者是指依照《刑事诉讼法》规定可以停止诉讼进一步实行的理由。撤销案件导致刑事诉讼程序终结，应当保障犯罪嫌疑人、被害人的合法权利。但是，我国撤销案件制度完全是一个由侦查机关按照行政程序作出刑事决定的过程，既剥夺了犯罪嫌疑人、被害人的知情权、参与权，又限制了他们获得救济权，有悖程序正义的基本要求。因此，应当适当借鉴境外做法，按照正当法律程序的要求进行改革，将撤销案件的决定权赋予侦查预审部门统一行使，同时，增设撤案听证制度和强制起诉制度，为犯罪嫌疑人、被害人不服撤案决定提供救济，进一步加强刑事撤案过程中犯罪嫌疑人、被害人的人权保障。

（二）不起诉

《刑事诉讼法》第 162 条和《监察法》第 45 条第 4 项规定，侦查终结或调查终结，以及检察机关提起公诉都应当达到犯罪事实清楚，证据确实、充分的证据标准。《刑事诉讼法》第 55 条第 2 款从三个方面对"证据确实、充分"的证据标准作了细化规定。[1]《刑事诉讼法》规定了法定不起诉、酌定不起诉和证据不足不起诉三种类型的不起诉。不起诉的法律效力是在起诉阶段即终结诉讼进程，不再将犯罪嫌疑人移送法院审判。被不起诉人在法律上是无罪的。《刑事诉讼法》第 177 条第 1 款规定，在审查起诉过程中，一旦发现犯罪嫌疑人没有犯罪事实，或者有《刑事诉讼法》第 16 条规定的六种情形之一的，检察机关应当作出不起诉决定。第 175 条第 4 款规定，案件经二次补充侦查后，检察机关仍然认为证据不足，不符合起诉条件的，也应当作出不起诉的决定。通过不起诉终止诉讼程序，既是维护法律规定的强制性的证据标准的要求，也是实现刑事诉讼尊重和保障人权的基本任务的需要。

（三）程序转化

《刑事诉讼法》第 214 条规定了简易程序的适用范围和适用条件，同时，第 215 条规定了不得适用简易程序审理的四种情形，[2]一旦案件符合这四种情形，法院应当终止审理，转化为普通程序进行审理。同理，《刑事诉讼法》第 222 条规定了速裁程序的适用范围和适用条件，第 223 条规定了不得适用速裁程序审理的六种情形，[3]一旦案件符合这六种情形之一的，法院也应当终止程序，转化为简易程序或普通程序进行审理。

---

〔1〕 三个标准为，（1）定罪量刑的事实都有证据证明；（2）据以定案的证据均经法定程序查证属实；（3）综合全案证据，对所认定事实已排除合理怀疑。

〔2〕 四种情形为，（1）被告人是盲、聋、哑人，或者是尚未完全丧失辨认或者控制自己行为能力的精神病人的；（2）有重大社会影响的；（3）共同犯罪案件中部分被告人不认罪或者对适用简易程序有异议的；（4）其他不宜适用简易程序审理的。

〔3〕 六种情形为，（1）被告人是盲、聋、哑人，或者是尚未完全丧失辨认或者控制自己行为能力的精神病人的；（2）被告人是未成年人的；（3）案件有重大社会影响的；（4）共同犯罪案件中部分被告人对指控的犯罪事实、罪名、量刑建议或者适用速裁程序有异议的；（5）被告人与被害人或者其法定代理人没有就附带民事诉讼赔偿等事项达成调解或者和解协议的；（6）其他不宜适用速裁程序审理的。

（四）及时收监

《刑事诉讼法》第265条规定了暂予监外执行的法定情形，罪犯只有符合法定情形之一的，才能暂予监外执行。第268条第1款规定暂予监外执行的终止情形，即罪犯已经不符合暂予监外执行的条件，应当及时收监，终止暂予监外执行。这主要包括三种情况：一是人民检察院或者执行暂予监外执行的社区矫正机构在执行中发现该罪犯不符合暂予监外执行条件的，应当向决定或者批准机关提出纠正意见，决定或者批准机关应当进行核查，对于确实不符合暂予监外执行条件的，应当及时将该罪犯收监执行。二是社区矫正机构在执行中发现被暂予监外执行的罪犯严重违反有关暂予监外执行规定的，比如再犯新罪、有打击报复等行为以及有其他严重违法行为的，应当通知执行机关及时收监。三是社区矫正机构在执行中发现罪犯被暂予监外执行的情形消失，如身体恢复健康、规定的婴儿哺乳期已满等，而且刑期未满的，应当及时收监。

（五）撤销附条件不起诉决定并提起公诉

《刑事诉讼法》第282条第1款规定了未成年人附条件不起诉的条件，要求有悔改表现。第283条规定了附条件不起诉的监督考察，要求被附条件不起诉的未成年犯罪嫌疑人在考验期内遵守四个方面的监督管理规定。同时，第284条第1款规定在两种情形下，[1]检察机关应当撤销附条件不起诉决定，提起公诉。

六、变更强制措施

变更强制措施是指被取保候审、监视居住的犯罪嫌疑人、被告人违反有关取保候审、监视居住规定，情节严重的，依法变更为逮捕措施。这主要体现在《刑事诉讼法》第71条第3款和第4款、第77条第2款，以及第81条第4款规定之中，分为两种情形。

---

〔1〕　两种情形为，（1）实施新的犯罪或者发现决定附条件不起诉以前还有其他犯罪需要追诉的；（2）违反治安管理规定或者考察机关有关附条件不起诉的监督管理规定，情节严重的。这里的"情节严重"主要包括违反治安管理规定，情节严重，或者多次违反治安管理规定，屡教不改等情形。

（一） 取保候审变更为监视居住或逮捕

《刑事诉讼法》第 71 条第 3 款和第 4 款规定了被取保候审人违反规定的诉讼法律责任。如果被取保候审的犯罪嫌疑人、被告人违反该条第 1 款、第 2 款规定，已交纳保证金的，没收部分或者全部保证金。并且根据不同情形分别处理，其中，对于违法情节比较严重，不允许再取保候审的，可以监视居住或者予以逮捕。第 4 款补充规定，对违反取保候审规定需要予以逮捕的犯罪嫌疑人、被告人，可以先行拘留。

（二） 监视居住变更为逮捕

《刑事诉讼法》第 77 条第 2 款规定了被监视居住人违反规定的诉讼法律责任。被监视居住的犯罪嫌疑人、被告人违反该条第 1 款的六项规定，如果给司法机关的诉讼活动造成了干扰或者增加了困难，严重妨碍了诉讼活动的正常进行，就属于"情节严重"。对于情节严重的，可以对其予以逮捕；如果违反规定的情节较轻，可以继续对其监视居住。对于违反监视居住规定，情节严重，需要予以逮捕的犯罪嫌疑人、被告人，也可以先行拘留。

与上述两条规定相衔接，《刑事诉讼法》第 81 条规定逮捕的法定情形时，第 4 款将其规定为可以逮捕的情形，被取保候审、监视居住的犯罪嫌疑人、被告人违反取保候审、监视居住规定，情节严重的，可以予以逮捕。换言之，被取保候审、监视居住的犯罪嫌疑人、被告人违反了《刑事诉讼法》第 71 条、第 77 条的规定，就表明犯罪嫌疑人、被告人具有第 81 条第 1 款规定的社会危险性。如果存在该条第 1 款规定的五种社会危险性情形，给司法机关的诉讼活动造成了干扰或者增加了困难，或者严重妨碍了审判活动的正常进行，即"严重影响诉讼活动正常进行的"，[1] 就属于"情节严重"，可以对其予以逮捕；如果违反规定的情节较轻，也可以继续对其取保候审、监视居住。对于可以逮捕的，可以根据《刑事诉讼法》的规定采取先予拘留措施，并按照规定的程序提请审查批准逮捕，在人民检察院批准后执行逮捕。

---

〔1〕 全国人大常委会 2014 年 4 月 24 日就 2012 年《刑事诉讼法》第 79 条第 3 款作出的解释。

第三节　刑事诉讼纪律责任

刑事诉讼是一种以解决犯罪嫌疑人、被告人刑事责任问题为中心而进行的法律专业性很强的诉讼活动，本身就是一种集体活动，通常需要两个或两个以上单位（包括国家专门机关和其他单位）与个人共同参与才能完成。我国《宪法》和《刑事诉讼法》等规定，人民法院、人民检察院、公安机关等作为机关（或单位）整体，接受各级人大授权，依法行使审判权、检察权、侦查权，法官、检察官、警察作为各单位的办案人员，只能以单位的名义，依照各自单位的工作纪律和职业伦理规范等行使职权，由此造成的法律后果（包括法律责任）由单位或国家承担，个人仅在法律规定的范围内承担有限的法律责任（如国家赔偿中的追偿等）和司法责任。前文谈到，单位违反法定的诉讼程序构成程序性违法行为的，只能依法承担各种程序法律责任，一般不直接承担实体法律责任。而直接参与刑事诉讼的个人（包括法官、检察官、警察等办案人员）具有不同的身份，包括中国共产党党员、行使公权力的公职人员、有专门知识的人等，他们在诉讼中违反各自的工作纪律和职业伦理规范等，需要承担不同的纪律责任，概括起来，可分为党纪处分、政务处分和行业纪律处分三类。北京雷洋案发生后，北京市公安局、中共昌平区纪委依纪依规，给予有关涉案的警务人员党纪政纪处分，其中，邢某某作为党员，被开除党籍，是一种党纪处分；他是派出所副所长，是行使公权力的公职人员，被开除公职，是一种政务处分。民警孔某作为公职人员，给予其行政撤职处分，是一种政务处分；他被调离执法单位，可以说是一种行业纪律处分。其他涉案的辅警、保安人员按照相关管理规定予以解除劳动合同，也是一种行业纪律处分。[1]这些都是纪律责任。而检察机关对五名涉案警务人员不起诉，就是该案侦查机关所承担的终止程序的刑事诉讼程序法律责任。

---

〔1〕 赵恩泽："雷洋案涉案警务人员和相关责任人受党纪政纪处理"，载中国新闻网，https://news.china.com/domestic/945/20161229/30126758.html，最后访问时间：2022年6月19日。北京检察："北京检方对雷洋案5名涉案警务人员作出不起诉处理"，载搜狐新闻，http://news.sohu.com/20161223/n476747168.shtml，最后访问时间：2022年6月19日。

一、党纪处分

"党纪处分"的全称是"中国共产党纪律处分",其处分依据是《中国共产党章程》和《中国共产党纪律处分条例》。《中国共产党章程》第 39 条规定,党的纪律是党的各级组织和全体党员必须遵守的行为规则。为了贯彻落实党章这一要求,《中国共产党纪律处分条例》第 7 条第 1 款规定:"党组织和党员违反党章和其他党内法规,违反国家法律法规,违反党和国家政策,违反社会主义道德,危害党、国家和人民利益的行为,依照规定应当给予纪律处理或者处分的,都必须受到追究。"在刑事诉讼中,作为中共党员的司法工作人员或其他参与人违反党的纪律,危害党、国家和人民利益的行为,应当依照有关规定受到相应的纪律处分,这就是刑事诉讼中的党纪处分,其责任主体是所有参与刑事诉讼过程中的中共党员,既包括国家专门机关的办案人员,也包括当事人和其他诉讼参与人,还包括案外人等;追诉主体是党的各级纪律检查委员会,由其调查处置。根据《监察法》的规定,党的各级纪律检查委员会与各级监察委员会合署办公,一套班子、两块牌子。

《中国共产党纪律处分条例》第 8 条规定,对党员的纪律处分种类包括警告、严重警告、撤销党内职务、留党察看和开除党籍五种。该条例规定了各种纪律处分的适用条件和适用程序等。其中,第 33 条规定了党纪处分的主体和条件。[1] 此外,《法官法》《检察官法》《人民警察法》《监狱法》《律师法》等,最高人民法院《法院司法责任制意见》《司法责任制实施意见》《法院违法审判责任追究办法(试行)》《法院违法审判责任追究办法》和《人民法院审判纪律处分办法(试行)》《人民法院工作人员处分条例》等,最高人民检察院《检察院司法责任制意见》《检察院错案责任追究条例》《检察

---

[1] 即,党员依法受到刑事责任追究的,党组织应当根据司法机关的生效判决、裁定、决定及其认定的事实、性质和情节,依照本条例规定给予党纪处分,是公职人员的由监察机关给予相应政务处分。党员依法受到政务处分、行政处罚,应当追究党纪责任的,党组织可以根据生效的政务处分、行政处罚决定认定的事实、性质和情节,经核实后依照规定给予党纪处分或者组织处理。党员违反国家法律法规,违反企事业单位或者其他社会组织的规章制度受到其他纪律处分,应当追究党纪责任的,党组织在对有关方面认定的事实、性质和情节进行核实后,依照规定给予党纪处分或者组织处理。党组织作出党纪处分或者组织处理决定后,司法机关、行政机关等依法改变原生效判决、裁定、决定等,对原党纪处分或者组织处理决定产生影响的,党组织应当根据改变后的生效判决、裁定、决定等重新作出相应处理。

人员纪律处分条例》等，以及《公安机关执法过错责任规定》《公安机关人民警察纪律条令》等有关规范性文件对法官、检察官、警察违法办案的司法责任（包括党纪处分）作了规定，也是刑事诉讼法律责任的重要渊源。《刑事诉讼法》主要有三个条文直接涉及党纪处分。

（一）审判人员、检察人员、侦查人员接受当事人请客送礼和违反规定会见的纪律责任

《刑事诉讼法》第 30 条第 1 款是关于审判人员、检察人员、侦查人员接受当事人及其委托的人的请客送礼和违反规定会见当事人及其委托的人的禁止性规定，第 2 款明确了违反该禁止性规定的诉讼法律责任，即，"应当依法追究法律责任"。根据"参与立法者解释"，这里的"依法追究法律责任"，是指行为人的行为构成受贿、徇私舞弊、枉法裁判罪的，应当依法追究刑事责任；对于尚不够刑事处罚的，应当依照《法官法》《检察官法》《人民警察法》的规定，予以处分。这种处分包括党纪处分和政务处分。2019 年修订的《法官法》第 46 条、《检察官法》第 47 条都规定了对法官、检察官违法违纪行为进行处分的 10 种情形，构成犯罪的，依法追究刑事责任，其中，第 1 项"贪污受贿、徇私舞弊、枉法裁判的"和第 8 项"接受当事人及其代理人利益输送，或者违反有关规定会见当事人及其代理人的"，与《刑事诉讼法》第 30 条第 2 款相衔接。同样，《人民警察法》第 22 条规定，警察不得有 12 种违法违纪行为，包括第 6 项"敲诈勒索或者索取、收受贿赂"和第 9 项"接受当事人及其代理人的请客送礼"，第 48 条规定，警察有本法第 22 条所列行为之一的，应当给予行政处分；构成犯罪的，依法追究刑事责任。对违反纪律的人民警察，必要时可以对其采取停止执行职务、禁闭的措施。而这里的行政处分已经被并入政务处分。

此外，《法院司法责任制意见》第 25 条第 3 款规定，法官有违反职业道德准则和纪律规定，接受案件当事人及相关人员的请客送礼，与律师进行不正当交往等违纪违法行为，依照法律及有关纪律规定另行处理。第 26 条规定，法官审理案件时有贪污受贿、徇私舞弊、枉法裁判行为的，应当依纪依法追究相关人员的违法审判责任。《检察院司法责任制意见》第 32 条第 2 款规定，"司法责任包括故意违反法律法规责任、重大过失责任和监督管理责任。检察人员与司法办案活动无关的其他违纪违法行为，依照法律及《检察

人员纪律处分条例（试行）》等有关规定处理"。《人民法院工作人员处分条例》《检察人员纪律处分条例》《公安机关人民警察纪律条令》等明确了对此类违法违纪行为的党纪处分和政务处分。《人民法院工作人员处分条例》第31条规定，审判人员违反规定会见案件当事人及其辩护人、诉讼代理人、请托人的，给予警告处分；造成不良后果的，给予记过或者记大过处分。《检察人员纪律处分条例》第89条规定，检察人员私自会见案件当事人及其近亲属、辩护人、诉讼代理人、利害关系人、中介组织，或者接受上述人员提供的礼品、礼金、消费卡等财物，以及宴请、娱乐、健身、旅游等活动的，给予记过或者记大过处分；情节较重的，给予降级或者撤职处分；情节严重的，给予开除处分。《公安机关人民警察纪律条令》第17条第8项规定，侦查人员违反规定收受现金、有价证券、支付凭证、干股的，给予记过或者记大过处分；情节较重的，给予降级或者撤职处分；情节严重的，给予开除处分。但是，上述有关规范性文件规定的审判人员、检察人员、侦查人员接受当事人请客送礼和违反规定会见的纪律责任并不完全一致，尤其是对审判人员纪律责任的认定和处罚不清晰，有待立法进一步明确。笔者在第五章第三、四部分进行研究。

（二）侦查人员、检察人员、审判人员在司法文书中故意隐瞒事实真象的纪律责任

《刑事诉讼法》第53条要求提请批准逮捕书、起诉书、判决书必须忠实于事实真象，"故意隐瞒事实真象的，应当追究责任"。根据"参与立法者解释"，它是指侦查人员、检察人员、审判人员在提请批准逮捕书、起诉书、判决书中故意弄虚作假的，应当依法追究其法律责任。构成妨害作证罪、徇私枉法、滥用职权、玩忽职守等犯罪的，应当依法追究刑事责任；对于尚不够刑事处罚的，应当依照《公务员法》《人民警察法》《检察官法》《法官法》等规定予以处理。这里的"处理"就是纪律责任，包括党纪处分和政务处分。

有关法律法规和规范性文件对侦查人员、检察人员、审判人员在司法文书中故意隐瞒事实真象的纪律责任的具体形式作了规定。《公务员法》第59条第7项将"弄虚作假，误导、欺骗领导和公众"列为公务员不得实施的违纪违法行为之一，否则，就要承担纪律责任，依照该法给予处分或者由监察机关依法给予政务处分。《人民警察法》第22条第3项规定，警察不得弄虚

作假，隐瞒案情，否则，应当给予行政处分；构成犯罪的，依法追究刑事责任。对违反纪律的警察，必要时可以对其采取停止执行职务、禁闭的措施。《公安机关人民警察纪律条令》第14条规定，警察隐瞒或者伪造案情，或者伪造、变造、隐匿、销毁检举控告材料或者证据材料，或者出具虚假审查或者证明材料、结论的，给予记过或者记大过处分；情节较重的，给予降级或者撤职处分；情节严重的，给予开除处分。《检察官法》第47条规定，检察官隐瞒、伪造、变造、故意损毁证据、案件材料，应当给予处分；构成犯罪的，依法追究刑事责任。《检察院司法责任制意见》第34条规定，检察人员在司法办案工作中，故意毁灭、伪造、变造或隐匿证据的，应当承担司法责任。《检察人员纪律处分条例》第92条规定，检察人员故意伪造、隐匿、损毁证据材料、诉讼文书，给予降级或者撤职处分；情节严重的，给予开除处分。《法官法》第46条规定，法官有隐瞒、伪造、变造、故意损毁证据、案件材料行为的，应当给予处分；构成犯罪的，依法追究刑事责任。同时，《法院司法责任制意见》第26条规定，法官在审判工作中，涂改、隐匿、伪造、偷换和故意损毁证据材料，或者制作诉讼文书时，故意违背合议庭评议结果、审判委员会决定的，应当依纪依法追究相关人员的违法审判责任。《人民法院工作人员处分条例》第51条规定，伪造诉讼、执行文书，或者故意违背合议庭决议、审判委员会决定制作诉讼、执行文书的，给予记大过处分；情节较重的，给予降级或者撤职处分；情节严重的，给予开除处分。

（三）司法工作人员非法处置涉案财物的纪律责任

《刑事诉讼法》第245条第5款规定，司法工作人员在办理案件过程中，贪污、挪用或者私自处理查封、扣押、冻结的财物及其孳息，构成犯罪的，依照《刑法》关于贪污罪、挪用公款罪等规定依法追究刑事责任；对于不构成犯罪的，依照《公务员法》等有关法律法规给予处分。这里的"处分"就是纪律责任，包括党纪处分和政务处分。《公务员法》第59条规定了公务员不得有18种违纪违法行为，其中包括"贪污贿赂，利用职务之便为自己或者他人谋取私利"。第61条第1款规定，公务员因违纪违法应当承担纪律责任的，依照本法给予处分或者由监察机关依法给予政务处分；违纪违法行为情节轻微，经批评教育后改正的，可以免予处分。第62条规定了公务员处分的种类，包括警告、记过、记大过、降级、撤职、开除六种。最高人民法院、最高人民检察院、公安部有关规范性文件对其工作人员非法处置涉案财物行为的纪律处分形式作出细化规定，与《公务员法》基本一致。《人民法院工作人员处分条例》第55条将法院工作人员非法处置涉案财物的行为列为违反廉政纪律的行为，凡是利用职务便利，采取侵吞、窃取、骗取等手段非法占有诉讼费、执行款物、罚没款物、案件暂存款、赃款赃物及其孳息等涉案财物或者其他公共财物的，给予记大过处分；情节较重的，给予降级或者撤职处分；情节严重的，给予开除处分。《检察人员纪律处分条例》第86条规定，检察人员违反有关规定，侵吞、挪用、私分、私存、调换、外借、压价收购涉案财物，或者擅自处理扣押、冻结的涉案财物及其孳息的，对直接责任者和领导责任者，给予记过或者记大过处分；情节较重的，给予降级或者撤职处分；情节严重的，给予开除处分。《公安机关人民警察纪律条令》第18条也明确，私分、挪用、非法占有赃款赃物、扣押财物、保证金、无主财物、罚没款物的，给予记过或者记大过处分；情节较重的，给予降级或者撤职处分；情节严重的，给予开除处分。

中共中央办公厅、国务院办公厅2015年印发的《关于进一步规范刑事诉讼涉案财物处置工作的意见》第16条补充规定，违法违规查封、扣押、冻结和处置涉案财物的，应当依法依纪给予处分；构成犯罪的，应当依法追究刑事责任；导致国家赔偿的，应当依法向有关责任人员追偿。与《刑事诉讼法》第245条第5款规定一样，这里的"处分"也是纪律责任，包括党纪处分和政务处分。最高人民检察院2015年印发的《人民检察院刑事诉讼涉案财物管理规定》第35条明确了这一点，人民检察院及其工作人员在查封、扣押、冻结、保管、处理涉案财物工作中违反相关规定的，应当追究纪律责任；构成犯罪的，应当依法追究刑事责任；导致国家赔偿的，应当依法向有关责任人员追偿。

此外，《律师辩护全覆盖试点办法》第11条将缺乏律师辩护的庭审列为一种程序性违法行为，要求二审法院对一审法院作出撤销原判发回重审的程序性制裁。第12条还规定，如果人民法院未履行通知辩护职责，或者法律援助机构未履行指派律师等职责，导致被告人审判期间未获得律师辩护的，依法追究有关人员的责任。这里的"责任"也是纪律责任，包括党纪处分和政务处分，其责任主体是审判人员和法律援助机构的工作人员。2022年1月1

日生效的《法律援助法》第 61 条规定，法律援助机构及其工作人员拒绝为符合法律援助条件的人员提供法律援助，或者故意为不符合法律援助条件的人员提供法律援助，或者指派不符合该法规定的人员提供法律援助，对直接负责的主管人员以及其他直接责任人员依法给予处分。这里的处分就是纪律责任，包括党纪处分和政务处分。另一方面，目前追究此类审判人员的纪律责任缺乏直接依据，只能套用《人民法院工作人员处分条例》第 54 条的口袋条款，视为其有其他违反办案纪律行为，给予警告、记过或者记大过处分；情节较重的，给予降级或者撤职处分；情节严重的，给予开除处分。

二、政务处分

《监察法》第 45 条第 1 款第 2 项赋予监察机关对违法的公职人员政务处分权，[1]创立了政务处分这一纪律责任形式。政务处分就是指监察机关依据相关法律、法规，对有违法违规行为应当承担法律责任的公职人员进行的一种纪律惩戒措施。《政务处分法》对政务处分的依据、适用条件、适用程序以及与党纪处分、其他处分的关系等作出规范。政务处分的种类包括警告、记过、记大过、降级、撤职、开除六种。政务处分的依据包括《监察法》《公务员法》《法官法》《检察官法》《行政机关公务员处分条例》《事业单位人事管理条例》《事业单位工作人员处分暂行规定》《政务处分法》等。

政务处分不同于党纪处分。党纪处分与政务处分作为两种不同的惩戒措施，虽然体现了党内监督与国家监察的内在一致、高度互补，实现了党内监督的全覆盖和对所有行使公权力的公职人员的国家监察全覆盖，实现了依规治党与依法治国的有机统一，但是，它们作为两种不同的纪律责任形式，既有联系又有区别，主要体现在四个方面：[2]（1）适用对象不同。党纪处分的对象是违反党纪应当受到党纪责任追究的党组织和党员，其主体是各级党委（党组）和纪检机关。党纪处分主要有两种情形：一是党内法规规定的违反党的纪律行为；二是党员因违法犯罪受到严厉行政处罚或者被追究刑事责任的，

---

〔1〕 该项规定，"监察机关根据监督、调查结果，对违法的公职人员依照法定程序作出警告、记过、记大过、降级、撤职、开除等政务处分决定"。

〔2〕 宋尚华、王多："党纪处分和政务处分有什么区别——适用对象、依据、程序及权利救济不同"，载《中国纪检监察》2018 年第 22 期。

必须受到党纪处分，并且应从重或者加重处分。[1]政务处分的对象是所有职务违法行为的公职人员，其主体为各级监察机关。对于二者适用对象的差别与先后顺序，《政务处分法》第49条作出规范。（2）适用依据不同。党纪处分的事由是党员存在违反党纪和国家法律的行为，处分的依据主要是《中国共产党纪律处分条例》《中国共产党党内监督条例》等党内法规。政务处分的事由是公职人员存在职务违法行为，处分的依据主要是《监察法》《行政机关公务员处分条例》等法律法规。党纪处分对应的是违纪行为，政务处分对应的是违法违规行为。根据《中国共产党纪律处分条例》《政务处分法》的规定，监察机关对公职人员中的中共党员给予政务处分，一般应当与党纪处分的轻重程度相匹配。（3）适用程序不同。《政务处分法》第四章对此作出规定。（4）权利救济不同。党纪处分决定的申诉没有时效限制，还可以向作出决定的党组织或上级党组织提出，而政务处分的申请复审不仅有时效限制，还必须向作出决定的监察机关申请。除此之外，党纪处分与政务处分在处分主体、种类、执行等方面也存在差异。《中国共产党章程》第41条规定，党纪处分措施有警告、严重警告、撤销党内职务、留党察看、开除党籍等五种。政务处分措施包括警告、记过、记大过、降级、撤职、开除等六种。

政务处分也不同于行政处分。政务处分是监察机关针对所有行使公权力的公职人员，包括行政机关的工作人员，审判机关、检察机关、事业单位以及基层群众自治组织的管理人员，企业的管理人员和其他的行使公权力的公职人员给予的纪律处分，实现纪律处分全覆盖。行政处分是指国家行政机关依照行政隶属关系给予有违法失职行为的行政机关工作人员的一种惩戒措施。从主体看，作出行政处分的主体为县级以上人民政府的行政监察机关（目前已经并入同级监察机关），作出政务处分的主体为各级监察机关。政务处分的对象也比原来的行政处分范围更大。因为行政处分只限于行政机关工作人员，是按照行政隶属关系给予处分。而政务处分针对所有行使公权力的公职人员，既包括行政机关的工作人员，也包括立法机关、司法机关、事业单位、社会团体等所有行使公权力的公职人员，只要违法应当受到惩戒，都应该适用政务处分。因此，《监察法》生效后，政务处分已经取代行政处分，成为监察机

---

[1] 朱福惠："国家监察法对公职人员纪律处分体制的重构"，载《行政法学研究》2018年第4期。

关追究公职人员职务违法责任的惩戒措施。但是，监察机关政务处分也没有排除任免机关、单位的内部纪律处分。《政务处分法》第 16 条和第 17 条规定，公职人员有违法行为，有关机关依照规定给予组织处理的，监察机关可以同时给予政务处分。但是，对公职人员的同一违法行为，监察机关和公职人员任免机关、单位不得重复给予政务处分和处分。《监察法》第 45 条第 1 款第 2 项规定，监察机关根据监督、调查结果，对违法的公职人员依照法定程序作出警告、记过、记大过、降级、撤职，开除等政务处分决定。这为立法或法律解释留有空间。因为政务处分是由监察机关实施的，处分依据包括《监察法》《公务员法》《法官法》《检察官法》《行政机关公务员处分条例》《事业单位工作人员处分暂行规定》《政务处分法》等法律法规，因此，它必须按照《监察法》和相关法律法规实施，才有相应的程序保障。2016 年 4 月，山东于欢故意伤害案发生后，山东省人民检察院立案调查，认为该案处警民警不构成玩忽职守罪，决定不予刑事立案追究其刑事责任。同时，案发地的山东省冠县纪委、监察局立案审查，决定给予该案处警民警和负有领导责任的有关领导党纪政纪处分。[1]

我国《刑事诉讼法》有关政务处分的规定，主要有四个条款，其中第 30 条第 2 款、第 53 条和第 245 条第 5 款，在上文党纪处分部分已经论述。此外，《刑事诉讼法》第 54 条第 4 款规定了伪造、隐匿、毁灭证据的刑事诉讼法律责任，包括刑事责任和纪律责任，而后者又包括党纪处分和政务处分。《人民法院工作人员处分条例》第 40 条规定，审判人员故意毁弃、篡改、隐匿、伪造、偷换证据或者其他诉讼材料的，给予记大过处分；情节较重的，给予降级或者撤职处分；情节严重的，给予开除处分。指使、帮助他人作伪证或者阻止他人作证的，给予降级或者撤职处分；情节严重的，给予开除处分。同时，第 12 条强调，审判人员隐匿、伪造、销毁证据的，从重处分。《检察人员纪律处分条例》第 92 条规定，检察人员故意伪造、隐匿、损毁证据材料、诉讼文书的，给予降级或者撤职处分；情节严重的，给予开除处分。同时，

---

〔1〕 "山东公布于欢案处警民警调查结果：不予刑事立案"，载中国新闻网，https://www.china-news.com.cn/sh/2017/05-26/8235050.shtml，最后访问时间：2018 年 6 月 6 日。陈灏："山东于欢处警民警受党纪政纪处分"，载搜狐网，https://www.sohu.com/a/143840760_ 119689，最后访问时间：2018 年 6 月 6 日。

第 93 条明确，丢失案卷、案件材料、档案的，给予警告、记过或者记大过处分；情节严重的，给予降级或者撤职处分。《公安机关人民警察纪律条令》第 14 条第 2 项规定，人民警察伪造、变造、隐匿、销毁检举控告材料或者证据材料的，给予记过或者记大过处分；情节较重的，给予降级或者撤职处分；情节严重的，给予开除处分。由此可见，公、检、法三机关对其工作人员在办案中伪造、隐匿、毁灭证据的行为实行"零容忍"，处罚非常严格，直至开除处分。

除此之外，《刑事诉讼法》还有很多条文属于强制性规范，在司法实践中实施效果并不理想。例如，第 110 条第 1 款规定的报案与举报，第 129 条规定的犯罪现场保护，以及第 137 条规定的协助取证义务，其义务主体都是"任何单位和个人"，包括中共党员和公职人员。笔者认为，立法应当进一步明确不履行这些强制性义务的党纪处分和政务处分，强化中共党员和公职人员的纪律责任。

三、行业纪律处分

行业纪律处分是特定行业组织针对本行业从业人员违反行业规范、职业道德和执业纪律等行为给予的惩戒措施，也是纪律责任的一种形式。该责任的承担主体是某些专业性很强的行业从业人员，如律师、会计师、鉴定人等，其追责主体是作为该行业自律组织的行业协会，如律师协会、会计师协会、司法鉴定协会等。我国《刑事诉讼法》没有明确规定行业责任或行业纪律处分，但是，有关律师、鉴定人执业的规范性文件已经作出规定。《刑事诉讼法》第 197 条第 4 款规定，有专门知识的人即（专家辅助人）适用鉴定人规定。律师或鉴定人、专家辅助人在刑事诉讼过程中违反有关行业规范、职业道德或执业纪律等，需要给予行业纪律处分。因此，行业纪律处分应当纳入刑事诉讼法律责任范畴。

全国人大常委会 2015 年修订的《关于司法鉴定管理问题的决定》第 12 条要求鉴定人从事司法鉴定业务，必须遵守法律、法规，遵守职业道德和职业纪律，尊重科学，遵守技术操作规范。第 13 条第 1 款、第 2 款规定了鉴定人行政责任，第 3 款规定了鉴定人故意作虚假鉴定的刑事责任，但是，没有纪律责任。司法部 2005 年出台的《司法鉴定人登记管理办法》第 6 条规定："司法鉴定人应当科学、客观、独立、公正地从事司法鉴定活动，遵守法律、法规的规定，遵守职业道德和职业纪律，遵守司法鉴定管理规范。"同时，第7条明确司法鉴定实行错鉴责任追究制度。但是，该办法第21条、第22条分别规定了司法鉴定人的权利、义务，并没有规定其行业规范。第28条至第32条规定了司法鉴定人的法律责任，包括民事责任、行政责任和刑事责任，也缺乏纪律责任。依据司法部2016年修改的《司法鉴定程序通则》第9条规定，鉴定人有违反有关法律、法规、规章规定行为的，由司法行政机关依法给予相应的行政处罚；对于有违反司法鉴定行业规范行为的，由司法鉴定协会给予相应的行业处分，即行业纪律处分。但是，该通则只是对司法鉴定的委托与受理、司法鉴定的实施、司法鉴定意见书的出具做了一些规范，并没有制定一个统一的司法鉴定行业规范，也没有规定一份司法鉴定人行业违规处分办法。在司法部官网"直属单位"一栏中，也没有一个像中华全国律师协会、中国公证协会一样的全国性的司法鉴定协会，只有一个"司法鉴定科学研究院"。上海市高级人民法院、上海市人民检察院、上海市公安局和上海市司法局2018年7月出台《关于严格司法鉴定责任追究的实施办法》，该办法第3条第2项规定，鉴定机构或鉴定人在执业活动中违反法律、法规、规章和相关政策、行业规范规定的，应当严格依法依规追究相关刑事、民事、行政和行业纪律责任，不得以承担一种责任为由免予追究依法依规应当追究的其他责任。第8条还规定，如果鉴定机构和鉴定人在刑事诉讼中有20种情形之一的，[1]司法鉴定协会应当追究其行业责任。但是，该办法没有明确行业责任或行业纪律处分的具体形式。上海市人民代表大会常务委员会2019年12月审议通过的《上海市司法鉴定管理条例》，自2020年5月1日起施行。

---

〔1〕 即，(1) 采取不正当手段与同行进行竞争的；(2) 无正当理由，不受理办案机关鉴定委托的；(3) 向委托人或当事人作虚假宣传或不当承诺，或承诺按特定要求出具鉴定意见的；(4) 受理具有重大社会影响案件不及时报告司法行政机关及行业协会的；(5) 将受理的委托鉴定事项全部委托给其他司法鉴定机构办理的；(6) 应当进行现场勘验或其他鉴定调查，而未进行的；(7) 违反有关规定仅一名鉴定人进行鉴定的；(8) 鉴定活动无实时记录的；(9) 鉴定文书出现文字差错，严重影响文书质量的；(10) 超出本机构或者本人鉴定能力进行鉴定活动的；(11) 在媒体、出庭质证或公开场合有不当言行，给同行或者行业造成不良影响的；(12) 未完成年度继续教育培训的；(13) 拒不执行协会决议的；(14) 质量检查不合格的；(15) 服务态度差，辱骂、诋毁当事人的；(16) 违反司法鉴定收费管理规定，不按收费标准收取费用或提出收费标准之外的不合理要求或私自收费的；(17) 拒不配合司法鉴定协会监督、检查的；(18) 违反司法鉴定行业技术标准、技术规范的；(19) 鉴定人年度考核不称职的；(20) 违反职业道德、执业纪律的其他情形。

该条例明确成立市司法鉴定协会，负责制定鉴定行业规范、处分规则，对鉴定人实施行业处分。《上海市司法鉴定协会章程》第 16 条规定，会员违反法律、法规、规章和本章程及其他各类司法鉴定规范，不履行义务，损害协会利益的，由理事会决定，予以适当处分，情节特别严重的，经理事会表决通过，予以除名；违反法律、法规、规章规定的，还应当移送行政机关给予行政处罚，或移送有关部门追究相应法律责任。并且明确会员违纪处分办法，由理事会负责制定。这里的处分就是鉴定人行业纪律处分。但笔者至今没有查到该处分办法。因此，完善鉴定人的行业纪律处分，亟待司法部牵头成立一个全国性的司法鉴定协会，由该协会负责制定一份全国通用的司法鉴定行业规范，并规定相应的司法鉴定行业处分规范，提交全国性司法鉴定人代表大会通过后实施。

《律师法》第 3 条要求律师执业必须遵守宪法和法律，恪守律师职业道德和执业纪律。从司法实践看，律师作为辩护人在参与刑事诉讼过程中违规违法的案例不断发生。2013 年 11 月，北京市律师协会立案调查李某某等人强奸案中 6 名律师涉嫌泄露当事人隐私、不当披露案件信息等违规行为。2014 年 1 月决定给予雷某公开谴责的行业纪律处分；给予周某公开谴责的行业纪律处分，并建议司法行政机关给予相应的行政处罚；给予陈某通报批评的处分，等等。[1]2019 年 5 月 12 日，安徽省合肥市律师协会通报了合肥律师代理涉黑涉恶案件 5 起被处分案例。[2]司法部《律师执业管理办法》第四章专门规定

---

〔1〕 李靖："北京律协：已对李某某等人强奸案中 6 律师进行处理"，载央视网，http://news.cntv.cn/2014/01/20/ARTI1390200132906458.shtml，最后访问时间：2019 年 5 月 12 日。仇飞："李某某案中被质疑的律师伦理"，载搜狐网，http://news.sohu.com/20140402/n397610338.shtml，最后访问时间：2019 年 5 月 12 日。

〔2〕 律师许某在案件侦查阶段会见犯罪嫌疑人后向犯罪嫌疑人家属、其他律师透露案情，犯罪嫌疑人家属毁灭了部分证据。律师杨某担任辩护人时，在调查取证过程中对证人进行诱导，且放任犯罪嫌疑人亲属在调查取证前对证人进行诱导性谈话，后依据该证人证言向检察院出具法律意见书。律师程某在担任辩护人期间，以影响案件办理结果为目的，在非工作时间、非工作场所会见检察官。律师李某接受委托代理一起涉黑涉恶案件，在审判阶段擅自将案件部分信息上传至个人微博并对案件部分内容进行不实评论。律师王某在会见在押犯罪嫌疑人时，违反监管场所规定私自带出若干份委托书，被犯罪嫌疑人家属用于转移财产。上述案件经查实后，合肥市律师协会给予律师许某、杨某、程某、李某、王某中止会员权利 6 个月的行业纪律处分，同时，司法行政机关给予律师许某、杨某、程某、李某、王某停止执业六个月的行政处罚。律师杨某当年执业年度考核等次定为"不称职"。参见"合肥律师代理涉黑涉恶案件 5 起被处分案例"，载合肥律师网，www.055110.com，最后访问时间：2019 年 5 月 13 日。

了律师执业行为规范，第53条第1款规定，律师违反该办法有关规定的，依
照《律师法》和有关法规、规章的规定追究法律责任。但第2款仅仅明确了
对律师违法行为进行行政处罚的情形。中华全国律师协会《律师职业道德与
执业纪律规范》对律师的职业道德和执业纪律作了详细规定，而且绝大部分
是禁止性规定。该规范第45条规定，对于违反该规范的律师，由律师协会依
照会员处分办法给予处分，情节严重的，由司法行政机关给予行政处罚。中
华全国律师协会2004年发布的《律师协会会员违规行为处分规则（试行）》
规定，律师协会依照该规则对律师违规行为实施行业处分，处分种类包括训
诫、通报批评、公开谴责和取消会员资格四种。该规则第11条规定了律师的
29种违规行为，[1]由省、自治区、直辖市及设区的市律师协会给予训诫、通

---

　　〔1〕　29种违规行为为，（1）同时在两个律师事务所以上执业的或同时在律师事务所和其他法律
服务机构执业的；（2）在同一案件中为双方当事人代理的，或在同一案件中同时为委托人及与委托人
有利益冲突的第三人代理、辩护的；（3）在两个或两个以上有利害关系的案件中，分别为有利益冲突
的当事人代理、辩护的；（4）担任法律顾问期间，为顾问单位的对方当事人或者有利益冲突的当事人
代理、辩护的；（5）不按规定与委托人签订书面委托合同的；（6）接受委托后，无正当理由，不向委
托人提供约定的法律服务的，拒绝辩护或者代理的，包括：不及时调查了解案情，不及时收集、申请
保全证据材料，或者无故延误参与诉讼、申请执行，逾期行使撤销权、异议权等权利，或者逾期申请
办理批准、登记、变更、披露、备案、公告等手续，给委托人造成损失的；（7）无正当理由，不按时
出庭参加诉讼或者仲裁的；（8）泄露当事人的商业秘密或者个人隐私的；（9）私自接受委托，私自向
委托人收取费用，或者收取规定、约定之外的费用或者财物的；违反律师服务收费管理规定或者收费
协议约定，擅自提高收费的；（10）超越委托权限，从事代理活动的；（11）利用提供法律服务的便利
牟取当事人利益；接受委托后，故意损害委托人利益的，或者与对方当事人、第三人恶意串通侵害委
托人利益的；妨碍对方当事人合法取得证据的；（12）为争揽业务，向委托人作虚假承诺，或者宣称
与承办案件的法官、检察官、仲裁员有特殊关系的；（13）利用媒体、广告或者其他方式进行不真实
或者不适当宣传的；（14）捏造、散布虚假事实，损害、诋毁其他律师、律师事务所声誉的；以诋毁
其他律师或者支付介绍费等不正当手段争揽业务的；（15）利用与司法机关、行政机关或者其他具有
社会管理职能组织的关系，进行不正当竞争的；（16）明示或者暗示法官、检察官、仲裁员为其介绍
代理、辩护、仲裁等法律服务业务的；（17）为阻挠当事人解除委托关系，威胁、恐吓当事人或者扣
留当事人提供的材料的；（18）假借法官、检察官、仲裁员的名义或者以联络、酬谢法官、检察官、
仲裁员为由，向当事人索取财物或者其他利益的；（19）执业期间以非律师身份从事有偿法律服务的；
（20）承办案件期间，为了不正当目的，在非工作期间、非工作场所，会见承办法官、检察官、仲裁
员或者其他有关工作人员，或者违反规定单方面会见法官、检察官、仲裁员的；（21）在事前和事后
为承办案件的法官、检察官、仲裁员牟取物质的或非物质的利益。为了承揽案件事前和事后给予有
关人员物质的或非物质利益的；（22）曾任法官、检察官的律师，离任后未满两年，担任诉讼代理人
或者辩护人的，或者担任其任职期间承办案件的代理人或者辩护人的；（23）违反规定，携带非律师
人员会见在押的犯罪嫌疑人、被告人或者在押犯，或者在会见中违反有关管理规定的；（24）因过错
导致出具的法律意见书存在重大遗漏或者错误，给当事人或者第三人造成重大损失的，或者对社会公共

报批评、公开谴责；第 12 条规定了律师的三种严重违规行为，[1]由省、自治区、直辖市律师协会取消会员资格，同时报请同级司法行政机关吊销其律师执业证书。因此，相对于鉴定人行业而言，目前律师行业纪律处分规范更具可操作性。

(接上页) 利益造成危害的；（25）向司法行政机关或者律师协会提供虚假材料、隐瞒重要事实或者有其他弄虚作假行为的；（26）在受到停止执业处罚期间，或者在律师事务所被停业整顿、注销后继续执业的；（27）因违纪行为受到行业处分后在规定的期限内拒不改正的；（28）有其他违法或者有悖律师职业道德、公民道德规范的行为，严重损害律师职业形象的；（29）其他应受处分的违规行为。

〔1〕 三种违规行为为，（1）泄露国家秘密的；（2）向法官、检察官、仲裁员以及其他有关工作人员行贿或者指使、诱导当事人行贿的；（3）提供虚假证据，隐瞒重要事实，或者威胁、利诱、唆使他人提供虚假证据，隐瞒重要事实的。

第四章
四类特殊主体的刑事诉讼法律责任

培根曾说，一个不公正的判决比多个不合法的行为危害更大。不合法的行为只是弄脏了水流，而不公正的判决污染了水源。因此，所罗门说："如果让正义一方输给非正义一方，就如同污染了泉眼，搅浑了井水。"一个公正裁判的作出，既离不开作为裁判者的法院和法官，也需要犯罪嫌疑人、被告人、被害人等当事人参加，还需要辩护人、鉴定人、证人等其他诉讼参与人协助。因此，研究作为国家审判机关的法院和作为其他诉讼参与人的辩护人、鉴定人、证人四类特殊主体的刑事诉讼法律责任，对于验证刑事诉讼法律责任的形式构造和具体形态，构建刑事诉讼法律责任制度，完善刑事诉讼法律责任理论，具有重要理论与实践价值。

第一节　辩护人的刑事诉讼法律责任

辩护人作为社会力量的代表参加公、检、法机关主导进行的刑事诉讼，使得封闭的刑事诉讼程序向社会敞开了一扇窗口，让社会公众得以在窥探刑事诉讼程序的正当性、民主性的同时，协助犯罪嫌疑人、被告人行使辩护权，维护犯罪嫌疑人、被告人的诉讼权利和其他合法权益。陕西张扣扣案在 2019 年两审终审和核准执行死刑后，学界与舆论围绕该案一审辩护词《一叶一沙一世界》展开激烈争辩，其本质就是对辩护人职责的认识存在分歧，即辩护到底"应基于案情和事实"，还是可以远离案情和事实而"另辟蹊径"？这是值得深入研究的一个课题。

一、辩护人刑事诉讼法律责任的立法与实践

《刑事诉讼法》第 37 条规定了"辩护人的责任"，具体表现在三个方面：

一是从程序上为犯罪嫌疑人、被告人进行辩护，维护犯罪嫌疑人、被告人的诉讼权利。二是从实体上为犯罪嫌疑人、被告人进行辩护，维护犯罪嫌疑人、被告人的实体权益。三是为犯罪嫌疑人、被告人提供其他法律帮助。这里的"责任"可以从不同角度进行理解。首先，这是法律明确赋予辩护人的一种职责，要求辩护人在刑事诉讼中尽职尽责，通过维护犯罪嫌疑人、被告人的合法权益，维护司法公正，实现社会公平正义。其次，这是辩护人接受犯罪嫌疑人、被告人的委托或者接受办案机关的指派而应当承担的一种职责，不得拒绝（法律另有规定的除外），更不能放弃。最后，提出并强调辩护人的责任还在于确定辩护人在刑事诉讼中的基本诉讼立场，即一切诉讼行为应当在法律允许的范围内以有利于维护犯罪嫌疑人、被告人的合法权益为出发点和追求目标，不得从事不利于犯罪嫌疑人、被告人的行为。这是由辩护人的身份决定的，也是由辩护制度的本质属性决定的。它要求辩护人在刑事诉讼中尽心尽力地依法充分维护犯罪嫌疑人、被告人的合法权益，使无罪的人不受刑事追究，使有罪的人免受不公正的刑事追究。[1]但是，《刑事诉讼法》第37条并没有明确辩护人未有效履行其责任，或者未尽职尽责履行辩护职责应当受到的程序性制裁，即刑事诉讼程序法律责任。

《刑事诉讼法》第44条规定了"辩护人行为禁止及法律责任"，第1款规定了辩护人的六种禁止行为，包括：（1）帮助犯罪嫌疑人、被告人隐匿证据；（2）帮助犯罪嫌疑人、被告人毁灭证据；（3）帮助犯罪嫌疑人、被告人伪造证据；（4）帮助犯罪嫌疑人、被告人串供；（5）威胁、引诱证人作伪证；（6）其他干扰司法机关诉讼活动的行为。第2款明确，辩护人实施这六种禁止行为，应当依法追究法律责任，此即辩护人的刑事诉讼法律责任。此外，《律师法》第40条规定了律师执业的八种禁止行为，[2]其范围比《刑事诉讼

---

〔1〕《刑事诉讼法学》编写组：《刑事诉讼法学》，高等教育出版社2019年版，第120页。

〔2〕八种禁止行为为，（1）私自接受委托、收取费用，接受委托人的财物或者其他利益；（2）利用提供法律服务的便利牟取当事人争议的权益；（3）接受对方当事人的财物或者其他利益，与对方当事人或者第三人恶意串通，侵害委托人的权益；（4）违反规定会见法官、检察官、仲裁员以及其他有关工作人员；（5）向法官、检察官、仲裁员以及其他有关工作人员行贿，介绍贿赂或者指使、诱导当事人行贿，或者以其他不正当方式影响法官、检察官、仲裁员以及其他有关工作人员依法办理案件；（6）故意提供虚假证据或者威胁、利诱他人提供虚假证据，妨碍对方当事人合法取得证据；（7）煽动、教唆当事人采取扰乱公共秩序、危害公共安全等非法手段解决争议；（8）扰乱法庭、仲裁庭秩序，干扰诉讼、仲裁活动的正常进行。

法》第 44 条规定的六种行为更加广泛，自然适用于作为律师的辩护人。《律师法》第六章规定了律师违法执业的法律责任。根据"参与立法者解释"和《刑法》《刑事诉讼法》《律师法》等法律以及有关律师职业道德和执业纪律规范的规定，辩护人违反禁止行为应当承担的刑事诉讼法律责任包括刑事责任、民事责任、行政责任和纪律责任三种形态。具体来说，第一，对于辩护人构成犯罪的，依法追究刑事责任。与之相配套，《刑法》第 306 条规定了"律师伪证罪"。第二，对于辩护人尚不够刑事处罚的，依照《律师法》《治安管理处罚法》等法律规定追究行政责任，给予行政处罚。《律师法》第 47 条至第 49 条根据律师不同的违法执业行为，规定了警告、罚款、没收违法所得、停止执业、吊销律师执业证书五种行政处罚，分别由不同级别的司法行政机关确认和处罚。[1]司法部 2018 年在官网共发布律师处罚处分通报 9 批次 198 件次，涉及 171 名律师，其中 42 名律师被吊销律师执业证书。在被吊销执业证书的 42 名律师中，除 4 名律师因发表危害国家安全言论、干扰诉讼活动正常进行、故意提供虚假证据而被处罚外，其他 38 名律师都是故意犯罪，涉及罪

---

〔1〕 第 47 条规定，律师有下列五种行为之一的，由设区的市级或者直辖市的区人民政府司法行政部门给予警告，可以处 5000 元以下的罚款；有违法所得的，没收违法所得；情节严重的，给予停止执业三个月以下的处罚：（1）同时在两个以上律师事务所执业的；（2）以不正当手段承揽业务的；（3）在同一案件中为双方当事人担任代理人，或者代理与本人及其近亲属有利益冲突的法律事务的；（4）从人民法院、人民检察院离任后二年内担任诉讼代理人或者辩护人的；（5）拒绝履行法律援助义务的。第 48 条规定，律师有下列四种行为之一的，由设区的市级或者直辖市的区人民政府司法行政部门给予警告，可以处 10 000 元以下的罚款；有违法所得的，没收违法所得；情节严重的，给予停止执业三个月以上六个月以下的处罚：（1）私自接受委托、收取费用，接受委托人财物或者其他利益的；（2）接受委托后，无正当理由，拒绝辩护或者代理，不按时出庭参加诉讼或者仲裁的；（3）利用提供法律服务的便利牟取当事人争议的权益的；（4）泄露商业秘密或者个人隐私的。第 49 条规定，律师有下列九种行为之一的，由设区的市级或者直辖市的区人民政府司法行政部门给予停止执业六个月以上一年以下的处罚，可以处 50 000 元以下的罚款；有违法所得的，没收违法所得；情节严重的，由省、自治区、直辖市人民政府司法行政部门吊销其律师执业证书；构成犯罪的，依法追究刑事责任：（1）违反规定会见法官、检察官、仲裁员以及其他有关工作人员，或者以其他不正当方式影响依法办理案件的；（2）向法官、检察官、仲裁员以及其他有关工作人员行贿、介绍贿赂或者指使、诱导当事人行贿的；（3）向司法行政部门提供虚假材料或者有其他弄虚作假行为的；（4）故意提供虚假证据或者威胁、利诱他人提供虚假证据，妨碍对方当事人合法取得证据的；（5）接受对方当事人财物或者其他利益，与对方当事人或者第三人恶意串通，侵害委托人权益的；（6）扰乱法庭、仲裁庭秩序，干扰诉讼、仲裁活动的正常进行的；（7）煽动、教唆当事人采取扰乱公共秩序、危害公共安全等非法手段解决争议的；（8）发表危害国家安全、恶意诽谤他人、严重扰乱法庭秩序的言论的；（9）泄露国家秘密的。律师因故意犯罪受到刑事处罚的，由省、自治区、直辖市人民政府司法行政部门吊销其律师执业证书。

名 20 项，其中，危险驾驶罪 9 人，颠覆国家政权罪 2 人，行贿罪 4 人，诈骗罪 4 人，帮助伪造证据罪 1 人，伪证罪 1 人，徇私枉法罪 2 人，贪污罪 1 人，受贿罪 2 人，单位行贿罪 1 人，虚假诉讼罪 2 人，敲诈勒索罪、伪造企业印章罪、非法拘禁罪、代替考试罪、寻衅滋事罪、赌博罪、强制猥亵罪、转移毒品罪各 1 人。浙江俞某华律师因犯帮助伪造证据罪、辽宁于某民律师因犯伪证罪、河南李某轩律师和辽宁李某律师因犯徇私枉法罪、广东龙某律师因犯非法拘禁罪被吊销执业证书。[1] 第三，对于律师违反职业道德和执业纪律的行为，情节较轻的，由律师协会依照《律师协会会员违规行为处分规则（试行）》给予行业纪律处分，处分种类包括训诫、通报批评、公开谴责和取消会员资格四种，这是一种纪律责任。此外，《律师法》第 54 条还规定了律师违法执业或因过错给当事人造成损失的追偿责任，[2] 这属于一种民事责任。

其他国家（地区）的立法与实践表明，辩护人尤其是辩护律师不履行法定职责或失职行为的制裁与救济方式是多样的。如果辩护律师的行为构成无效辩护，被告人可以通过上诉获得救济。如果辩护律师的行为违反了职业行为准则，被告人可以向职业惩戒机构举报，由职业惩戒机构对辩护律师进行职业惩戒。如果辩护律师的行为涉嫌犯罪，可以追究其刑事责任。

美国联邦宪法第六修正案规定，在任何刑事诉讼中，被告人都享有获得律师帮助的权利。无论是联邦司法系统还是州司法系统，该项权利主要都依靠政府公费提供的公设辩护人来保障。经过美国联邦最高法院判例解释，律师帮助权的内容包括七个方面：（1）由政府出资聘请律师的权利。（2）无律师在场，不得对被告取供。（3）无律师在场，不得对被告进行指证程序。（4）影响被告罪责之精神鉴定，应先行通知律师。（5）受有效律师协助的权利。（6）受专家协助的权利。（7）违反律师权产生相当之效果。[3] 律师一旦接受被告人委托或国家指派，除少数必须由被告人亲自作出决定外，他们有权在法律和职业伦理允许的范围内独立决定诉讼的策略。被告人必须接受律师辩护活动在法

---

〔1〕 "吊销执业证书！38 名律师！犯这 20 宗罪，终身禁业！"，载搜狐网，https://www.sohu.com/a/298524441_120025840，最后访问时间：2019 年 3 月 8 日。

〔2〕 即，律师违法执业或者因过错给当事人造成损失的，由其所在的律师事务所承担赔偿责任。律师事务所赔偿后，可以向有故意或者重大过失行为的律师追偿。

〔3〕 王兆鹏：《美国刑事诉讼法》，北京大学出版社 2014 年版，第 373-381 页。

律上所产生的一切效果，即使对他不利。这就是"独立辩护人理论"。《联合国关于律师作用的基本原则》第18条对此做了原则规定。[1]如果被告人事后以律师的"无效帮助"为由声称其律师帮助权受到侵犯，主张无效辩护，因而申请撤销有罪判决，被告人必须同时证明两项事实：一是律师的哪些作为或不作为不属于业务上称职的律师帮助的范围。二是如果不是因为律师有失水准的业务过错，诉讼的结果有"合理的可能"会不一样，而这种可能性足以损害对诉讼结果的信心。[2]

《俄罗斯联邦刑事诉讼法典》第381条规定了违反刑事诉讼法的诉讼法律责任，其中，第2款第4项规定，如果依照本法典的规定辩护人必须参加诉讼，或者发生了侵犯刑事被告人获得辩护人帮助的权利的其他行为，从而导致没有辩护人参加案件的审理，就应当撤销或变更法院的裁决。《德国刑事诉讼法典》第138条a、b、c、d和第146条a规定了排除辩护人制度，包括排除辩护人的条件、程序、审理和救济。从德国司法实践看，排除辩护人的程序并不会经常启动。据统计，从1975年到1990年，共有89起排除辩护人的申请；其中有28起最后导致辩护人被排除。这些申请中有69起是因为怀疑辩护人是共犯（事前或事后）而要求排除其辩护资格的。[3]《德国刑事诉讼法典》第138条c第6项规定，辩护人被排除参加诉讼程序后，法院可以要求他承担审判延期所造成的费用。对此，由审理程序没有完成的法院决定。

我国台湾地区"刑事诉讼法"规定了强制辩护制度，明确了违反强制辩护的法律效果。具体来说，审判程序强制辩护不仅要求形式上必须有辩护人出庭，而且要求辩护人的辩护必须是实质、有效的。违反审判程序强制辩护的，可以作为上诉理由。违反侦查程序强制辩护的法律效果分为两种情形：一是如果采取羁押，则该羁押将被认定为违法从而被撤销。二是如果取得陈述，则该陈述不得作为证据使用。

我国《刑事诉讼法》没有明确规定辩护人未履行或未有效履行辩护职责

---

〔1〕即，"不得由于律师履行其职责而将其等同于其委托人或委托人的诉讼事由。"换言之，律师应当独立于委托人而履行职责。

〔2〕宋英辉、孙长永、刘新魁等：《外国刑事诉讼法》，法律出版社2006年版，第163-164页。

〔3〕〔德〕克劳思·罗科信：《刑事诉讼法》（第24版），吴丽琪译，法律出版社2003年版，第163-167页。

的程序法律责任，导致司法实践中出现各种"表演性辩护"，辩护人配合公安司法机关去说服犯罪嫌疑人、被告人认罪等。笔者认为，这是我国刑事辩护制度的缺陷，也是辩护无效乃至辩护制度萎缩的根源所在。同样，《刑事诉讼法》第 35 条规定了指派辩护制度，但没有明确违反该制度的法律后果。《刑事辩护全覆盖试点办法》第 11 条〔1〕和第 12 条〔2〕分别规定了侵犯被告人在审判阶段获得律师辩护权的程序法律责任和纪律责任，但是，该办法仅适用于刑事辩护全覆盖试点工作，而且目前还限于审判阶段，效力等级低，适用范围窄。笔者认为，我国应适当借鉴境外先进做法，完善辩护人的刑事诉讼法律责任，明确辩护人未有效履行辩护职责的实体法律责任和程序法律责任，强化刑事辩护功能。由国家有关部门制定有效辩护的评价标准，并探索构建无效辩护制度，作为有效辩护的程序性保障机制。对于律师做无效辩护的，二审法院应当以被告人无法获得有效辩护为由，裁定撤销原判，发回重审。同时，对于无效辩护的律师应确立惩罚性法律后果，由专门的律师惩戒机构对律师进行职业惩戒或行业纪律处分。笔者对此曾做过研究。〔3〕

此外，《高法解释》第 308 条、第 310 条补充规定了作为律师的辩护人、诉讼代理人严重扰乱法庭秩序的司法处罚措施。具体来说，根据他们扰乱法庭秩序的情节轻重，审判长可以责令退出法庭、强行带出法庭，或者报经院长批准后，处以 1000 元以下的罚款或者 15 日以下的拘留。同时，人民法院应当通报该律师所在地的司法行政机关，并可以建议依法给予相应处罚，即行政处罚或行业纪律处分。如果辩护人、诉讼代理人具有三种情形之一，不得继续担任同一案件的辩护人、诉讼代理人，即排除辩护人、诉讼代理人：一是擅自退庭的；二是无正当理由不出庭或者不按时出庭，严重影响审判顺利进行的；三是被拘留或者具结保证书后再次被责令退出法庭、强行带出法

---

〔1〕 第 11 条规定，如果第二审人民法院发现第一审人民法院未履行通知辩护职责，导致被告人在审判期间未获得律师辩护的，应当认定符合《刑事诉讼法》第 238 条第 3 项规定的违反法定诉讼程序的情形，裁定撤销原判，发回重审。

〔2〕 第 12 条规定，如果人民法院未履行通知辩护职责，或者法律援助机构未履行指派律师等职责，导致被告人审判期间未获得律师辩护的，依法追究有关人员责任。

〔3〕 参见兰跃军：《以审判为中心的刑事诉讼制度改革》，社会科学文献出版社 2018 年版，第 147-162 页。

庭的。从《高法解释》第 310 条第 3 款规定来看，这种排除辩护人、诉讼代理人的决定，由审判长作出，不需要经过听证或审判，也缺乏相应的救济机制。这不符合正当法律程序的要求。而且辩护人、诉讼代理人被排除后，也不需要承担其他诉讼法律责任，包括民事赔偿责任，显得很不规范。德国的排除辩护人制度值得我国借鉴。

根据《德国刑事诉讼法典》第 138 条 a、b、c、d 规定，如果辩护人涉嫌参与了即将被审理的犯罪，或者犯有与被调查犯罪相关的窝藏赃物罪或妨害司法罪，或者滥用权利与被羁押中的被告人往来，以实施犯罪行为或危害监狱安全，经检察官或审判法院提出申请，并且经言词审理后，由州上诉法院裁判，取消其辩护资格，即，排除该辩护人。该制度通过限制被告人获得辩护人的权利来保护监管机关的特殊利益，其基本原理是同案犯不能作为有资格的辩护人。但是，取消辩护人资格仅限于《德国刑事诉讼法典》第 138 条 a 所列举的范围，其他不法行为或者使法庭不满的行为都不能导致被告人聘请或指定的辩护人被排除。根据多数人观点，辩护人作为法律上具有平等地位的官员，不能因为扰乱诉讼秩序而被驱逐出法庭。为此，立法规定的排除辩护人的程序非常复杂。审判法院在排除辩护人的申请提出后，可以暂时取消辩护人的权利，但同时必须将此案审判延期。一旦辩护人被排除参加程序后，审判法院可以要求他承担延期所造成的费用，此即民事赔偿责任。[1]

二、辩护人承担刑事诉讼民事责任的法理

辩护人的刑事诉讼法律责任除了刑事责任、行政责任和纪律责任，是否还包括民事责任？这是理论和实务界一直存在争议的问题。笔者认为，答案是肯定的。辩护人尤其是辩护律师在刑事诉讼中接受委托或指派后，没有依法履行辩护职责而给犯罪嫌疑人、被告人造成损害的，应当依法承担相应的民事赔偿责任，即刑事诉讼民事责任。虽然《刑事诉讼法》没有明确，但其他法律已经有相应的规定。《民法典》第 120 条规定，民事权益受到侵害的，被侵权人有权请求侵权人承担侵权责任。同时，第 126 条补充规定，民事主

---

〔1〕 ［德］托马斯·魏根特：《德国刑事诉讼程序》，岳礼玲、温小洁译，中国政法大学出版社 2004 年版，第 56-57 页。

体享有法律规定的其他民事权利和利益。第 1165 条和第 1166 条分别规定了侵权责任承担的过错责任原则和无过错责任原则。这些规定不仅明确侵权人应当承担侵权责任，而且赋予被侵权人提起民事侵权诉讼的权利。《律师法》第 54 条以立法的形式对律师承担追偿责任进行了确认，既适用于民事代理律师，也适用于辩护律师。

关于辩护律师的民事责任，有学者运用比较研究方法进行过深入研究。[1]在我国，由于受到诉讼构造和国家赔偿制度的影响，辩护律师的民事责任一直处于休眠状态。但是，随着诉讼构造改革的推进、律师职业的商业化以及民众权利意识的提升，辩护律师的民事责任问题逐渐引起社会关注。从世界范围看，尽管各国（地区）的立法和判例对辩护律师是否适用民事豁免存在截然不同的态度，但从发展的角度看，对不称职的辩护律师课以民事责任则是共同趋势。从程序法角度说，赋予辩护律师民事豁免，意味着剥夺了被告人接近法院的权利。从实体法角度说，赋予辩护律师民事豁免，意味着剥夺了被告人获得损害赔偿的权利。在现代社会，对失职行为的豁免，必须是合理的、正当的，这是法律的基本原则。对辩护律师实行民事豁免显然不具有正当性。[2]至于民事责任的构成要件，辩护律师与民事代理律师应当保持一致，辩护律师对其失职行为承担民事责任，也必须同时满足四个条件。[3]在赔偿范围方面，辩护律师不仅应对其失职行为造成的经济损失提供补偿性赔偿，还应对其行为造成的精神损害进行赔偿。如果辩护律师的失职行为是故意或恶意实施的，被告人还可以要求惩罚性赔偿。

三、辩护人刑事诉讼民事责任制度的建构

建构辩护人的刑事诉讼民事责任制度，需要研究解决四个问题。

第一，根据我国《律师法》和律师管理体制，律师必须在一个律师事务

---

〔1〕 参见吴纪奎："论辩护律师的民事责任"，载《环球法律评论》2012 年第 6 期。

〔2〕 Margaret Z. Johns, *Reconsidering Absolute Prosecutorial Immunity*, 2005 Brigham Young University Law Review（2005），pp. 118-120.

〔3〕 即，一是辩护律师对被告人负有一定的义务；二是辩护律师违反了对被告人负有的义务；三是造成了损害后果；四是辩护律师的失职行为与损害后果之间有因果关系。See David H. Potel, *Criminal Malpractice：Threshold Barriers to Recovery Against Negligent Criminal Counsel*, 1981 Duke LawJournal（1981），pp. 543-545。

所注册，才能执业。律师办案由律师事务所统一接受委托，统一收取费用。律师违法执业或者因过错给当事人造成损失的，先由其所在的律师事务所承担赔偿责任。律师事务所赔偿后，才能向有故意或者重大过失行为的律师追偿。因此，在我国，辩护律师在刑事诉讼中没有有效履行辩护职责、违法执业或者因过错给犯罪嫌疑人、被告人造成损害的，犯罪嫌疑人、被告人只能以律师事务所为被告提起民事失职诉讼，由律师事务所承担赔偿责任。这更有利于保障犯罪嫌疑人、被告人民事赔偿权的实现。律师事务所赔偿后，可以向有故意或者重大过失行为的辩护律师进行追偿，再由承办案件的辩护律师承担相应的民事赔偿责任。笔者认为，在这种民事失职诉讼中，律师事务所应当由其负责人或委托其他律师作为委托代理人参加诉讼，而具体承办案件的辩护律师只能作为证人出庭作证，他既不能作为共同被告，也不能作为第三人参加诉讼。这样分配诉讼角色，更有利于查明案件事实，明确各方当事人的责任。

第二，根据《刑事诉讼法》第33条规定，除律师外，犯罪嫌疑人、被告人还可以委托人民团体或者其所在单位推荐的人，以及他的监护人、亲友作为辩护人。这些非律师的辩护人接受委托后，在履行辩护职责的过程中违法或者因故意或重大过失而给犯罪嫌疑人、被告人造成损害的，也应当承担相应的民事赔偿责任。如果犯罪嫌疑人、被告人提起民事失职诉讼，对于人民团体或者其所在单位推荐的辩护人，应当以推荐该辩护人的人民团体或其所在单位为被告；对于犯罪嫌疑人、被告人的监护人、亲友，应当以该监护人或亲友为被告，从而增强推荐单位或监护人、亲友的责任感。但是，这些人不是执业律师，对法律知识的了解有限，而且基本是出于善意，协助公安司法机关保障犯罪嫌疑人、被告人更好地行使辩护权。因此，对他们进行追责的条件应当更加严格，只有查明确实属于故意违法，才能启动追责程序，以免挫伤他们接受委托参加辩护的积极性，甚至危及刑事辩护制度的有效实施。

如果同一案件的同一犯罪嫌疑人、被告人委托（或指派）两名辩护人，则按照上述规则由两名辩护人或其所在律师事务所、单位作为共同被告，他们对犯罪嫌疑人、被告人的民事损失承担连带赔偿责任。

第三，在民事责任构成要件方面，我国《律师法》第54条区分律师事务所直接赔偿责任和律师间接追偿责任，分别规定了不同的主客观要件。律师事务所承担赔偿责任只要辩护律师有违法执业行为或者过错即可，这里的过错包括故意和过失。而承办律师承担追偿责任必须在主观上存在故意或重大过失。根据我国《民事诉讼法》第64条第1款规定的谁主张、谁举证的证明责任分配机制，犯罪嫌疑人、被告人作为民事失职诉讼的原告，需要承担证明责任，包括承办案件的辩护律师存在执业违法或过错的主客观方面的证明责任。笔者认为，这对于刑事追诉过程中的犯罪嫌疑人、被告人来说负担过重，可能导致很多人不得不放弃此类诉讼，从而不利于国家追究此类诉讼法律责任，有效制止各类无效辩护行为。为此，笔者建议借鉴美国联邦最高法院制定的无效辩护的双重标准的做法，[1]通过最高人民法院发布若干指导性案例，进一步明确民事失职诉讼中原告证明责任的承担，包括允许适当的过错推定等，适当降低原告的证明责任。因为此类诉讼的被告兼民事赔偿责任的直接责任人是拥有至少3名执业律师的律师事务所，相对于原告而言，他们具有更强的取证、举证和质证能力，也更易于规避诉讼。

第四，在民事赔偿范围方面，笔者赞同将精神损害赔偿纳入，对于辩护律师故意或恶意实施的民事失职行为，实行惩罚性赔偿，并且没有赔偿金额上限的限制。此外，借鉴德国做法，作为律师的辩护人、诉讼代理人被排除出刑事诉讼程序后，法院可以要求他们承担由此造成诉讼拖延而产生的费用，委托人有权要求他们承担由此造成的损失。同时，法院应当要求律师职业惩戒机构对律师给予职业惩戒，甚至吊销律师执业证书。

---

〔1〕 美国最高联邦法院1984年在Strickland v. Washington一案中制定了无效辩护的双重标准——缺陷标准和偏见标准，前者是指辩护人的表现有缺陷，后者是指该缺陷表现使被告人遭受了偏见以至于剥夺了被告人的公正审判权。为了证实前一项标准，被告人必须推翻"一个强有力的推定：辩护人的行为在合理的辩护范围内"，并表明它客观上是不合理的。后一项给被告人造成偏见的标准通常要证明，"如果不是辩护人的非专业性错误，则有可能产生另一不同的诉讼结果。"参见申飞飞："美国无效辩护制度及其启示"，载《环球法律评论》2011年第5期。

第二节　鉴定人的刑事诉讼法律责任

案例 10　云南卢荣新故意杀人案〔1〕

2012 年 9 月 10 日，云南省西双版纳傣族自治州勐腊县补角寨村民邓某被发现死亡。经警方侦查，认定犯罪嫌疑人为邻近村寨的卢荣新。当时，卢荣新 40 多岁，离婚后与女儿和父母居住在一起。由于案发当天他多次醉酒，无法说清自己的去向，酒后骑摩托车又从车上摔下，留下伤痕，于是被警方带走询问。2014 年 6 月，西双版纳州中级人民法院一审以故意杀人罪、强奸罪数罪并罚，判处卢荣新死缓。定罪的关键证据就是警方在掩埋遇害者的锄头上发现了卢荣新的 DNA。而这把锄头是在案发现场的小河中提取到的，DNA 是水溶性物质，在这种情况下能提取到 DNA 就很让人疑惑。云南省高级人民法院汤宁法官发现鉴定书上提供的锄头擦拭物基因图谱，与卢荣新的基因图谱几乎是严丝合缝。鉴定专家认为，在河水浸泡过的锄头上不可能提取到这样清晰的 DNA 图谱。随后汤宁法官要求对 DNA 进行重新鉴定，公安部物证鉴定中心的鉴定结果是这把锄头上没有卢荣新的 DNA。当时的 DNA 鉴定是如何得出的呢？"我们从卷宗中发现，对于这个 DNA 鉴定的检材的提取，有最少 3 种不同的说法，最终是哪一种说法？都没有一个明确的结论。"由于警方一直没有给出合理的解释，卢荣新案中的 DNA 最终作为非法证据被排除。除没有拍照的 DNA 作为物证外，还有卢荣新认罪的口供，他前后一共录了 8 份口供，只有第七次他承认了所谓"犯罪事实"，那是公安人员把他的女儿和兄弟带到面前，说今晚你不认罪，他俩也被抓进去，他才不得已，按照警方的描述"认罪"。而这份唯一的定罪证据口供录像，却只有画面，没有声音。这样的证据按照规定也作为非法证据被排除。与法官进行调研的同时，警方将真凶抓获。这样，卢荣新在 2017 年 1 月 7 日经过云南省高级人民法院二审宣判无罪，被当庭释放。

---

〔1〕　任梦岩："两度判处死缓，最终改判无罪，云南农民卢荣新被判死缓后的 1570 天"，载新浪网，http://news.sina.com.cn/o/2018-01-22/doc-ifyqtycx1558275.shtml，最后访问时间：2018 年 12 月 1 日。

该案是党的十八届三中全会提出全面深化司法体制改革以来，我国二审主动纠正的第一起重大冤假错案。一审定罪的关键证据是口供和锄头上的DNA。口供收集程序严重违法，属于非法言词证据，应当排除。锄头上的DNA收集程序不符合法律规定，警方无法作出合理解释，属于非法实物证据，也应当排除。而鉴定意见不符合基本常识，明显错误，属于典型的虚假鉴定，不得作为定案的根据。其实，德国联邦司法部早在2005年的一份内部报告中就对盲目相信DNA证据提出警告，认为DNA证据的"操弄可能性"十分多样，如果检验的迹证本身即已错误，看起来却客观地指向犯罪行为人，则"无罪推定就会陷入危机"。因为，若是依DNA鉴定而被认定为嫌犯之人，他实际上已陷入必须举证才能证明自己清白的状态。[1]德国学者指出："DNA鉴定所产生的结果通常是歧义的，会随着个人解读而有所不同。最终的判断较取决于判定者的主观看法，而不是取决于确定的标准。"[2]近年来，由于鉴定人故意做虚假鉴定而导致的重大冤假错案频繁发生，像河北唐山廖海军案、安徽"五周杀人案"等，引起社会各界的广泛关注。研究构建和完善鉴定人刑事诉讼法律责任制度具有重要的现实意义。

一、鉴定人刑事诉讼法律责任的立法规定

鉴定人，又称司法鉴定人，作为刑事诉讼中其他诉讼参与人之一，他们运用自己的专门知识就诉讼中涉及的专门性问题进行鉴定而后提出鉴定意见。从司法实践看，鉴定意见作为一种法定证据种类，对于案件事实的认定、司法公正的实现、当事人合法权益的保障以及诉讼活动的有序进行等都具有决定性影响。因此，大陆法系国家将鉴定人称作"科学的法官"或"法官的辅助人"、法院之"辅助者"，而英美法系国家将鉴定人视为"当事人的专家证人"。《德国刑事诉讼法典》规定，法官在认定事实时，不能轻信鉴定专家的鉴定意见，而是必须由自己作出判断。鉴定人只是法院的辅助人员，而非事实认定者。鉴定人是从已知的事实与理论建立联系，以推论出未知的事实。

---

〔1〕［德］托马斯·达恩史戴特：《失灵的司法·德国冤错案启示录》，郑惠芬译，法律出版社2017年版，第296-297页。

〔2〕［德］托马斯·达恩史戴特：《失灵的司法·德国冤错案启示录》，郑惠芬译，法律出版社2017年版，第298页。

在科学上，这是一种被称为 HO 论证架构的推论过程，其推演方式如下：[1]

G_1……G_r（r 个关于定理或理论的陈述）
T_1……T_n（n 个关于事实或情况的陈述）

E（关于待推论的结果的陈述）

这种论证的工作是，先提出正确的 G 与正确的 T，再从二者以逻辑演绎的方式得出 E 的结果。推论的方式是，先援用有科学根据的定理（G），对于在什么条件下一般会发生系争事件，提出普遍性的解释。如果这些由理论所要求的条件或事实真的发生（T），认定事件 E 存在就是正确的。在这种推论过程中，法官负责 E 的部分，即"结果"正确，而鉴定人必须保证（G）行里面的工作，即以科学为基础的定理是正确的。换言之，E 若要正确，G 就必须先正确才行。这就要求法官在采纳鉴定意见之前，必须先检验鉴定人赖以作为鉴定基础的定理或理论的可靠性。法官不能因为鉴定人"仔细、值得信赖、具备专业能力"，就想当然认为鉴定意见一定正确。因为一旦鉴定出错，那么错误的鉴定结果就会导致误判。司法实践中，与鉴定人有关的"事实"分为三类：一是基础事实，指在鉴定人依专业作出判断前即已确定的事实；二是鉴定人在鉴定过程中依据自己的专业知识所发现的事实；三是鉴定人依其专业知识进行鉴定时，发现不具有专业知识的证人也可以发现的一般事实。

在我国，鉴定人被誉为"法官的耳朵"，接受国家专门机关指派或聘请参加刑事诉讼，在诉讼中享有一系列诉讼权利，履行相应的诉讼义务。鉴定人这种重要的法律地位和诉讼角色，决定了其在刑事诉讼中违反刑事诉讼法规范进行鉴定，就应当承担相应的诉讼法律责任。我国《刑事诉讼法》关于鉴定人刑事诉讼法律责任的规定包括鉴定人作虚假鉴定的法律责任和鉴定人拒不出庭作证的法律责任两个方面。《刑事诉讼法》第 147 条第 2 款规定了鉴定人作虚假鉴定的法律责任，[2]根据"参与立法者解释"，这里的"故意作虚

---

〔1〕［德］托马斯·达恩史戴特：《失灵的司法·德国冤错案启示录》，郑惠芬译，法律出版社 2017 年版，第 181-191 页。该书认为，鉴定人的错误鉴定是导致司法冤案的重要原因之一。详细分析，参见该书第 167-213 页。

〔2〕该款规定，"鉴定人故意作虚假鉴定的，应当承担法律责任"。

假鉴定",是指故意出示不符合事实的鉴定意见。但是,因为技术上的原因而错误鉴定的,不属于"故意作虚假鉴定"。"承担法律责任",是指对于故意作虚假鉴定,构成伪证罪、受贿罪等犯罪的,依法追究刑事责任;尚不够刑事处罚的,依法予以行政处分。鉴定人故意作虚假鉴定的刑事诉讼法律责任是一种实体法律责任,根据不同情节分为刑事责任和纪律责任两种。全国人大常委会 2015 年修订的《关于司法鉴定管理问题的决定》第 13 条第 2 款补充规定了鉴定人的行政责任(即行政处罚),鉴定人有违反该决定规定行为的,由省级人民政府司法行政部门予以警告,责令改正。鉴定人有下列四种情形之一的,〔1〕由省级人民政府司法行政部门给予停止从事司法鉴定业务三个月以上一年以下的处罚;情节严重的,撤销登记。同时,第 3 款规定,鉴定人故意作虚假鉴定,构成犯罪的,依法追究刑事责任;尚不构成犯罪的,依照前款规定处罚,即给予停止从事司法鉴定业务或撤销登记的行政处罚。这与前面"参与立法者解释"不一致。因为《关于司法鉴定管理问题的决定》是全国人大常委会制定和修订的法律,其效力高于"参与立法者解释"。笔者认为,鉴定人故意作虚假鉴定的刑事诉讼法律责任应当适用《关于司法鉴定管理问题的决定》第 13 条第 3 款规定,包括刑事责任和行政责任。《司法鉴定人登记管理办法》第 30 条第 5 项也明确了这一点。

《刑事诉讼法》第 192 条第 3 款前半句是关于鉴定人出庭作证的条件,后半句是关于鉴定人不出庭作证的法律后果,即程序性制裁或程序法律责任。〔2〕根据后半句规定,经法院通知,鉴定人拒不出庭作证的,鉴定意见不得作为定案的根据,其鉴定意见失去证据资格。之所以这样规定,是考虑到鉴定意见与其他证据不同。鉴定意见是具有专门知识的人员根据科学方法和自己的专门知识对诉讼中涉及的专门性问题进行鉴定后作出的判断,不具有唯一性。鉴定人不出庭的,可以另外进行鉴定,提出鉴定意见。可见,鉴定人不出庭作证的诉讼法律责任是一种程序法律责任,即排除其鉴定意见的证据资格,

---

〔1〕 四种情形为,(1) 因严重不负责任给当事人合法权益造成重大损失的;(2) 提供虚假证明文件或者采取其他欺诈手段,骗取登记的;(3) 经人民法院依法通知,拒绝出庭作证的;(4) 法律、行政法规规定的其他情形。

〔2〕 即,"公诉人、当事人或者辩护人、诉讼代理人对鉴定意见有异议,人民法院认为鉴定人有必要出庭的,鉴定人应当出庭作证。经人民法院通知,鉴定人拒不出庭作证的,鉴定意见不得作为定案的根据"。

不得作为定案的根据。《高法解释》第 99 条第 2 款、第 3 款进一步细化规定，鉴定人由于不能抗拒的原因或者有其他正当理由无法出庭的，人民法院可以根据情况决定延期审理或者重新鉴定。鉴定人无正当理由拒不出庭作证的，人民法院应当通报司法行政机关或者有关部门。此外，《高法解释》第 98 条规定，鉴定意见具有九种情形之一的，[1]也不得作为定案的根据。

考虑到司法实践的需要，《高法解释》第 100 条调整规定："因无鉴定机构，或者根据法律、司法解释的规定，指派、聘请有专门知识的人就案件的专门性问题出具的报告，可以作为证据使用。对前款规定的报告的审查与认定，参照适用本节的有关规定。经人民法院通知，出具报告的人拒不出庭作证的，有关报告不得作为定案的根据。"该规定为专家就专门性问题出具的报告作为证据使用提供了依据，这种关于专门性问题的专家报告与鉴定意见具有同等重要的作用，弥补了鉴定意见的不足，已经在刑事诉讼中广泛使用，用于证明案件事实，有的还用来证明与定罪量刑直接相关的构成要件事实。为此，该条要求出具报告的专家经法院通知后，必须出庭作证，否则，该专家报告也不得作为定案的根据。

根据有关法律法规和规章的规定，鉴定实行鉴定人负责制和错鉴责任追究制度。鉴定人在执业活动中违反法律、法规、规章的，应当依法依规追究其他刑事、民事和行政责任。《司法鉴定人登记管理办法》第 29 条规定，鉴定人有下列六种情形之一的，由省级司法行政机关依法给予警告，并责令其改正。[2]第 30 条明确，鉴定人有下列六种情形之一的，[3]由省级司法行政机关给予停止执业三个月以上一年以下的处罚；情节严重的，撤销登记；构成

---

〔1〕　九种情形为，（1）鉴定机构不具备法定资质，或者鉴定事项超出该鉴定机构业务范围、技术条件的；（2）鉴定人不具备法定资质，不具有相关专业技术或者职称，或者违反回避规定的；（3）送检材料、样本来源不明，或者因污染不具备鉴定条件的；（4）鉴定对象与送检材料、样本不一致的；（5）鉴定程序违反规定的；（6）鉴定过程和方法不符合相关专业的规范要求的；（7）鉴定文书缺少签名、盖章的；（8）鉴定意见与案件待证事实没有关联的；（9）违反有关规定的其他情形。

〔2〕　六种情形为，（1）同时在两个以上司法鉴定机构执业的；（2）超出登记的执业类别执业的；（3）私自接受司法鉴定委托的；（4）违反保密和回避规定的；（5）拒绝接受司法行政机关监督、检查或者向其提供虚假材料的；（6）法律、法规和规章规定的其他情形。

〔3〕　六种情形为，（1）因严重不负责任给当事人合法权益造成重大损失的；（2）具有本办法第二十九规定的情形之一并造成严重后果的；（3）提供虚假证明文件或者采取其他欺诈手段，骗取登记的；（4）经人民法院依法通知，非法定事由拒绝出庭作证的；（5）故意做虚假鉴定的；（6）法律、法规规定的其他情形。

犯罪的，依法追究刑事责任。同时，第 31 条规定，鉴定人在执业活动中，因故意或者重大过失行为给当事人造成损失的，其所在的司法鉴定机构依法承担赔偿责任后，可以向有过错行为的司法鉴定人追偿。该规定明确了鉴定人的追偿责任，属于民事赔偿责任，前提是鉴定人的鉴定存在过错行为。此外，司法部《司法鉴定程序通则》第 9 条也规定，鉴定人有违反有关法律、法规、规章规定行为的，由司法行政机关依法给予相应的行政处罚；对于有违反司法鉴定行业规范行为的，由司法鉴定协会给予相应的行业纪律处分。此即纪律责任。但是，目前没有具体的鉴定行业规范和行业处分规则。第 22 条规定，鉴定人在鉴定过程中应当严格依照技术规范保管和使用鉴定材料，因严重不负责任造成鉴定材料损毁、遗失的，应当依法承担责任。这里的"责任"，笔者认为，应当适用《刑事诉讼法》第 54 条第 4 款规定，包括民事赔偿责任、行政处罚、纪律责任和刑事责任。上海市高级人民法院、上海市人民检察院、上海市公安局和上海市司法局 2018 年联合制定的《关于严格司法鉴定责任追究的实施办法》，对鉴定人的民事责任、行政责任、刑事责任和纪律责任作了规定。鉴定人因故意或重大过失给当事人造成损失的，应当依法承担民事赔偿责任。[1]

二、鉴定人刑事诉讼法律责任的比较考察

在英美法系国家，鉴定人是当事人的专家证人，与当事人之间是商业性质的委托合同关系，鉴定人出庭以及鉴定意见是当事人双方向法庭提交的证据或证据方法。因此，鉴定人在鉴定过程中直接伤害他人，要承担侵权责任，但是，由于鉴定人故意或者重大过失，鉴定意见错误或者不被法官认可，而导致当事人一方败诉的情况下，原则上不能追究鉴定人的法律责任，除非鉴定人由于懈怠或者过失等原因对委托人造成损害。[2]鉴定人作为专家证人，适用证人的有关规定，应当出庭作证而拒绝的，法院可依藐视法庭罪予以论

---

[1] 第 3 条"司法鉴定责任追究"第 2 项确立了依法依规严格全面追责原则，鉴定机构或鉴定人在执业活动中违反法律、法规、规章和相关政策、行业规范规定的，应当严格依法依规追究相关刑事、民事、行政、行业和纪律责任，不得以承担一种责任为由免予追究依法依规应当追究的其他责任。第 4 条、第 5 条、第 7 条分别规定了鉴定人承担民事责任、刑事责任和行政责任的情形。

[2] See Randall K H. *Witness Immunity Under Attack : Disarming " Hired Guns "*. Wake Forest Law Review, 1996, (Summer)，pp. 497，478.

处；作伪证的，则可处以伪证罪。

在大陆法系国家，鉴定人作为"法官的辅助人"，不仅在鉴定过程中直接伤害他人，要承担侵权责任，而且由于鉴定人故意或重大过失致使鉴定意见错误，法院采用了鉴定人的错误鉴定而导致一方当事人败诉，该当事人可以要求鉴定人承担侵权责任，但是各国具体做法不一致。在德国，鉴定人拒绝鉴定、超期鉴定、拒绝出庭作证、作伪证，都要承担诉讼法律责任。此外，为了强制鉴定人出庭作证，还可以命令对其予以羁押。在日本，鉴定人违反到场义务、拒绝到场、拒绝宣誓或拒绝证言，以及作伪证，分别承担相应的诉讼法律责任。《法国刑事诉讼法典》第 161 条对超期鉴定的法律责任，[1]《意大利刑事诉讼法典》第 231 条对错误鉴定的法律责任[2]都作了明确规定。

因此，无论英美法系还是大陆法系国家，鉴定人违反法定的诉讼义务或行业规范，都要承担相应的诉讼法律责任。这种责任包括民事责任、行政责任、司法处罚、刑事责任和纪律责任，构成一个完整的刑事诉讼法律责任体系，从而保障刑事鉴定活动依法顺利进行。

三、鉴定人刑事诉讼法律责任制度的优化

我国《刑事诉讼法》一直将鉴定规定为一种法定侦查行为，同时，将鉴定人规定为一种独立的诉讼参与人。《关于司法鉴定管理问题的决定》《司法鉴定人登记管理办法》《司法鉴定程序通则》等补充规定了鉴定人的资质条件、鉴定人的权利、义务及有关法律责任。据统计，截至 2017 年底，我国司法行政机关登记管理的鉴定机构有 4338 家，鉴定人有 49 498 人；全年共完成各类鉴定业务 2 273 453 件，业务收费约 40 亿元。其中刑事诉讼中委托鉴定占比 13.57%。全国鉴定人人均业务量为 46 件。从统计数据看，鉴定人出庭作证率保持较高比例，做到应出尽出；但全国仍有 1229 名鉴定人受到投诉，

---

〔1〕 该条规定，未在规定的期限内提出鉴定报告的鉴定人，可以立即予以替换，他还可能被取消继续作为鉴定人的资格。

〔2〕 该条规定，如果鉴定人在工作中出现错误可以进行更换，对于被更换的鉴定人，在传唤其出庭为自己作辩解后，法官可以判处他向罚款基金会缴纳 30 万至 300 万里拉的罚款。

被给予行政处罚达43项。[1]我国《刑事诉讼法》就鉴定人的法律责任，除前面两个方面的规定外，没有其他规定，同时，因为司法鉴定机构（单位）鉴定的存在而使得鉴定人的责任无从落实，法律规定不全，民事责任、纪律责任、司法处罚等责任形式不完善，而且鉴定人承担的法律义务散见于各种规范性文件且并不健全。为此，笔者认为，依据前述鉴定人的法律定位，完善我国刑事鉴定制度，应当结合有关规范性文件的规定，进一步明确鉴定人的诉讼义务和相应的诉讼法律责任，加强对鉴定人鉴定活动的监督。

（一）明确鉴定人的诉讼义务

根据有关规范性文件的规定，鉴定实行鉴定人负责制。这一制度要求鉴定人独立实施鉴定活动，根据被鉴定对象的条件和科学标准给出自己的判断意见。鉴定人对鉴定意见承担责任，并在鉴定书上签名或者盖章。《司法鉴定人登记管理办法》第7条规定，司法鉴定人执业实行回避、保密、时限和错误鉴定责任追究制度。第21条赋予鉴定人九项权利，[2]同时，第22条规定了鉴定人的九项义务。[3]这九项义务就是鉴定人在鉴定活动中应当履行的诉讼义务，鉴定人违反任何一个方面，都应当承担相应的诉讼法律责任。

《刑事诉讼法》第148条赋予侦查阶段犯罪嫌疑人、被害人对鉴定意见的

---

[1] 党凌云、张效礼："2017年度全国司法鉴定情况统计分析"，载《中国司法鉴定》2018年第3期。据统计，2017年各省级司法行政机关接到对司法鉴定机构和司法鉴定人投诉举报1624件，涉及鉴定机构806家、鉴定人1229人。符合受理条件的有效投诉1079件，占投诉总量的66.44%。其中经查证属实的229件，占21.22%，对其中35件作出行政处罚，142件作出行政处理，9件作出行业处分。从行政处罚的情况看，对鉴定机构、鉴定人分别作出25项、43项行政处罚。行政处罚以警告并责令改正为主，共56个，占82.35%，撤销登记4个。鉴定人接到出庭通知14 917次，其中14 691次得到鉴定人依法出庭，鉴定人应出尽出率为98.48%，比2016年提高约2.5个百分点。

[2] 九项权利为，（1）了解、查阅与鉴定事项有关的情况和资料，询问与鉴定事项有关的当事人、证人等；（2）要求鉴定委托人无偿提供鉴定所需要的检材、样本；（3）进行鉴定所必需的检验、检查和模拟实验；（4）拒绝接受不合法、不具备鉴定条件或者超出登记的执业类别的鉴定委托；（5）拒绝解决、回答与鉴定无关的问题；（6）鉴定意见不一致时，保留不同意见；（7）接受岗前培训和继续教育；（8）获得合法报酬；（9）法律、法规规定的其他权利。

[3] 九项义务为，（1）受所在司法鉴定机构指派按照规定时限独立完成鉴定工作，并出具鉴定意见；（2）对鉴定意见负责；（3）依法回避；（4）妥善保管送鉴的检材、样本和资料；（5）保守在执业活动中知悉的国家秘密、商业秘密和个人隐私；（6）依法出庭作证，回答与鉴定有关的询问；（7）自觉接受司法行政机关的管理和监督、检查；（8）参加司法鉴定岗前培训和继续教育；（9）法律、法规规定的其他义务。

知情权和申请补充鉴定或重新鉴定权。根据"参与立法者解释",该条包括两层意思:第一,用作证据的鉴定意见应当告知犯罪嫌疑人、被害人。其中,"用作证据的鉴定意见",是指经过专门机构鉴定后所形成的专门性问题的鉴定意见,它经侦查机关审查核实后,拟作为证据在诉讼中使用。告知犯罪嫌疑人、被害人用作证据的鉴定意见必须是书面的。因为用作证据的鉴定意见,直接关系到对案件事实的认定,对犯罪嫌疑人和被害人有着直接的利害关系,所以,将鉴定意见告知犯罪嫌疑人、被害人,使其有机会申请补充鉴定或重新鉴定,是对犯罪嫌疑人、被害人诉讼权利的保障。第二,犯罪嫌疑人、被害人可以申请补充鉴定或重新鉴定。其中,"补充鉴定"是指犯罪嫌疑人或者被害人认为鉴定意见有疑点、鉴定意见与案件事实因果关系不明确或者所提供的鉴定意见有遗漏等,可能影响对案件事实的认定,使自己的合法权益受到损害而提出的申请。对犯罪嫌疑人或者被害人提出的申请,侦查机关应当进行审查,认为原鉴定意见正确的,可以驳回申请人的申请,并说明理由;如果原鉴定意见确有疑点、遗漏或者因果关系不明显,应当要求鉴定人补充鉴定,并将补充鉴定意见及时告知申请人。司法部《司法鉴定程序通则》第30条规定了可以补充鉴定的三种情形,[1]而且明确补充鉴定是原委托鉴定的组成部分,应当由原鉴定人进行。因原鉴定人离职等特殊原因无法由原司法鉴定人进行的,原司法鉴定机构应当指定其他符合条件的鉴定人进行。"重新鉴定"是指犯罪嫌疑人或者被害人有充足的理由证明鉴定意见确有错误,或者鉴定人应当回避而没有回避的,以及其他原因影响鉴定人作出正确鉴定的,其鉴定意见可能影响案件公正处理而提出的申请。对犯罪嫌疑人或者被害人提出的申请,侦查机关应当进行审查,认为原鉴定意见正确,不存在申请人提出需重新鉴定情形的,可以驳回申请,并说明理由;如果原鉴定意见确有错误或者鉴定人应当回避而没有回避的,应当重新鉴定。对于应当回避的鉴定人所做的鉴定进行重新鉴定的,侦查机关应当重新聘请或指派鉴定人员进行鉴定。《司法鉴定程序通则》第31条规定了可以补充鉴定的五种情形。[2]重新

---

〔1〕 即,(1)原委托鉴定事项有遗漏的;(2)委托人就原委托鉴定事项提供新的鉴定材料的;(3)其他需要补充鉴定的情形。

〔2〕 即,(1)原司法鉴定人不具有从事委托鉴定事项执业资格的;(2)原司法鉴定机构超出登记的业务范围组织鉴定的;(3)原司法鉴定人应当回避没有回避的;(4)办案机关认为需要重新鉴定的;(5)法律规定的其他情形。

鉴定应当委托原司法鉴定机构以外的司法鉴定机构进行；因特殊原因，重新鉴定也可以委托原司法鉴定机构进行，但原司法鉴定机构应当指定原鉴定人以外的其他符合条件的鉴定人进行。在执行中，侦查机关应当将鉴定意见及时告知犯罪嫌疑人、被害人，切实保障其正当权利，对犯罪嫌疑人、被害人提出补充鉴定或重新鉴定的申请，应当认真对待，及时核查，[1]并将结果及时告知申请人。

（二）补充完善鉴定人的刑事诉讼法律责任，包括民事责任、行政责任、刑事责任、司法处罚及纪律责任

1. 完善鉴定人的民事责任

我国刑事鉴定权配置是一种单轨制，只有公、检、法三机关有权指派或聘请鉴定人进行鉴定。鉴定人是否承担民事责任，学界有不同观点。有学者认为，鉴定人在公、检、法三机关委托的鉴定中存在错误且导致当事人受损的，可以纳入国家赔偿；而对于当事人自行诉前委托的鉴定人存在过错且造成损害的，应当承担民事责任。[2]笔者认为这值得商榷。我国作为传统大陆法系国家，一直将鉴定人定位为"案件事实的法官"或"法官的辅助人"，这意味着犯罪嫌疑人、被告人、被害人等当事人应当享有申请鉴定的权利。对于符合鉴定条件的案件，公、检、法三机关应当同意鉴定。这样，鉴定人依法进行鉴定，是根据公、检、法三机关的指派或聘请而履行职务，他们与当事人之间不存在委托合同关系，因此，不能追究其违约责任。但是，如果鉴定人在鉴定活动中存在故意或重大过失而侵害当事人合法权益，符合侵权责任构成要件的，应当承担侵权责任。上海市《关于严格司法鉴定责任追究的实施办法》第4条规定，鉴定人违反鉴定义务存在故意或重大过失而侵害当事人权益，在四种情况下需要承担侵权责任。[3]在这四种情况下，鉴定人

---

〔1〕 关于告知鉴定意见，参见兰跃军：《侦查程序被害人权利保护》，社会科学文献出版社2015年版，第136-141页。

〔2〕 郭华："司法鉴定机构及鉴定人被告身份及民事责任的反思与省察"，载《中国司法鉴定》2019年第4期。

〔3〕 四种情况为，（1）鉴定人故意作虚假鉴定或因重大过失导致错误鉴定造成当事人人身或财产损失的。（2）鉴定人非因法定事由拒绝出庭作证，致使当事人遭受损失的。（3）鉴定人泄露当事人个人隐私或者商业秘密，造成损害的。（4）法律、法规和规章规定的其他情形。

应当根据《民法典》有关规定承担相应的民事责任。需要注意的是，鉴定人的民事责任主体与民事赔偿责任主体不一致，民事责任主体是鉴定人，而民事赔偿责任主体是鉴定人所在的鉴定机构。在鉴定人违法执业或因过错给当事人造成损失时，由鉴定人所在的鉴定机构承担赔偿责任。鉴定机构承担赔偿责任后，有权向有过错的鉴定人追偿。《关于司法鉴定管理问题的决定》和《司法鉴定程序通则》等都对此作出规定。

2. 完善鉴定人的行政责任

《关于司法鉴定管理问题的决定》第 13 条对此作了规定，鉴定人的行政责任包括警告，责令改正；停止从事司法鉴定业务三个月以上一年以下和撤销登记三种行政处罚形式。除此之外，笔者建议立法补充规定，鉴定人有下列五种情形之一的，也应当追究其行政责任，给予行政处罚：（1）违反鉴定程序、操作规程或者因其他重大过失导致鉴定明显错误或者故意作虚假鉴定，尚未构成犯罪的；（2）鉴定人超出核定的范围从事鉴定；（3）鉴定人对送检材料管理不善，致使送检材料毁损、灭失、无法鉴定的；（4）鉴定人不履行保密义务的；（5）鉴定人违反规定乱收费的。上海市《关于严格司法鉴定责任追究的实施办法》中的第 7 条规定值得推广。[1]另外，法律还应赋予鉴定人对行政处罚的陈述权、申辩权或申请复议权，鉴定人对行政复议不服的，有权提起行政诉讼。《司法鉴定人管理办法》第 33 条规定，鉴定人对司法行政机关的行政许可和行政处罚有异议的，只能依法申请行政复议。这不符合司法最终裁决原则。

3. 完善鉴定人的刑事责任

鉴定人故意作虚假鉴定的，构成伪证罪或受贿罪。此外，《刑法》第 308 条之一规定，鉴定人作为其他诉讼参与人，还可能构成泄露不应公开的案件信息罪、故意或过失泄露国家秘密罪。

（1）鉴定人构成伪证罪。这是指在刑事诉讼中，鉴定人对与案件有重要

---

〔1〕 鉴定人具有下列情形之一的，司法行政机关应当追究其行政责任：（1）同时在两个以上司法鉴定机构执业的；（2）超出登记的执业类别执业的；（3）私自接受司法鉴定委托的；（4）违反保密和回避规定的；（5）拒绝接受司法行政机关监督、检查或者向其提供虚假材料的；（6）因严重不负责任给当事人合法权益造成重大损失的；（7）提供虚假证明文件或者采取其他欺诈手段，骗取登记的；（8）经人民法院依法通知，非法定事由拒绝出庭作证的；（9）故意作虚假鉴定的；（10）法律、法规和规章规定的应当给予行政处罚的其他情形。

关系的情节，故意作虚假鉴定，意图陷害他人或者隐匿罪证的行为。这里的"在刑事诉讼中"包括刑事案件的侦查、起诉、审判的整个过程。"与案件有重要关系的情节"是指直接影响到定罪量刑的情节，即对犯罪嫌疑人、被告人是否构成犯罪，构成何种犯罪、应当如何量刑有重要影响的情节。"作虚假鉴定"，是指以虚构、隐瞒、篡改等各种形式作出违背事实真相的鉴定。[1]有学者认为，鉴定事项一般都是案件中比较重要的事实问题，《刑法》第305条不应当要求鉴定事项与案件之间存有重大的关系。[2]笔者认为这值得商榷。如果没有客观行为的要求，可能导致该罪在司法实践中被滥用，无限扩大刑法规制对象，不符合刑法谦抑性和"妨害司法罪"的设立宗旨。

（2）鉴定人构成泄露不应公开的案件信息罪。这是《刑法修正案（九）》第36条增设的罪名，其构成要件包括：第一，犯罪主体是在刑事诉讼中从事鉴定活动而合法获知依法不公开审理的案件中不应当公开的信息的鉴定人。第二，侵犯的客体是复杂客体，既包括司法机关正常的审判秩序，也包括当事人涉案信息的安全。第三，主观方面必须是故意。第四，客观方面表现为泄露依法不公开审理的案件中不应公开的信息，造成信息公开传播或者其他严重后果。

（3）鉴定人构成故意或过失泄露国家秘密罪。根据主观方面的不同，它包括故意泄露国家秘密罪和过失泄露国家秘密罪。这也是《刑法修正案（九）》第36条增设的罪名，其构成要件包括：第一，犯罪主体是在刑事诉讼中从事鉴定活动而合法获知国家秘密的鉴定人。第二，侵犯的客体是国家的保密制度。第三，主观方面包括故意和过失两种心理状态。第四，客观方面表现为违反保守国家保密法的规定，泄露国家秘密，情节严重的行为。情节严重，一般指泄露属于绝密、机密的国家秘密，或者泄露国家秘密造成严重后果。

（4）鉴定人构成受贿罪。我国刑事诉讼中的鉴定人分为两类：一是公安机关、检察机关内设的鉴定机构中作为司法工作人员的鉴定人，其本身就是《刑法》规定的国家工作人员。二是其他司法鉴定机构的鉴定人，他们一般不

---

〔1〕 高铭暄、马克昌主编：《刑法学》，北京大学出版社、高等教育出版社2011年版，第552-553页。

〔2〕 成凯、屈新："论鉴定人的法律地位及其责任机制"，载《政法论坛》2003年第6期。

具有国家工作人员的身份，但是，一旦依法接受公安司法机关聘请，在其受委托从事公务活动期间，属于《刑法》第93条第2款中"其他依照法律从事公务的人员"，以国家工作人员论，构成受贿罪的主体。鉴定人构成受贿罪，是指具有国家工作人员身份或以国家工作人员论的鉴定人利用从事鉴定活动的职务上的便利，索取他人财物，或者非法收受他人财物，为他人谋取利益的行为。其构成要件包括：第一，侵犯的客体是国家工作人员的职务廉洁性，犯罪对象是贿赂，即我国刑法所规定的财物，是指具有价值的有体物、无体物和财产性利益，非财产性利益不属于贿赂。[1]第二，客观方面表现为利用从事鉴定活动的职务上的便利，索取他人财物的，或者非法收受他人财物，为他人谋取利益的行为。第三，犯罪主体是特殊主体，只能由身为国家工作人员或以国家工作人员论的鉴定人构成。第四，主观方面必须是故意。

4. 完善鉴定人的司法处罚

有学者对此做过研究，[2]笔者在此不再赘述。

5. 完善鉴定人的纪律责任

上海市《关于严格司法鉴定责任追究的实施办法》第3条第2项明确了鉴定人的纪律责任，[3]包括党纪处分、政务处分和行业纪律处分，笔者认为这值得总结推广。作为中共党员的鉴定人违法违规行使鉴定权，应当受到相应的党纪处分。具有国家工作人员身份或以国家工作人员论的鉴定人在刑事诉讼中从事鉴定工作，属于《监察法》第15条第6项规定的"其他依法履行公职的人员"，是监察机关的监察对象。[4]他们违法违规行使鉴定权，应当受到相应的政务处分。该办法第8条还规定，鉴定机构、鉴定人具有20种情形

---

〔1〕 高铭暄、马克昌主编：《刑法学》，北京大学出版社、高等教育出版社2011年版，第629–631页。

〔2〕 参见成凯、屈新："论鉴定人的法律地位及其责任机制"，载《政法论坛》2003年第6期。

〔3〕 该项规定，对事业编制的鉴定机构鉴定人违反事业单位管理规定的，司法行政机关或鉴定人所在鉴定机构应当依法依规追究其政纪责任或向有权机关提出追责建议。对具有中共党员身份的鉴定人涉嫌违反党纪的，司法行政机关或鉴定人所在鉴定机构应当建议其所属党组织追究其党纪责任。

〔4〕 中共中央纪律检查委员会、中华人民共和国国家监察委员会法规室编写：《〈中华人民共和国监察法〉释义》，中国方正出版社2018年版，第114页。

之一的，[1]违反行业规范，由司法鉴定协会追究其行业责任，即行业纪律处分。但是，目前缺乏行业处分规则，有待司法鉴定协会借鉴律师行业处分规则以进一步完善。

（三）建立鉴定人执业保险或执业互济制度

完善鉴定人法律责任的同时，为了使鉴定人因错误鉴定、违反诉讼义务等违法违规产生的民事赔偿责任能得到落实，减轻鉴定人的执业风险，立法可以借鉴注册会计师等高风险行业的做法，[2]建立鉴定人的执业保险或执业互济制度，由司法鉴定机构向保险公司投保，每年为鉴定人交纳一定数目的职业保险金，建立起执业风险基金。一旦发生投保范围内的鉴定事故，经司法鉴定机构、鉴定人或受害人申请，并经保险公司核实后，依法进行赔偿。

第三节　证人的刑事诉讼法律责任

证人与刑事案件结局没有直接利害关系，他们通过出庭作证，协助司法机关查明案件事实，既是一种履行社会责任的行为，也是刑事诉讼中一种稀缺的司法资源。证人证言作为一种最古老、最常用的证据种类，对于印证其他证据、查明案件事实发挥着重要作用。但是，正如德国学者博恩·许乃曼教授指出："司法冤错案的典型原因是，法官相信了不可靠的证词。"这句话隐含了法庭上发现真实的一个双重问题：证人不可靠，而法官又太容易轻信

---

〔1〕　即，(1) 采取不正当手段与同行进行竞争的；(2) 无正当理由，不受理办案机关鉴定委托的；(3) 向委托人或当事人作虚假宣传或不当承诺的，或承诺按特定要求出具鉴定意见的；(4) 受理具有重大社会影响案件不及时报告司法行政机关及行业协会的；(5) 将受理的委托鉴定事项全部委托给其他司法鉴定机构办理的；(6) 应当进行现场勘验或其他鉴定调查，而未进行的；(7) 违反有关规定仅一名鉴定人进行鉴定的；(8) 鉴定活动无实时记录的；(9) 鉴定文书出现文字差错，严重影响文书质量的；(10) 超出本机构或者本人鉴定能力进行鉴定活动的；(11) 在媒体、出庭质证或公开场合有不当言行，给同行或者行业造成不良影响的；(12) 未完成年度继续教育培训的；(13) 拒不执行协会决议的；(14) 质量检查不合格的；(15) 服务态度差，辱骂、诋毁当事人的；(16) 违反司法鉴定收费管理规定，不按收费标准收取费用或提出收费标准之外的不合理要求或私自收费的；(17) 拒不配合司法鉴定协会监督、检查的；(18) 违反司法鉴定行业技术标准、技术规范的；(19) 鉴定人年度考核不称职的；(20) 违反职业道德、执业纪律的其他情形。
〔2〕　《注册会计师法》第28条第2款规定："会计师事务所按照国务院财政部门的规定建立职业风险基金，办理职业保险。"

证人。证人是最危险的一种证据方法，也是最常被使用的一种。"直至今天，绝大部分的刑事程序还是以证词为基础"。正因为如此，他认为："在这些刑事程序中，根本无法进行客观的发现真实。"根据专家估计，在美国，有90%的司法冤错案都是错误证词所致。[1]为此，各国刑事诉讼法和证据法都将规范证人作证尤其是证人作伪证和不作证作为重要内容，建构了各种刑事证据规则，并明确证人作伪证和不作证的刑事诉讼法律责任。我国《刑事诉讼法》中多个条文涉及证人作证的诉讼法律责任，但缺乏系统性，也很不完善，是亟待研究解决的一个重要课题。

一、证人作伪证和不作证的法社会学分析

自从党的十八届四中全会提出推进以审判为中心的诉讼制度改革以来，全国政法单位持续推进和深化以审判为中心的刑事诉讼制度改革，推动形成诉讼以审判为中心、审判以庭审为中心、庭审以证据为中心的刑事诉讼格局，扎实推进庭审实质化，完善关键证人、鉴定人、侦查人员出庭作证制度，最大限度地发挥证人、鉴定人、侦查人员出庭的功能作用，有效解决控辩双方争议。庭审实质化不仅要求证人必须出庭作证，而且必须如实作证，保证证言的真实性、自愿性。成都市中级人民法院在全国率先开展庭审实质化改革，试点示范案件共有 1469 名人证出庭，其中一般证人 818 人，鉴定人 114 人，侦查人员 455 人，有专门知识的人 17 人，被害人 65 人。温州市中级人民法院完善出庭作证人员保护机制，从 2015 年至 2018 年，全市两级法院共在 915 件刑事案件中通知 1434 人出庭，实际有 581 件案件 915 人出庭作证，出庭作证率达 63.8%。[2]但从全国范围看，证人作证问题并没有得到明显改观，证人作伪证不同程度地存在，证人不作证仍是司法常态。以上海为例，2018 年上海市三级法院刑事案件收结案 31 926 件，其中，一审案件 17 269 件，但关键证人出庭只有 257 人次。[3]上海市高级人民法院 2020 年工作报告显示，2019 年全市三级法院刑事案件审判中证人、鉴定人、侦查人员出庭作证总共只有 145 人

---

〔1〕 ［德］托马斯·达恩史戴特：《失灵的司法·德国冤错案启示录》，郑惠芬译，法律出版社 2017 年版，第 235 页。

〔2〕 中华人民共和国最高人民法院编：《中国法院的司法改革（2013—2018）》，人民法院出版社 2019 年版，第 20-21 页。

〔3〕 数据来自上海市高级人民法院刑事庭负责人在上海市法学会刑法学研究会 2018 年年会上的报告。

次。证人证言被比作是"一副没有解药的诉讼毒药",究其原因是多方面的。笔者认为,运用法社会学方法,将证人作伪证和不作证当作一种社会现象进行研究,更有利于揭示该问题的实质。

(一) 中国古代司法中的证人作证

在中国古代司法活动中,凡是知道案件情况的人都有作证的义务。证人由官府根据案情主动选定,或者由当事各方呈供,人数和人选由官府最终确定。官府尽可能将出庭证人人数压缩到最低限度。唐代法律规定:"诸证不言情,致罪有出入,证人减二等。"但是,到了明清时期,法律限制要小得多,同样的证人作伪证的行为,其构成伪证罪的可能性大大增加。[1]可见,在中国古代,虽然证人作伪证,也要承担法律责任,但处罚较轻,限制很多,不易受到责任追究。由于多方面原因,证人不作证不仅得到法律的包容,而且更符合官府的意愿,官府尽可能减少出庭作证的证人人数。从这个意义上说,中国古代司法传统不仅容忍证人作伪证,而且尽量减少证人出庭作证。

(二) 证人作伪证及其原因分析

关于证人作伪证的现状,目前缺乏权威的统计数据。有学者实证研究发现,自 2006 至 2012 年,山东省泰安市泰山区人民法院审理刑事案件 1616 件,证人出庭作证的只有 4 件,占全部案件的 0.19%。2012 年《刑事诉讼法》生效实施后,从 2013 年 1 月至 2016 年 2 月,泰山区人民法院共审理刑事案件 960 件,证人出庭作证的有 8 件 15 人,占全部案件的 0.83%,比原来有所上升。但是,这 8 件案件所涉案由并不集中,申请出庭的证人数量多为 1 件 1 人,且证人与申请人的关系不是亲属就是朋友、邻居,无利害关系的仅有 1 件。[2]这种证人身份成为他们作伪证的重要原因。

证人作伪证的原因,除基于证人作证原理导致作证陈述可能不自觉

---

〔1〕 蒋铁初:"中国古代证人制度研究",载《河南省政法管理干部学院学报》2001 年第 6 期。

〔2〕 张莉:"新刑事诉讼法实施过程中证人出庭作证存在的问题和对策",载《山东审判(山东法官培训学院学报)》2016 年第 2 期。

"失真"外，[1]有学者认为还包括利害关系的冲突和熟人社会的环境两个方面，[2]笔者赞成该观点。此外，虽然我国《刑法》第 305 条规定了伪证罪，作为证人作伪证的刑事责任，但缺乏对证人如实作证具有心理强制功能的庭审宣誓制度。而该制度的缺失，是证人作伪证的另一个重要原因。

(三) 证人不作证及其原因分析

从 2014 年 11 月底开始，陈光中先生率领中国政法大学团队在温州市中级人民法院和瑞安、平阳三家法院开展为期两年的"庭审实质化与证人出庭作证实证研究"。从实证研究和试点结果看，证人出庭作证的现状并不乐观。据统计，三家试点法院 2015 年共在 157 起刑事案件中通知 333 人出庭，其中，近一半人员在接到出庭通知时明确拒绝或以各种借口回避，实际只有 72 起案件 107 人出庭作证，实际到庭率仅占 32.13%。而普通证人的实际到庭率仅为 22.41%，远低于侦查人员、鉴定人、被害人接近 100%的到庭率。[3]

关于证人不作证的原因，学者们有各种解释。有学者认为，证人出庭作证的主要意义在于保障被告人对质权，其本身并非法律制度的固有逻辑。为此，他认为，刑事诉讼中对质权的缺失是证人不出庭的根本原因，主张以对质权的确立来解决中国刑事审判中的证人出庭问题。[4]这种观点指出了证人不出庭作证的一个根本制度原因。笔者认为，证人不作证的原因，除证人作证本身是一个痛苦的回忆过程外，还包括四个方面。

1. 立法规定的矛盾

我国《刑事诉讼法》一直奉行实质真实的诉讼目的论，实行普遍的无条件作证的义务，[5]且公权力机关在调查取证权的行使上具有至上性。但是，在出庭作证问题上，《刑事诉讼法》第 192 条第 1 款确立的是关键证人出庭作

---

〔1〕 关于证人作证的基本原理，参见兰跃军：《刑事被害人作证制度研究》，中国人民公安大学出版社 2011 年版，第 12-24 页。

〔2〕 张莉："新刑事诉讼法实施过程中证人出庭作证存在的问题和对策"，载《山东审判（山东法官培训学院学报）》2016 年第 2 期。

〔3〕 陈光中、郑曦、谢丽珍："完善证人出庭制度的若干问题探析——基于实证试点和调研的研究"，载《政法论坛》2017 年第 4 期。徐建新、吴程远："以审判为中心的诉讼制度改革的温州实践"，载《人民司法》2016 年第 25 期。

〔4〕 易延友："证人出庭与刑事被告人对质权的保障"，载《中国社会科学》2010 年第 2 期。

〔5〕 《刑事诉讼法》第 62 条第 1 款规定："凡是知道案件情况的人，都有作证的义务。"

证制度，并没有要求所有证人出庭作证，即，证人只有在三个条件同时具备时才应当出庭作证。但是，该款中的"有重大影响""有必要"都是模糊词汇，实际上把证人是否出庭交由法官自由裁量。法院可能以对定罪量刑没有重大影响，或者出庭没有必要为由，拒绝控辩双方（尤其是辩护方）对证人出庭作证的申请。《高法解释》第 247 条提供了这种依据。[1] 杭州保姆纵火案于 2017 年 12 月第一次开庭审理前，前辩护律师党某申请 38 名消防人员出庭作证，均被杭州市中级人民法院拒绝。张扣扣案在 2019 年 4 月二审前，辩护律师提供了国内三名比较权威的精神病法医专家的审查意见，并申请这三名专家作为证人出庭作证，也被陕西省高级人民法院驳回。此外，《刑事诉讼法》第 195 条规定，证人不出庭作证，公诉人、辩护人可以宣读其书面证言笔录和情况说明来代替。再加上《刑事诉讼法》第 176 条恢复了全案卷宗移送制度，法官庭前可以查阅公诉方的全部案卷材料，就可能不再通知证人出庭作证，直接采纳书面证言和陈述笔录，并根据这些书面证言和陈述笔录认定案件事实。而且那些庭前查阅过案卷笔录的法官，还可能在开庭前进行实质性的证据调查，将法庭审理过程彻底地变成一种仪式。此外，对于应当出庭的关键证人，《刑事诉讼法》第 193 条规定，经人民法院通知，只有在证人没有正当理由不出庭作证时，人民法院才能适用强制到庭措施。证人拒绝出庭或出庭后拒绝作证，将被训诫、拘留，但立法并没有规定证人不出庭作证的刑事诉讼刑事责任和民事责任，也没有规定程序法律责任，即，排除证人证言作为定案根据。这样，《刑事诉讼法》第 176 条、第 192 条、第 193 条和第 195 条的矛盾规定，使得在法庭审理过程中证人不出庭作证成为常态，出庭作证成了罕见的例外。

2. 司法机关的抵触

在我国"审被告"的刑事庭审模式下，无论法官还是公诉人都对证人出庭作证持消极抵触的态度。实务部门学者调研发现，法官通知证人出庭作证的主动性和积极性不高，主要包括四个方面原因：一是庭前审查机制缺乏，适用条件模糊。二是通知证人出庭的难度较大，大部分证人有心理压力怕构

---

〔1〕 即，"控辩双方申请证人出庭作证，出示证据，应当说明证据的名称、来源和拟证明的事实。法庭认为有必要的，应当准许；对方提出异议，认为有关证据与案件无关或者明显重复、不必要，法庭经审查异议成立的，可以不予准许"。

成伪证罪、怕遭到打击报复等。三是庭审中证人出庭作证的证言采信规则模糊，证言的前后出入增加法官办案的难度。四是司法责任制的制约，法官极有可能因为证人当庭翻证而承担相应责任。[1]而公诉人很少主动申请证人出庭作证，主要原因包括三个方面。第一，检察机关担心证人出庭作证影响其控诉职能的履行，从而在年终考核时被扣分。第二，证人可能在出庭作证时翻证，导致检察机关无法完成对证明对象的证明，甚至会使得被告人被宣告无罪。第三，证人可能在出庭作证时提出非法证据排除的申请，检察机关因此要承担举证不能的后果。[2]

3. 社会文化的排斥

我国历经两千多年的封建社会，人们逐渐形成了"耻诉""畏诉"的社会文化心理，导致公民对出庭作证产生抵触心理，尤其是在庭审过程中，证人需要接受控辩双方质证，使证人在心理上难以接受。正是传统社会文化观念的影响导致民众缺乏现代法治理念，证人将出庭作证视为"招惹麻烦缠身"，认为事不关己，多一事不如少一事等。

4. 证人自身的恐惧

证人作证不仅具有利他性，而且面临各种风险，如果缺乏足够的安全保障，本人或近亲属的人身财产安全都可能因作证而受到损害。在我国，证人既要对法官作证，又要对警察、检察官作证。尽管《刑事诉讼法》第63条规定了证人及其近亲属的安全保障，以及打击报复证人的诉讼法律责任，第64条明确了特定案件中证人及其近亲属的人身安全保护措施，第65条规定了证人作证补助与保障等，但是，从司法实践看，证人及其近亲属遭受打击报复乃至暴力取证的现象时有发生，这使得许多证人害怕作证，其近亲属也劝其不要作证。

二、证人刑事诉讼法律责任的具体形式

从《刑事诉讼法》的有关规定看，证人刑事诉讼法律责任包括证人作伪

---

〔1〕　黄伯青、伍天翼："'需求侧'改革：刑事证人出庭作证实证分析"，载《法律适用》2017年第3期。

〔2〕　张莉："新刑事诉讼法实施过程中证人出庭作证存在的问题和对策"，载《山东审判（山东法官培训学院学报）》2016年第2期。

证的刑事诉讼法律责任和证人不作证的刑事诉讼法律责任两个方面。

（一）证人作伪证的刑事诉讼法律责任

《刑事诉讼法》第 54 条第 4 款规定，在刑事诉讼中，无论哪方伪造证据、隐匿证据或者毁灭证据，都必须追究法律责任。构成伪证罪、包庇罪、滥用职权罪等犯罪的，依法追究刑事责任；不构成犯罪的，依法给予行政处罚或者处分。因此，证人作伪证或隐匿罪证的刑事诉讼法律责任包括刑事责任、行政责任和纪律责任三类。

关于刑事责任，《刑法》第 305 条将证人列为伪证罪的犯罪主体之一，但是，理论和实践中一直存在各种争议。[1]此外，证人明知是犯罪的人而作假证明以掩盖其犯罪事实的，构成《刑法》第 310 条第 1 款规定的包庇罪。关于行政处罚，从立法规定看，刑事诉讼中作为行政处罚主体的行政机关只有公安机关、国家安全机关、司法行政机关或中国海警局等，不包括法院、检察院；处罚的对象只能是侦查过程中作伪证的证人，不包括审查起诉阶段和审判阶段作伪证的证人，范围显得狭窄。而对于后面两个阶段作伪证的证人，法律并没有赋予检察院、法院司法处罚权，有待补充。关于处分，是一种纪律责任，包括党纪处分、政务处分和行业纪律处分等。针对作伪证的证人的不同身份，由不同的主体适用不同规范性文件，作出不同的处分形式。值得注意的是，为了预防和避免证人作伪证或引诱证人作伪证，《刑事诉讼法》第 44 条、第 61 条、第 125 条和第 194 条第 1 款还规定了其他诉讼法律责任。但是，没有明确证人作伪证的民事责任。

（二）证人不作证的刑事诉讼法律责任

根据社会契约论，证人作为社会契约的一方当事人，有义务以其所承载的证据信息成为"社会司法公正这一公共产品的创造参与者"。作证义务的道义基础在于整个社会实现实体正义的普遍要求。[2]因此，作证应当具有一定的强制性。《刑事诉讼法》第 61 条第 1 款明确将作证规定为公民的一项义务。

---

[1] 张苏："伪证罪疑难问题探究"，载《中国人民公安大学学报（社会科学版）》2013 年第 4 期。赵志华、鲜铁可："伪证罪相关问题研究"，载《国家检察官学院学报》2009 年第 4 期。

[2] 陈光中主编：《中华人民共和国刑事证据法专家拟制稿（条文、释义与论证）》，中国法制出版社 2004 年版，第 190 页。

证人作证的本质是证人作为案件知情人出庭向作为案件不知情人的事实裁判者回忆陈述案件信息。证人出庭作证在实体上是协助法院查明案件事实，在程序上则是保障控辩双方的质证权，尤其是辩护方的对质权，二者不可偏废。证人不作证既包括证人拒绝提供证言，也包括证人拒绝出庭，以及出庭后拒绝作证。关键证人无正当理由拒不出庭作证，导致案件事实无法查清，当事人利益和社会公共利益始终处于待确定的状态，被犯罪行为所破坏的社会秩序无法恢复，危及不特定多数人的利益，因此，他们应当承担相应的刑事诉讼法律责任。

《刑事诉讼法》第 193 条第 1 款规定将强制到庭作为拒不出庭作证的证人的程序法律责任，但是并没有完全免除被告人配偶、父母、子女作证的义务，只是规定在庭审阶段可以免予强制到庭。很显然，这种免予强制到庭的对象过于狭窄，不利于充分保护婚姻家庭关系和其他特定社会关系，实践效果也并不理想。据调研了解，自 2012 年修改《刑事诉讼法》增设该措施并实施以来，它"几乎处于'沉睡'状态"。至今全国范围内极少有运用该规定而强制证人到庭的案例。有时候即便法院希望采取强制证人出庭措施也往往无疾而终。[1]因此，亟待进一步拓展适用对象，构建适合我国国情的亲属作证豁免制度。

《刑事诉讼法》第 193 条第 2 款规定了两种司法处罚措施，作为对无正当理由拒绝出庭或者出庭后拒绝作证的证人的实体法律责任。首先，该款规定应当结合《刑事诉讼法》第 192 条第 1 款规定的证人应当出庭作证的条件进行理解，[2]且法院通知其出庭而拒绝出庭或者出庭后拒绝作证的，才能适用。其次，对证人的处罚方式只有训诫和拘留两种，一般情况下予以训诫，只有达到情节严重的程度，才能予以拘留。何为情节严重，由法院根据具体情况裁量决定。但拘留必须经院长批准，且在 10 日以下。最后，第 193 条第 1 款规定免予强制到庭的人（包括被告人的配偶、父母、子女），不能因为其未出庭而予以拘留。而对于那些经拘留后仍然拒绝出庭或者出庭后拒绝

---

〔1〕　陈光中、郑曦、谢丽珍："完善证人出庭制度的若干问题探析——基于实证试点和调研的研究"，载《政法论坛》2017 年第 4 期。

〔2〕　即，公诉人、当事人或者辩护人、诉讼代理人对证人证言有异议，且该证人证言对案件定罪量刑有重大影响，人民法院认为证人有必要出庭作证。

作证的，立法并没有明确相应的保障措施，包括追究民事责任和轻微刑事责任等。

为了保障证人刑事诉讼法律责任的落实，《刑事诉讼法》第 61 条、第 125 条和第 194 条作了补充规定。第 63 条第 2 款还规定了打击报复证人的刑事诉讼法律责任，包括刑事责任和行政处罚。

三、证人刑事诉讼法律责任制度的完善

证人出庭作证是深化以审判为中心的刑事诉讼制度改革，实现庭审实质化的应有之义。针对立法规定的证人刑事诉讼法律责任及其在实施中存在的各种问题，笔者认为，应当多种举措并重，并适当借鉴境外做法加以完善，从而真正实现我国刑事庭审模式从"审被告"转向"审证人"。

（一）进一步明确关键证人出庭作证的条件和不出庭作证的程序法律责任，适当限制法院的裁量权

证人不出庭作证一个很重要的原因是《刑事诉讼法》本身的矛盾规定和赋予法院无限制的裁量权。强化关键证人出庭作证，需要进一步明确关键证人出庭作证的条件和不出庭作证的法律后果，明确证人出庭作证例外的裁量标准，严格限制庭前证言的证据能力。笔者主张借鉴欧洲人权法院限制庭前证言的"唯一或决定性规则"（The sole or decisive rule），将《刑事诉讼法》第 192 条规定的"关键证人"界定为对定罪有"唯一或决定性"作用的证人。同时，严格限定"关键证人"不出庭的理由，对于"关键证人"不出庭，在适用司法解释时，应作狭义理解，以期将"关键证人出庭"真正落到实处。并通过视频作证方式和完善亲属作证豁免制度等，进一步完善"关键证人"不出庭的程序保障或平衡要素。比照《刑事诉讼法》第 192 条第 3 款规定的鉴定人出庭作证的条件及不出庭作证的法律后果，明确关键证人出庭作证的条件和不出庭作证的程序法律责任，〔1〕这样，使证人拒绝出庭作证的法律责

---

〔1〕 即，公诉人、当事人或者辩护人、诉讼代理人对证人证言有异议，且该证人证言对案件定罪量刑有重大影响，尤其是辩护方要求证人出庭的，或者可能判处死刑或有重大社会影响的案件，人民法院应当通知证人出庭，必要时强制其到庭。经人民法院通知，证人拒不出庭作证的，其庭前的证言笔录不得在法庭上宣读，也不得作为定案的根据。参见兰跃军：《以审判为中心的刑事诉讼制度改革》，社会科学文献出版社 2018 年版，第 162-168 页。

任与法律后果并重。

（二）完善亲属作证豁免制度

《刑事诉讼法》第 193 条第 1 款关于亲属作证的但书的理解，学者们存在争议。[1]大多数学者认为，该规定应被解释为亲属"作证却免于强制出庭的权利"，而不是拒绝证言或拒绝作证权，笔者也持该观点。但这种解释并不能实现立法目的——落实《宪法》第 130 条规定的"被告人有权获得辩护"和第 49 条规定的"婚姻、家庭受国家的保护"两项基本权利。在被告人的配偶、父母、子女提供证言的情况下，又不令其出庭参加质证，有损被告人的对质权。从比较法的视野看，境外国家的通行做法是赋予配偶、近亲属之间拒绝作证的权利，部分国家还赋予此类证人拒绝出庭的权利。[2]《德国刑事诉讼法典》第 52 条赋予被追诉人配偶、直系血亲等证人拒证权，且并不限于侦查阶段；若法官传唤此类证人出庭，证人还可以援引该法典第55条至第56条赋予的证人拒绝回答权，拒绝提供与被追诉人有关的证言。我国《澳门刑事诉讼法典》第 121 条规定了血亲及姻亲的拒绝证言权，即亲属作证豁免权。[3]有权限接收该证言的实体，必须提醒上述人员有权拒绝作证，否则所作证言无效。我国《刑事诉讼法》第 62 条未赋予证人拒绝提供证言的权利，而被告人的配偶、父母、子女提供证言后却可以援引《刑事诉讼法》第 193 条第 1 款的规定拒绝出庭。一旦发生类似案件不仅不能体现出亲亲相隐之情，反而会侵害被告人与不利证人对质的权利，阻碍法官发现事实真相。为此，笔者主张直接赋予犯罪嫌疑人、被告人近亲属拒绝作证权或作证豁免权，并将该权利贯彻到刑事诉讼全过程。具体而言，犯罪嫌疑人、被告人的近亲属有权拒绝作证。如果上述人员选择作证，不论提供证言发生在侦查、起诉或者审判阶段，

---

〔1〕 参见何邦武："亲属作证制度在近代中国的演变及启示"，载《中国法学》2014 年第 3 期。李奋飞：" '作证却免于强制出庭'抑或'免于强制作证'？《刑事诉讼法》第 193 条第 1 款的法教义学分析"，载《中外法学》2015 年第 2 期。张翔："'近亲属证人免于强制出庭'之合宪性限缩"，载《华东政法大学学报》2016 年第 1 期。

〔2〕 陈光中、唐彬彬："深化司法改革与刑事诉讼法修改的若干重点问题探讨"，载《比较法研究》2016 年第 6 期。

〔3〕 即，"下列亲属有权拒绝以证人身份作证：（1）嫌犯的直系血亲卑亲属、直系血亲尊亲属、兄弟姊妹、二亲等内的姻亲、收养人、嫌犯所收养的人及嫌犯的配偶，以及与嫌犯在类似配偶状态下共同生活的人；（2）曾经作为嫌犯的配偶，或者曾经与嫌犯在类似配偶状态下共同生活的人，就婚姻或同居存续期间所发生的事实"。

也不论其证言有利或者不利于被告人，经法院通知，均应该出庭接受控辩双方的询问，否则，其证言不得作为定案的根据。近亲属的范围适用《刑事诉讼法》第 108 条第 6 项规定。

（三）完善证人作伪证或不作证的实体法律责任

1. 增加证人作伪证的民事责任

证人作伪证不仅可以采取刑事制裁、行政处罚或纪律责任，还可以通过罚款、拘留，并责令其赔偿因作伪证而产生的相关费用等方式进行司法处罚，以达到惩罚警示的目的。证人作伪证造成当事人损害的，当事人及其辩护人、诉讼代理人以及利害关系人都有权要求其承担相应的民事赔偿责任。同时，还可以将证人作伪证纳入公民个人信用体系。

2. 增加证人不作证的民事责任、刑事责任，并将罚款作为司法处罚措施

《德国刑事诉讼法典》第 51 条和第 70 条、第 109 条至第 111 条，《日本刑事诉讼法》第 150 条至第 151 条、第 160 条至第 161 条等有明确规定。英国对于证人拒绝作证的，可以按照藐视法庭罪处一个月以下监禁或者 20 镑罚金。我国《刑事诉讼法》第 193 条对证人不作证仅仅规定了强制到庭和训诫、拘留两种司法处罚措施，很难发挥威胁警示作用。笔者认为，应当适当借鉴其他国家或地区做法，增加民事责任、轻微刑事责任，并将罚款、拘留作为司法处罚措施，作为证人不作证的刑事诉讼法律责任。法院以传票的形式传唤证人，如果证人没有正当理由拒绝出庭，可以采取拘传的强制到庭措施，并令其交纳因此而发生的费用。证人被拘传到庭后，仍然拒绝作证的，予以训诫，情节严重的，经院长批准，处以 1000 元以下的罚款或者 15 日以下的拘留。被处罚人对罚款、拘留决定不服的，可以向上一级人民法院申请复议。情节特别严重的，依法追究刑事责任。与此同时，《刑法》第 305 条增设一款，作为第 1 款，规定"证人不作证罪"，相对于第 2 款"伪证罪"而言，其社会危害性相对较小，人身危险性也不大，因此，作为轻罪入刑更加合理。该罪的立法设计可以参照《刑法》第 133 条之一规定的"危险驾驶罪"，即："在刑事诉讼中，证人没有正当理由拒绝出庭或者出庭后拒绝作证，情节特别严重的，处罚金或者拘役，可以根据情节并处罚金和拘役。"

3. 认真对待伪证罪问题

从境外立法规定和司法实践看，防止证人作伪证的方法主要有三种：一

是通过宣誓形成良心上的约束，使其不愿作伪证。二是通过庭审之交叉询问，使其不能作伪证。三是辅以法律责任之规定，使其不敢作伪证。《刑法》第305条规定，证人作伪证构成犯罪，具有三个特征：[1]（1）虚假性，即证人必须实施了虚假证明行为。至于虚假的认定，存在主观说和客观说之争。我国刑法坚持主客观相统一原则，要求证人陈述的事实不仅违反自己的记忆，而且不符合客观事实，才能认定为虚假。如果证人陈述违反自己的记忆但符合客观事实，对于司法活动没有妨碍，不能认定为伪证罪；如果证人陈述符合自己的记忆但与客观事实不符，则因为证人没有伪证罪的故意，也不成立伪证罪。（2）关联性，即证人作虚假证明的内容，必须是与案件有重要关系的情节，亦即，直接影响到定罪量刑的情节，包括对犯罪嫌疑人、被告人是否构成犯罪，构成何种犯罪、应当如何量刑有重要影响的情节等。（3）时间性，证人作虚假证明的行为必须在刑事诉讼过程中，即刑事案件立案后，判决宣告前。此外，该罪在主观方面只能是直接故意，并且具有陷害他人或为他人隐匿罪证的目的。如果仅仅是证人记忆不清而作了与事实不符的证明，就不能构成本罪。至于该罪的主体，笔者主张作扩大解释，凡是依法在法庭上作证陈述的个人，包括实体性证人和程序性证人，如污点证人、侦查人员、谎称"了解案件情况"的"假证人"以及见证人，但不包括被告人和被害人。[2]这是其一。

其二，增加庭审宣誓制度。我国《宪法》第27条第3款规定了宪法宣誓制度，以维护宪法的权威。《刑事诉讼法》第194条仅仅规定了审判人员在证人作证前的告知义务，没有规定证人宣誓制度。《高法解释》第258条补充规定，证人作证前，应当保证向法庭如实提供证言，并在保证书上签名，也没有要求宣誓。而庭审宣誓通过庄严的仪式本身唤起诉讼参与人的认同感和归属感，实现仪式参与者的情感互动，强化证人如实作证的使命感，使宣誓者更加愿意如实陈述，它所产生的环境压力和内心压力又提高了对证人作伪证心理承受能力的要求，降低了证人作伪证的可能性。这些功能都是书面保证

---

[1] 马克昌主编：《刑法》，高等教育出版社2017年版，第502页。

[2] 关于侦查人员出庭作证，参见兰跃军：《以审判为中心的刑事诉讼制度改革》，社会科学文献出版社2018年版，第319-324页。侦查人员出庭作证应当适用证人作证规范，包括作伪证承担的诉讼法律责任。关于被害人虚假陈述及其法律责任，参见兰跃军：《刑事被害人作证制度研究》，中国人民公安大学出版社2011年版，第312-324页。

书具结方式无法实现的。全面深化以审判为中心的刑事诉讼制度改革，实现庭审实质化，不仅需要关键证人出庭作证，而且需要增加庭审的剧场效应。为此，笔者建议增加庭审宣誓制度，将宣誓作为证人证言取得证据资格的前提条件，证人作证前，应当以口头方式依法在法庭上宣誓，未经庭审宣誓的证言不得采纳。证人无正当理由拒绝宣誓的，需要承担相应的诉讼法律责任。但是，在我国，如实作证是《刑事诉讼法》第 194 条第 1 款明确规定的义务，不管是否宣誓，证人均需履行如实作证的义务，因此，宣誓不应是证人承担伪证责任的先决条件。

其三，增加罚金刑。作伪证不仅是许多冤假错案的重要根源，导致国家刑事赔偿，而且严重妨碍正常的刑事诉讼秩序，侵犯当事人和其他诉讼参与人的合法权益，因此，笔者建议《刑法》第 305 条在规定伪证罪的刑事责任中增加罚金刑，进一步强化伪证罪的经济惩戒功能。《德国刑法典》第 154 条、《荷兰刑法典》第 207 条，以及《瑞典刑法典》第 15 章第 1 条都有类似规定。

其四，为了避免伪证罪在实践中适用时异化为公安机关或检察机关惩罚、打击甚至报复证人的某种手段，笔者赞成适当限制伪证罪的适用条件，将其限定为"故意+庭上伪证"，从而使我国的伪证罪仅限于对法庭上故意作出虚假证言的惩罚，而不再用于对庭前证言的规制。《刑事诉讼法》第 61 条暗含了该条件。

第四节　法院的刑事诉讼法律责任

2019 年 6 月 4 日，福建省高级人民法院院长主持召开审判委员会会议，讨论被告人林某故意杀人上诉案，首次邀请该案辩护律师到会陈述意见，并接受审判委员会委员的提问。福建省人民检察院某副检察长受检察长委托列席会议并发表检察意见。对此，社会各界有各种不同观点。[1]2019 年 12 月 30 日，最高人民法院院长周强主持召开最高人民法院审判委员会会议，讨论最高人民检察院提出抗诉的两起案件。最高人民检察院检察长张军和副检察

---

〔1〕 "全国首例！辩护律师到高级法院审委会陈述辩护意见"，载光明网，https://legal.gmw.cn/2019-06/05/content_ 32897569. htm，最后访问时间：2022 年 6 月 20 日。

长张雪樵列席会议并发表意见。会议首次邀请案件代理律师分阶段参加，陈述意见并接受审判委员会委员询问。[1]审判委员会是我国《人民法院组织法》和《刑事诉讼法》规定的法院内部对审判工作实行集体领导的一种审判组织形式，其讨论决定案件也应当遵守法定的诉讼程序。检察长列席审判委员会会议是《人民法院组织法》第38条第3款赋予检察长的职权，[2]主要是履行法律监督职责，保证审判委员会决定程序的合法性，《高检规则》第571条直接明确了这一点。[3]法院邀请辩护律师列席审判委员会会议，没有法律依据。而允许辩护律师和检察长（或检察长委托的副检察长）作为控辩双方在审判委员会会议上就讨论的案件继续发表控辩意见并接受委员的提问，更有悖检察长列席审判委员会制度的立法宗旨，违反审判委员会会议程序，将审判委员会会议异化为另一个庭审，明显是一种程序违法或违法审判行为。"重大改革于法有据"，法院不能以探索创新审判委员会制度改革为由，实施违法审判的行为。这涉及法院违反法定诉讼程序行使审判权的刑事诉讼法律责任问题。

一、法院依法独立行使审判权的法教义学解读

我国《宪法》第131条和《刑事诉讼法》第5条不仅明确了法院作为审判权唯一行使主体的地位，而且明确限定了法院行使审判权的方式，必须依照法律规定独立行使，不受行政机关、社会团体和个人的干涉，这是权力法定原则的基本要求。这里的"法律"既包括实体法，也包括程序法。《刑事诉讼法》第3条第2款规定，法院、检察院、公安机关进行刑事诉讼，必须严格遵守本法和其他法律的有关规定。这就是中国模式的程序法定原则，是对公、检、法三机关进行刑事诉讼的严格要求，也称为依法进行刑事诉讼的原则。根据"参与立法者解释"，法院审判一审、二审案件，或者依照审判监督程序重新审判案件，检察院行使检察权、批准逮捕、提起公诉，对直接受理的案件进行侦查，公安机关进行侦查、执行逮捕、预审等一系列诉讼活动，

---

〔1〕　刘子阳、周斌："最高法审委会讨论两起最高检抗诉案件周强主持　张军列席"，载人民网，https://baijiahao.baidu.com/s？id=1654415856666871999，最后访问时间：2022年6月20日。

〔2〕　即，"审判委员会举行会议时，同级人民检察院检察长或者检察长委托的副检察长可以列席"。

〔3〕　即，"人民检察院检察长或者检察长委托的副检察长，可以列席同级人民法院审判委员会会议，依法履行法律监督职责"。

都必须严格遵守本法和其他法律的规定，即必须严格依照本法规定的具体要求和程序以及其他法律，如《人民法院组织法》《人民检察院组织法》《法官法》《检察官法》《人民警察法》的有关规定办理，不得违背法律，不得滥用法律赋予的职权侵犯公民的合法权益。严格执法，依法进行刑事诉讼活动，是保证公正司法的基本要求，体现了社会主义的法治原则，是全面依法治国的内在要求。以检察长列席审判委员会制度为例，《人民法院组织法》第38条第3款只是规定检察长或检察长委托的副检察长可以列席同级法院的审判委员会会议，并没有规定辩护律师或其他诉讼参与人可以列席或陈述意见、接受询问。法院允许辩护律师列席审判委员会会议，违反《人民法院组织法》规定，是一种程序违法或违法审判行为，法院应当承担相应的刑事诉讼法律责任，或者受到程序性制裁。

我国《宪法》和《刑事诉讼法》《人民法院组织法》规定的法院依法独立行使审判权原则，与作为联合国刑事司法准则的程序法定原则和公正审判原则的功能一致，都明确限制审判权滥用，要求法院行使审判权必须严格遵守法律规定的诉讼程序。虽然《刑事诉讼法》第3条第2款缺乏相应的程序性制裁内容，即公、检、法三机关违反法定的诉讼程序进行刑事诉讼，应当认定为诉讼行为无效。但是，我国《刑事诉讼法》已经增加了程序性制裁制度，[1]包括第56条至第60条规定的非法证据排除规则、第238条规定的法院违反法定诉讼程序的撤销原判发回重审制度，以及第253条第4项规定的原审法院违反法定诉讼程序的重新审判制度等，以此制裁公安机关、法院的违法诉讼行为，同时，《刑事诉讼法》增加检察监督原则，将立案监督、侦查

---

[1] 陈瑞华教授将两大法系程序性制裁的基本模式概括为五种，即：非法证据排除规则（含证据禁止制度）、终止诉讼制度、撤销原判制度、诉讼行为无效制度和解除羁押制度。同时，他将程序性制裁的基本属性概括为四个方面：第一，从所针对的违法行为来看，程序性制裁制度所要惩罚的是侦查人员、检察人员和法官在刑事诉讼中违反法律程序的行为。第二，从实体性法律后果来看，程序性制裁所带来的是宣告无效的后果，也就是那些受到程序性违法行为之直接影响的证据、起诉、判决、行为以及羁押命令，不再具有法律效力，也不能产生预期的法律后果。第三，从法院在宣告无效方面的裁量空间来看，对于违反诉讼程序的行为，应当依据行为不完善或者瑕疵的严重程度，而不应按照等同划一的方式加以制裁，更不应都采取宣告无效这种最为严重的制裁方式。第四，从适用程序来看，程序性制裁要通过一种独立的司法审查程序加以实施，这种司法审查程序相对于那种为确定被告人刑事责任问题而进行的实体性制裁而言，构成了一种独立的程序性裁判。参见陈瑞华：《程序性制裁理论》，中国法制出版社2005年版，第161-193页。

监督、审判监督和执行监督作为检察机关诉讼监督的主要内容。《刑事诉讼法》第 113 条规定了立案监督，第 117 条规定了对违法侦查的申诉、控告和处理，第 276 条规定了检察机关对执行刑罚的监督，第 209 条规定了检察机关对法庭审理的监督，即检察机关发现法院审理案件违反法律规定的诉讼程序，有权向法院提出纠正意见。《人民法院组织法》第 38 条第 3 款规定的检察长列席同级法院审判委员会制度。这些规定直接否定了公安机关、法院实施的违法诉讼行为的法律效力，促使他们严格遵守法定的诉讼程序进行刑事诉讼，保障当事人和其他诉讼参与人依法享有的诉讼权利和其他合法权益，加强人权司法保障，严格刑事责任追究。

二、法院刑事诉讼法律责任及其法定事由

在控诉、辩护、裁判三方组合的现代诉讼构造中，控诉、辩护、裁判三种基本诉讼职能的相互关系是：控审分离、控辩平等和审判中立。审判中立既是公正审判的基本属性和内在要求，也是控辩平等的前提和保障。公正审判原则作为联合国刑事司法基本准则之一，要求刑事审判程序本身应具备一些内在的"善"的品质，本身就是符合理性的。它是一种"过程"的公正。判断某一审判程序是否符合公正审判原则的要求，要看它能否使那些可能受到裁判结果不利影响的人有效参与到裁判的制作过程中去。一些国际人权公约也为刑事审判设立了最低限度的公正标准，主要包括参与原则、中立原则、对等原则、理性原则、及时原则和终结原则六个方面。[1]在司法实践中，法院违反法定的诉讼程序进行审判，有多种表现形式，其共同特点在于影响公正审判。《刑事诉讼法》第 238 条采取列举与概括相结合的方式，将法院违反法定诉讼程序的情形分为五种，并且明确规定，一旦二审法院发现一审法院的审理具有这五种情形之一的，应当实施程序性制裁，宣告一审判决和审判行为无效，整个审判活动回到程序性违法行为发生前的状态，并且对一审法院的程序性违法行为进行程序补救，即，撤销原判，发回原审法院重新审判，原审法院应当重新组成合议庭，按照第一审程序对案件进行重新审判，而且必须纠正违反法定诉讼程序的做法。对于生效裁判，《刑事诉讼法》第 253 条

---

〔1〕　陈光中主编：《刑事诉讼法》，北京大学出版社、高等教育出版社 2016 年版，第 93-94 页。

第 4 项规定，如果当事人及其法定代理人、近亲属申诉认为原来的审理具有第 238 条规定的五种情形之一，违反法定诉讼程序，可能影响公正审判的，有关法院应当宣告原审裁判无效，并且按照审判监督程序重新审判，切实纠正原审违反法定诉讼程序的做法，这也是一种程序性制裁。[1]根据"参与立法者解释"，并参照司法实践，《刑事诉讼法》第 238 条规定的法院违反法定诉讼程序的五种情形各有不同的内涵和指向。

第一种即第 1 项"违反本法有关公开审判的规定的"。公开审判既是我国《刑事诉讼法》的一项重要原则，也是一条重要的宪法原则。《刑事诉讼法》第 11 条和第 188 条分别规定了审判公开原则和公开审理与不公开审理制度。"违反本法有关公开审判的规定"，主要是指依法应当公开审判的而未公开审判，或者不应当公开审判而公开审判的情况。

第二种即第 2 项"违反回避制度的"。为了防止审判人员、检察人员、侦查人员、书记员、翻译人员和鉴定人与案件或案件的当事人存在某种关系或违反一定的工作纪律，可能影响公正处理案件，《刑事诉讼法》第一编第三章对回避制度作了专门规定。"违反回避制度"，是指违反本法有关回避制度的规定，让不应该参与办理刑事案件的人员参与了案件办理。

第三种即第 3 项"剥夺或者限制了当事人的法定诉讼权利，可能影响公正审判的"。《刑事诉讼法》第 14 条规定了诉讼权利保障原则，法院应当保障当事人依法享有的诉讼权利，如辩护权、获得律师帮助权、向被告人、证人、鉴定人发问、申请通知新的证人到庭、调取新的物证、申请重新鉴定或者勘验的权利等。"剥夺"当事人的诉讼权利，是指法庭禁止或者通过强制力制止当事人行使其依法应当享有的全部或部分诉讼权利。"限制"则是法庭对当事人依法行使其诉讼权利加以限制，使当事人的诉讼权利不能正常行使。但是，这种对诉讼权利的剥夺和限制，只有达到了可能影响公正审判的程度，才应

---

〔1〕 值得注意的是，1979 年《刑事诉讼法》第 138 条规定，二审法院发现一审法院违反法律规定的诉讼程序，可能影响案件的"正确判决"时，才撤销原判、发回重审，并且没有列举具体情形，带有明显的结果中心主义倾向。1996 年、2012 年和 2018 年《刑事诉讼法》都规定，只要一审法院具有五种违反法律规定的诉讼程序的情形之一，二审法院就应当撤销原判、发回重审，导致原审裁判自动撤销。虽然第五种情形作为概括条款，仍然将"可能影响公正审判"作为二审法院撤销原判、发回重审的重要裁量标准，但它赋予二审法院在解释一审法院的程序性违法行为时拥有一定的自由裁量权，体现了维护程序正义的诉讼理念。

当被撤销发回重审。

第四种即第 4 项"审判组织的组成不合法的"。关于审判组织,《刑事诉讼法》第三编第一章作了专章规定,包括独任庭、合议庭和审判委员会三种形式。"审判组织的组成不合法",既包括在组成人数上不符合法律规定,也包括审判组织的成员不具备法律规定的资格。

第五种即第 5 项"其他违反法律规定的诉讼程序,可能影响公正审判的"。这是一个概括条款,是对前四项规定的补充。除前四项列举的违反法定诉讼程序的情形外,一审法院可能还有其他违反法定诉讼程序的情形,该条没有穷尽列举。例如,法院不按法定程序对证据进行调查核实、违反规定限制被告人及其辩护律师发表辩护意见等。对于一审法院有其他违反法定诉讼程序的情形的,如果该情形可能影响公正审判,影响一审判决正确认定案件事实,正确适用法律的,二审法院也应当宣告一审判决无效,裁定撤销原判,将案件发回原审人民法院重新审判,予以纠正。

此外,《刑事辩护全覆盖试点办法》第 11 条将没有律师辩护的刑事审判解释为一种"剥夺或者限制当事人的法定诉讼权利,可能影响公正审判的"的违法审判行为,以此进行程序性制裁。与此同时,第 12 条进一步明确,如果人民法院未履行通知辩护职责,或者法律援助机构未履行指派律师等职责,导致被告人审判期间未获得律师辩护的,依法追究有关人员的责任。

有学者将一审法院的程序性违法行为分为积极性程序违法行为和消极性程序违法行为两种,前者是指一审法院通过积极作为的方式,违反了法定的诉讼程序,破坏了公正审判的基本准则;后者是指一审法院对于应当纠正的程序违法行为采取了不闻不问、置之不理的态度,或者在没有正当理由的情况下拒绝了当事人的司法救济申请。[1] 从《刑事诉讼法》规定来看,一审法院五种程序性违法行为都是积极性程序违法行为。对于二审法院在撤销原判发回重审时是否享有自由裁量权,积极性程序违法行为的制裁方式又包括绝对的撤销原判和相对的撤销原判两种。绝对的撤销原判,是指二审法院在发现一审法院违反法律程序的特定情形时所做的无条件撤销原判,它所针对的

---

〔1〕　陈瑞华:"对违法审判行为的程序性制裁",载《兰州大学学报(社会科学版)》2017 年第 1 期。

往往都是特别严重的程序性违法行为，包括上述列举的第一种、第二种和第四种情形，分别违反了我国的公开审判原则、回避制度和审判合议制度等重要的司法制度。相对的撤销原判，是指对于一审法院违反法定的诉讼程序，只有在达到严重消极后果的情况下，上级法院才能作出撤销原判发回重审的裁定。这时，二审法院撤销原判是有条件的，不是自动的，其事实上享有一定的自由裁量权，包括上述列举的第三种和第五种情形，无论一审法院"剥夺或者限制当事人的法定诉讼权利"还是"其他违反法律规定的诉讼程序"，都不会导致二审法院自动作出撤销原判发回重审的裁定，关键在于一审法院这些程序性违法行为是否达到"可能影响公正审判"的程度。但是，何为"可能影响公正审判"，立法和司法解释并没有明确，而是赋予二审法院自由裁量权。一般认为，它应被理解为违反程序正义的基本要求。然而，这导致《刑事诉讼法》规定的两种相对的撤销原判事由不具有切实的可操作性。

培根提醒人们："法律原本是公正的，但如果没有法官本于良知的适用，这种公正性将荡然无存。"在我国，刑事案件审判是由法官主持进行的，但审判权行使的主体是法院，而不是办案法官。法院违反法律规定的诉讼程序，承担撤销原判发回重审或重新审判的程序法律责任，通常是由办案法官的违法审判行为造成的，法官应当承担相应的违法审判责任，又称法官的司法责任或法官责任，属于法官的刑事诉讼法律责任。它是在案件出现裁判错误的情况下，对存在故意或重大过失的法官予以追责的一种制度模式。我国在唐朝就建立了违法审判责任制度，依法追究法官违法审判责任，监督法官依法行使审判权，对后世产生了深远影响。《法官法》《保护司法人员履行职责规定》《法院违法审判责任追究办法》《人民法院工作人员处分条例》《法院司法责任制意见》《司法责任制实施意见》等规范性文件都对法官责任作了规定。对此，笔者将在第五章将法官责任与检察官责任、警察责任一并研究。

三、追究法院刑事诉讼法律责任的局限性及破解

追究法院刑事诉讼法律责任具有正当性，但受到审判独立和司法公正等

因素的制约，也不是无限制的。[1]有学者曾对《刑事诉讼法》规定的撤销原判发回重审的程序性制裁制度进行个案考察，发现司法实践中法院违反法律规定的诉讼程序，可能影响公正审判的情形大量存在，而实施撤销原判发回重审的程序性制裁却是罕见的例外。他认为，该制度要得到实施，至少还存在两大障碍：一是二审法院不举行开庭审判，不给予控辩双方当庭加以发表意见和进行辩论的机会，而是以秘密的、书面的和间接的审查方式，单方面行使了裁判权，从而使控辩双方无法有效地通过行使诉权，来制约和影响法庭的裁判。二是二审法院经常以"法无明文规定为由"，对于一些剥夺被告人辩护权，实质上损害公正审判的行为，拒绝宣告其程序违法的性质，从而使大量尚未得到法律明文禁止的违反诉讼程序的行为，无法得到有效的制裁。[2]司法实践中，很多冤假错案由于缺乏上诉、申诉或抗诉的推动，根本无法发现并纠正，而检察机关又很少提出纠正意见。笔者调查得到一个案例，2014年12月24日，云南省某中级人民法院以故意伤害罪判处被告人周某死刑，缓期两年执行，同时判处未成年被告人徐某杰、吴某一、徐某萍、杨某、吴某二5人有期徒刑三年至六年，缓刑三年至四年。原审被告人周某、徐某杰、吴某一不服，提出上诉，原审被告人徐某萍、杨某、吴某二被判缓刑而服判，未提出上诉。云南省高级人民法院受理上诉后，依法组成合议庭，经过阅卷审查，讯问上诉人并听取辩护人意见（指派辩护），认为案件事实清楚，决定不开庭审理，在事实和证据没有任何变化的情况下，于2015年6月29日终审改判被告人周某无期徒刑，同时维持其他5名被告人的定罪量刑。[3]从两级法院的判决书看，该案的基本事实都没有查清，甚至连具体犯罪时间都未确定，被害人死亡时间、死亡原因也未查清，全案缺乏客观证据，主要凭被告人口供定案，而且其他5

---

〔1〕　程序性制裁方式具有五个方面的局限性：一是所有程序性制裁并不对程序性违法的实施者加以惩罚，它们所剥夺的恰恰是没有实施违法行为的人和机构的利益。二是程序性制裁所付出的代价过于高昂，在宣告无效和制裁程序性违法之间缺乏应有的因果联系。三是程序性制裁的实施使被告人获得了额外的收益，而这并不具有正当性。四是程序性制裁的实施使得犯罪的被害人因为诉讼程序违法就失去获得正义的机会。五是程序性制裁的实施使得整个社会为诉讼程序的违法而承受巨大的代价。参见陈瑞华：《程序性制裁理论》，中国法制出版社2005年版，第224-228页。

〔2〕　陈瑞华：《程序性制裁理论》，中国法制出版社2005年版，第259-266页。

〔3〕　云南省曲靖市中级人民法院（2014）曲中少刑初字第22号，云南省高级人民法院（2015）云高刑终字第565号。

人都是未成年人，两级法院审判都实行并案审理。更明显的是，该案是成年人与未成年人共同犯罪，被告人周某一审被判处死刑，缓期两年执行，属于被判处死刑的上诉案件，根据2012年《刑事诉讼法》第223条第2项规定，云南省高级人民法院二审应当开庭审理，却仍然实行调查讯问审理，没有开庭。笔者认为，这是一例典型的违反法律规定的诉讼程序，即程序违法行为。遗憾的是，该案被告人及其近亲属至今没有申诉，启动再审。撤销原判发回重审的程序性制裁制度的实施存在局限性，这是其一。

其二，撤销原判发回重审作为一种刑事诉讼程序法律责任，其承担主体是一审法院或作出生效裁判的法院，必须由二审法院或再审法院追究。其预设的理论前提是，下级法院通过重新审判，能够认识到自己原来诉讼程序的错误，自觉纠正错误，并且避免再犯。但是，从司法实践看，由于受到绩效考核、错案追究等多种因素影响，以及这种程序法律责任的追究与参与审判的法官的违法审判责任及有关审判管理者的司法责任并无直接联系，这种预设往往很难成立，很多情况仅仅是浪费国家宝贵的司法资源而已，有关法官和审判管理者并未受到追责，也很难从中吸取教训。2014年二审改判无罪的"福建念斌案"就是一个典型。福州市中级人民法院2008年2月一审判处念斌死刑，念斌不服提出上诉。尽管福建省高级人民法院2008年12月、2011年5月两次以"事实不清、证据不足"裁定撤销原判发回重审，最高人民法院2011年4月以"事实不清、证据不足"裁定不核准死刑，但是，在案件事实和证据没有任何变化的情况下，福州市中级人民法院2009年6月、2011年11月重新审判后，仍然两次判处念斌死刑，根本没有考虑最高人民法院和福建省高级人民法院作出的"事实不清、证据不足"的发回重审理由。

其三，《刑事诉讼法》第238条规定的五种法定事由，都是原则规定，缺乏立法或司法解释的解释，留下一系列空白点，[1]各地实践操作中标准不一，也影响该制度的正确实施。

为此，笔者认为，除强化检察机关的审判监督外，我国还应当适当借鉴境外的诉讼行为无效制度，明确规定法院违反法定诉讼程序的审判行为无效，且自始无效，裁判没有法律约束力，当事人有权拒绝执行。任何人尤其是律

---

〔1〕 详细分析，参见陈瑞华：《程序性制裁理论》，中国法制出版社2005年版，第244-249页。

师随时都可以申请上级法院撤销，并且将追究法院的刑事诉讼法律责任与追究法官的违法审判责任直接挂钩。另外，还要进一步完善《刑事诉讼法》相关规定，通过立法解释或司法解释，明确界定五种法定事由的具体范围，增强可操作性。

同样，追究法官违法审判责任或法官责任也是有限度的。有学者研究认为，中国现有法官责任制度存在体系融贯性欠缺、追责标准可操作性较差，以及各地法官责任制改革多样化和无序化等问题。追究法官审判责任的限度，取决于对法官审判职责内容的解释。而证据裁判原则统摄下的证据规则体系的内容和效力，决定了法官对事实问题承担审判责任的范围。证据规则按其效力可以分为强制性规则和指导性规则，它们为法官的事实认定工作设定了不同的要求，应当据此认定对法官追责的主客观要件，从错案结果责任转向证据裁判违法责任。[1]笔者赞同这种法解释学的研究立场和方法。但是，在当前我国证据法和证据规则体系都不完善，三大诉讼法都没有确立证据裁判原则，许多基本问题（如证明责任、证明标准）的解释还存在争议的情况下，依据该办法解释法官审判职责的内容，并据以认定法官对事实问题承担审判责任的范围，确定法官的违法审判责任，本身存在一些难以克服的局限性。笔者认为，在我国，追究法官的违法审判责任，首先，需要考虑我国法官队伍整体状况，兼顾现实国情。据统计，截至 2018 年底，全国法院的法官总体数量约为 21 万人，已遴选产生 12 万余名员额法官（包括最高人民法院 367名）。从年龄和学历看，最高人民法院 367 名入额法官平均年龄 47 岁，平均法律工作经历 22 年，其中博士学位 119 人，占 32.43%，硕士学位 225 人，占55.86%。地方法院尤其是中西部地区基层法院的学历情况就可想而知了。这就决定了我们不能采取"一刀切"的办法。其次，贯彻落实党的十九大和十九届历次全会精神，深化司法体制综合配套改革，全面落实司法责任制，实现法官职业化目标，推进员额制改革，按照司法规律完善法官惩戒制度，并逐步完善利益、业绩考评、违法惩戒等保障机制，以强化法官职业伦理责任，明确法官职业伦理标准。最后，法官的违法审判责任产生于刑事诉讼过程中，主要是一种办案责任，根源在于立法规定的职责模糊，法定事由可以裁量等。

---

〔1〕　樊传明："追究法官审判责任的限度——现行责任制体系内的解释学研究"，载《法制与社会发展》2018 年第 1 期。

持续深化以审判为中心的刑事诉讼制度改革，待条件成熟时进一步完善《刑事诉讼法》《人民法院组织法》《法官法》等，将不同类别法官的审判职责法定化，为依法追究法官的违法审判责任提供明确依据。第五章将对此作进一步研究。

第五章

刑事诉讼法律责任的追究机制

——以错案追责为中心

反思近年来纠正的一系列重大冤假错案，公安司法机关缺的并不是制度，而是制度的落实和错案责任的追究，导致很多地方公、检、法三机关在办案过程中默契配合出"铁案"。由于刑事诉讼法律责任的具体形态多样，责任主体多元，导致追责依据和追责程序也不尽一致。本章以错案责任追究为中心，研究完善刑事诉讼法律责任的追究机制，强化刑事诉讼法律责任追究，让刑事诉讼程序真正长出牙齿，而不只是"贴在墙上，挂在嘴上，写在纸上"。

第一节 错案追责的界定与困境

最高人民法院司法改革白皮书显示，从 2013 年至 2018 年，全国法院通过审判监督程序纠正聂树斌案、呼格吉勒图案、张氏叔侄案等重大刑事冤假错案 46 起，涉及 94 人。自 2014 年至 2018 年，全国法院共依法宣告 4868 名被告人无罪。[1]这些数字昭示了司法系统纠错的决心，也表明刑事诉讼程序违法行为屡禁不止。冤假错案纠正后，当事人及其近亲属、律师等对待追责的态度各不相同。陕西王某某故意杀人案再审判决无罪后，王某某就不想再找当年的办案人员追责，只想尽快补上多年的社保和工龄，让晚年能有个依靠。其律师也认为，不能用现在的标准去衡量当年的案情，而且当年办案的民警现在也年事已高，追责意义不大，真正应该做的，是防止冤案再次发生。[2]而曾因"妨害作证罪"入狱 3 年的青岛前检察官高某君被宣告无罪后，他感

---

〔1〕 中华人民共和国最高人民法院编：《中国法院的司法改革（2013—2018）》，人民法院出版社 2019 年版，第 21 页。

〔2〕 严雨程："西安男子被冤狱 20 年出狱 9 年终平反：不追究办案人员责任"，载网易新闻，https://www.163.com/news/article/EBMQVIFN0001899N.html，最后访问时间：2019 年 5 月 5 日。

谢办案人员的同时，就希望能尽快启动追责。[1]安徽"五周杀人案"再审改判无罪后，当事人不想要国家赔偿，就想追究当年办案人员的责任。尽管中央和许多地方早就制定了错案责任追究的规范性文件，党的十八届四中全会明确提出实行办案质量终身负责制和错案责任倒查问责制，最高人民法院、最高人民检察院 2015 年分别出台《法院司法责任制意见》《检察院司法责任制意见》，明确了错案追责的基本原则、具体情形和追责程序等，对错案追责作出顶层设计。但是，在司法实践中，错案追责却异常艰难。从目前公开的资料看，十八大以来业已平反的诸多冤假错案中，只有呼格吉勒图案实现了追责。聂树斌案、廖海军案等已经启动追责，目前还没有结果。错案追责作为一个沉重的话题，为我们研究刑事诉讼法律责任追究机制打开了一扇窗口。

一、错案追责的争议与质疑

最高人民法院、最高人民检察院 1998 年分别出台《法院违法审判责任追究办法》《检察院错案责任追究条例》，公安部 1999 年出台《公安机关执法过错责任规定》，标志着错案责任追究制度在我国正式确立。但是，由于错案标准的模糊性、追究范围的不明确、追究程序的行政化等，该制度自确立之日起，就存在各种争议与质疑，主要有肯定说、[2]否定说、[3]和规范完善说[4]三种观点。

笔者赞同规范完善说。德国联邦最高法院法官也是德国最具资历与权威的法学专家哈尔夫·艾舍巴哈（Ralf Eschelbch）给德国司法下了一个毁灭性的判决，他指出，如果说司法中"几乎没有什么错误的司法判决"，这是司法界在"自欺欺人"。根据他的估计，每 4 个刑事判决中就有 1 件是误判。[5]关于错案追责，两大法系国家的做法存在差异。英美法系国家实行法官惩戒制度，将法官的责任与案件判决结果的对错隔离，不对错案追责。而大陆法系

---

[1] 李晓磊："《青岛'蒙冤检察官'调查》追踪 '高祀君案'疑云待解"，载《民主与法制时报》2018 年 10 月 21 日，第 3 版。

[2] 黄霞、李化："错案责任追究制度的理论与实践"，载《理论月刊》2000 年第 9 期。

[3] 周永坤："论法官错案责任追究制"，载《湖北社会科学》2015 年第 12 期。

[4] 冯嘉林："取消个案请示应以改革现行错案追究制度为基础"，载《法律适用》2006 年第 9 期。

[5] ［德］托马斯·达恩史戴特：《失灵的司法·德国冤错案启示录》，郑惠芬译，法律出版社 2017 年版，第 5 页。

的法、德等国对故意或重大过失造成的错案都要追责。[1]我国作为传统大陆法系国家，追究错案责任既符合我国司法传统，也是现实需要。我国古代司法制度就对造成错案的法官确立了较为严厉的责任。[2]现实中，聂树斌案、呼格吉勒图案等一系列重大冤假错案的发生，说明错案是客观存在的。河南省高级人民法院 2012 年出台《错案责任终身追究办法（试行）》，截至 2017年 7 月，全省法院系统已有 12 名法官、7 名领导干部被追究错案责任。[3]因此，错案责任追究制度有其存在的现实基础。习近平总书记 2014 年 1 月 7 日在中央政法工作会议上深入剖析了冤假错案的危害性，指出："要懂得'100-1＝0'的道理，一个错案的负面影响足以摧毁九十九个公正裁判积累起来的良好形象。执法司法中万分之一的失误，对当事人就是百分之百的伤害。"[4]有学者对西南地区七个法院调研发现，司法实践中错案的认定标准最终从"实体问责"（即错案是主要事实不清、适用法律法规错误的案件）演变为"程序之治"（即错案主要是程序法适用错误或者说程序违法的案件）。这样，"错案追究实践虽然加剧了审级不独立，但也在一定程度上提升了法官的程序合法意识，并且未出现一些学者所担忧的惩罚任意性、审判委员会不堪重负、法官不独立、破坏法院和谐等负面效果"。[5]同时，笔者实证考察结果表明，实践运行中的错案责任主要是一种刑事诉讼法律责任。

二、错案责任的界定

错案责任追究制度包括错案的认定和错案责任的追究两个方面，前者是错案追责的前提和基础，后者是错案追责的目的与实践。我国理论和实务界对错案的认定标准和错案责任的构成要件存在不同认识，导致错案的概念不明确，追究的范围不清晰等，这成为主张废除错案责任追究制的重要理由。

---

〔1〕　朱孝清："错案责任追究与豁免"，载《中国法学》2016 年第 2 期。

〔2〕　巩富文："中国古代法官责任制度的基本内容与现实借鉴"，载《中国法学》2002 年第 4 期。

〔3〕　米方杰："率先实施错案责任终身追究制 河南法院 12 名法官被追责"，载《东方今报》2017 年 7 月 28 日，第 3 版。

〔4〕　"习近平谈政法队伍：面对政治考验，绝不当'骑墙派'"，载人民网，http://www.ce.cn/xwzx/gnsz/szyw/201505/18/t20150518_ 5394343. shtml，最后访问时间：2019 年 5 月 8 日。

〔5〕　王伦刚、刘思达："从实体问责到程序之治——中国法院错案追究制运行的实证考察"，载《法学家》2016 年第 2 期。

据悉，正是由于专家学者、法官代表对错案责任提出很多质疑，意见不一，《法院司法责任制意见》最后才删去了对错案和错案责任定义的条款。[1]

（一）错案的认定标准

学者们提出过很多观点。概括起来，主要有主观过错说、[2]处理结果说、[3]主客观相统一说、[4]程序违法说和三重标准说[5]五种观点。笔者赞同主客观相统一说，这符合我国诉讼传统和现实需要。从历史传统看，我国通常从三个方面认定错案：一是"实体"或"程序"出错，二是主观意识存有重大"过错"，三是行为与结果上的过错并存。[6]我国传统上坚持主客观相统一的标准认定错案，不仅要求行为上违法违规或造成严重危害后果，即"实体"或"程序"出错，而且要求行为人主观上存在重大"过错"。这是我国《刑法》始终坚持主客观相统一的犯罪构成原理的根源所在，也为我国有关规范性文件确定错案责任的主观过错心理所承继。

从现实需要看，我国现行规范性文件对错案的界定或错案责任的认定都坚持主客观相统一的标准，明确对错案进行责任评价的基础是客观行为和主观过错，尽管相互之间存在一些差异。《法院违法审判责任追究办法》和《法院司法责任制意见》虽然都没有使用错案或错案责任的概念，代之以违法审判责任（即法官责任），前者第2条规定，承担违法审判责任要求审判人员具有故意违反法律、法规，或者因过失违反法律、法规且造成严重后果的主观心理；后者第25条第2款规定，承担违法审判责任必须要求法官具有重大过错，即故意违反法律法规，或者因重大过失导致裁判错误并造成严重后果的主观心理。《检察院错案责任追究条例》第2条界定错案的概念，既包括重大过错的主观心理，又兼顾实体错误与程序错误，显得更加全面。《检察院司法

---

〔1〕 李少平："深刻把握司法责任制内涵 全面、准确抓好《意见》的贯彻落实"，载《人民法院报》2015年9月25日，第2版。

〔2〕 周永坤："错案追究制与法制国家建设——一个法社会学的思考"，载《法学》1997年第9期。

〔3〕 金汉标："'错案'的界定"，载《法学》1997年第9期。王乐龙："刑事错案概念再分析"，载《上海政法学院学报》2009年第2期。

〔4〕 于伟："错案标准的界定"，载《法学》1997年第9期。

〔5〕 陈学权："刑事错案的三重标准"，载《法学杂志》2005年第4期。

〔6〕 刘田田："法官错案责任追究制度的古今对比"，载《人民法院报》2017年11月10日，第5版。

责任制意见》第 32 条第 2 款明确，检察官司法责任（即检察官责任）包括故意违反法律法规责任、重大过失责任和监督管理责任，要求追究检察官责任必须具有故意或重大过失的主观心理，同时，第 33 条规定，虽然发生错案，但检察人员没有故意或重大过失的，不承担司法责任。《公安机关执法过错责任规定》也没有使用错案或错案责任的概念，代之以执法过错和执法过错责任（即警察责任），也要求警察具有故意或过失的主观心理，并兼顾实体错误与程序错误。值得注意的是，《保护司法人员履行职责规定》总结有关规范性文件的规定，第 11 条明确使用了"错案责任"这一概念，规定："法官、检察官非因故意违反法律、法规或者有重大过失导致错案并造成严重后果的，不承担错案责任。"这样，将法官、检察官承担错案责任统一规定为具有重大过错，即故意或重大过失的主观心理，且与违法行为或严重后果相结合。最高人民法院、最高人民检察院《法官、检察官惩戒制度意见》第 10 条和 2019 年修改的《法官法》第 46 条《检察官法》第 47 条第 4 项至第 5 项都承继了这一规定，法官、检察官只有故意或者因重大过失导致案件错误并造成严重后果的，才能进行惩戒。也就是说，追究法官、检察官的错案责任以主观上存在故意或重大过失的心理状态为前提，但是公安机关执法过错责任仅要求警察存在故意或过失的主观心理。

有关地方规范性文件对错案和错案责任的界定沿袭了中央有关规范性文件的做法，采用主客观相统一的标准，要求同时具有客观行为和主观过错，同时兼顾实体错误和程序错误，但也存在一定差异。《河南省高级人民法院错案责任终身追究办法》第 3 条、《内蒙古自治区各级人民法院、人民检察院、公安机关错案责任追究条例》第 2 条至第 3 条，以及《陕西省各级人民法院、人民检察院、公安机关错案责任追究条例》第 2 条至第 3 条都对错案作出界定，要求司法人员具备故意或过失的主观心理。《江西省司法机关错案责任追究条例》第 3 条没有明确将过错作为错案认定的主观心理，但是，第 12 条对错案责任的承担提出了同样要求。因此，笔者认为，我国若对"错案"或"错案责任"下一个定义，使之统一适用于所有司法工作人员，尤其是人民警察，存在一定困难。但是，单独适用于法官、检察官，还是可行的。

（二）错案责任的构成要件

根据不同标准，错案可以分为不同类型。根据错案发生的原因，错案可分为实体错案和程序错案。根据错案产生的诉讼类型，错案又可分为刑事错案、民事错案和行政错案。刑事错案责任就是指司法工作人员在刑事诉讼中违反刑事诉讼法规范而导致错案所应当承担的一种刑事诉讼法律责任，也是一种司法责任，包括法官责任、检察官责任和警察责任。因此，错案责任与刑事诉讼法律责任、司法责任之间存在交叉关系，错案责任追究制度既是司法责任制的重要内容，也是全面落实司法责任制的重要保证。但是，并不是所有的刑事诉讼法律责任、司法责任都是错案责任。许多违反法定的刑事诉讼程序或者法律的强制性、禁止性规范的行为，并不一定都会导致错案。从错案责任追究制度到司法责任制以及法官、检察官惩戒制度的转变，是错案责任追究制度的发展趋势。国家加快构建法官、检察官惩戒制度等，为进一步完善错案责任追究制度创造了条件。本章重点研究刑事诉讼法律责任、司法责任和刑事错案责任相互交叉部分的错案责任追究制度，而此类错案追责也是刑事诉讼法律责任追究和司法责任追究中最复杂、最困难的问题。

根据主客观相统一的错案认定标准，错案责任与其他责任一样，其构成要件包括四个方面。有学者已经对此进行过详细研究，[1]笔者在此简单补充论述。

1. 结果要件

发生了符合错案责任追究的错案，即出现了需要追究责任的"错案"这一结果。这里不仅严格按照主客观相统一的标准来认定错案，界定错案责任，而且应当适当缩小追责的"错案"范围，将无罪认定为有罪或将有罪认定为无罪，作为需要问责的"错案"，比较合适。因为错案有广义和狭义之分。

2. 行为要件

行为人实施了违法违规等诉讼不法行为，且该行为与错案的发生存在直接的因果关系。这种诉讼不法行为主要包括两类：一类是滥用职权行为，一般属于司法人员故意违反法律法规导致错案的行为，应当追责。另一类是玩忽职守行为，一般属于司法人员因重大过失，怠于履行或不正确履行法定职责，从而导致裁判错误并造成严重后果的行为，也应当追责。而司法人员业务水平不适应或认识、理解偏差的行为，导致案件出现错误，就不属于错案

---

〔1〕 朱孝清："错案责任追究与豁免"，载《中国法学》2016年第2期。

责任中的诉讼不法行为，不能追究错案责任。

3. 主体要件

即司法人员，包括直接承担办案职责的办案人员和监督管理人员。错案责任主要是一种办案责任，责任主体是直接承担办案职责的司法人员，即有侦查、检察、审判、监管职责的人员，至于该人员是否在国家编制之内，则在所不论。对于少数重大疑难复杂案件，办案人员无法作出决定，需要提交上级领导或检察委员会、审判委员会等集体决策，则监督管理人员和集体决策成员都是责任主体。

4. 主观要件

行为人存在故意或重大过失的过错心理。错案责任是一种过错责任，行为人只有在故意或重大过失的主观心理状态下实施了法律法规规定的不法行为，才能被追责。这既包含了行为上积极的违法违规行为，又包括了消极的渎职不作为行为，既表明行为上存在过错，又突出了结果上的严重程度。追究错案责任要求"重大过失"的主观心理状态，是由刑事案件认识的特殊性决定的，主要包括认识方式的逆向性和间接性、认识条件的受制约性、认识技术的滞后性和认识对象的特殊性四个方面。[1]

上述四个要件，必须同时具备，才能构成错案责任。也就是说，没有同时满足这四个要件，即使发生错案，司法人员没有违法违规等诉讼不法行为，或者不存在故意或者重大过失的主观心理状态，也不应被追究错案责任。

三、错案追责的困境

美国学者基思·芬蒂利指出："错案仿佛打开了一扇改良刑事司法体制的窗户，我们应该从错案中寻找推动司法改革的现实方法，而不要让机会白白流失。"[2]然而，在司法实践中，有些错案的责任追究比错案的纠正更复杂，"真正的危险不是真相，而是发现真相的过程"。[3]有学者调研发现，错案追责对司法人员带来的心理压力仅次于业务考评，排在第二位。而对错案追责

---

〔1〕　朱孝清："错案责任追究与豁免"，载《中国法学》2016年第2期。

〔2〕　Keith A. Findley , *Learning firm Our Mistakes ：A Criminal Justice Commission to Study Wrongful Convictions*, 38 Ca. l W. L. Rev. 333（2002）.

〔3〕　［德］托马斯·达恩史戴特：《失灵的司法·德国冤错案启示录》，郑惠芬译，法律出版社2017年版，第10页。

感到最不满意的，依次是追责机构、追责程序。[1]从历史上看，为了避免错案的出现，清朝建立了以"连带责任"与"结果归责"为主要方式的错案追责制度，但该制度在运行中却遭遇困境，地方官员结成利益共同体予以抵制和规避。[2]从司法实践看，错案追责面临的困境，除错案的认定标准难以界定外，还包括以下三个方面。

（一）错案追责启动难

无论《法院违法审判责任追究办法》《检察院错案责任追究条例》《公安机关执法过错责任规定》，还是《法院司法责任制意见》《检察院司法责任制意见》和《法官、检察官惩戒制度意见》等规范性文件，都将错案追责程序的启动权（包括提交惩戒委员会的启动权）赋予当事司法人员所在单位的监察部门，使追责沦为各政法单位的"自家事"。从司法实践看，错案追责大多数也是由司法机关主动提起，其中一部分由上级司法机关提起。"呼格吉勒图案"的追责由内蒙古自治区人民检察院与高级人民法院分别进行，[3]河南省陕县"眼花"法官的追责程序是由三门峡市中级人民法院启动的。[4]错案纠正后，从人事管理关系、调查与惩戒便利上看，由当事司法人员所在单位启动追责程序是合适的。但是，这种"自断其案、自查自纠"的启动模式，不仅违反自然正义原则，而且与我国特有的司法行政化现实相结合，使得司法机关对其内部人员主动启动追责程序的难度加大。[5]

（二）错案责任确认难

《法官、检察官惩戒制度意见》出台以前，有关规范性文件将错案责任的

---

〔1〕 当问及下列哪些因素给您带来较大心理压力时，司法人员的选项中排在前面四位的分别是：业务考评的压力（95.5%）、错案责任追究（90.5%）、薪酬待遇与各方付出的矛盾（88.5%）、当事人及舆论民意的压力（78.2%）。这四个因素并不是相互独立、相互排斥的。在发生刑事错案时，这些因素会集中爆发，交错影响。当问及一旦出现错案在追究责任时，感到不满意的因素包括：追责机构（87.5%）、追责程序（85.5%）、追责效率（30.5%）、追责效果（66.6%）。参见奚玮："理性应对错案责任追究中的心理压力"，载《人民法院报》2019年7月11日，第5版。

〔2〕 白阳："清代错案追责制度运行中的困境及原因探析"，载《浙江社会科学》2019年第7期。

〔3〕 邢世伟、谷岳飞："呼格吉勒图无罪　追责程序启动"，载《新京报》2014年12月16日，第A06版。

〔4〕 李丽静： "河南出台错案追究制'眼花'法官被移交司法机关"，载搜狐网，http://news.sohu.com/20120425/n341593903.shtml，最后访问时间：2017年3月12日。

〔5〕 陈海锋："错案责任追究的主体研究"，载《法学》2016年第2期。

调查核实权和确认权赋予当事司法人员所在的司法机关的集体决策组织（审判委员会、检察委员会）或上一级司法机关。《法院违法审判责任追究办法》第27条、《检察院错案责任追究条例》第21条、和《公安机关执法过错责任规定》第22条与第24条的规定就是如此。《法官、检察官惩戒制度意见》出台后，根据有关规范性文件规定，虽然错案责任的调查核实权和申请确认权仍然属于当事司法人员所在的单位，但认定权由法官、检察官惩戒委员会行使。但是，《法官、检察官惩戒制度意见》第4条第2款规定，法官、检察官惩戒委员会由来自人大代表、政协委员、法学专家、律师的代表以及法官、检察官代表组成，且法官、检察官代表应不低于各自惩戒委员会全体委员的50%。由此，从某种意义上说，法官、检察官惩戒委员会对错案的认定权仍然控制在法院、检察院自己手中，错案的追究仅仅是司法机关的"自我检讨"而已。法院、检察院一旦发现法官、检察官有涉嫌违反审判、检察职责的行为，经过调查核实，并经审判委员会或检察委员会认定，构成故意或者重大过失的，再由院长或检察长提请惩戒委员会审议。这种经过司法机关内部层层筛选，就像上面错案追责的启动一样，最后提请惩戒委员会审议的只能是极少数"错得一目了然"或"错得一塌糊涂"的案件，委员们也只能认定为错案，没有其他选择。有学者对西南地区七个法院从2003年至2012年间错案责任追究制度的实施情况进行调查、访谈，证明了这一点。某法院有错案来源77件，其中，改发案件71件，占全部来源数的92.21%；该院发现的5件，占6.49%；当事人投诉的只有1件，占1.30%。这些错案来源经过法院内部职能机构的初步评查、审判委员会委员们在会上全面地了解案情，最后再讨论决定，有3件因为等待抗诉或者审判监督庭评议结果而没有决定，对其他74件错案来源作出四种类型的认定，即判决正确、错案豁免、存在小疏漏和错案。其中，认定一审判决正确的有8件，认定属于错案豁免的为40件，认定为存在小疏漏的有15件，而认定为错案的只有11件，占14.29%，包括民事案件7件，刑事案件2件，执行案件2件。这11件错案又可分为两类：一类是"错得一目了然"，即虽然只有一个错误，但错误很明显。另一类是"错得一塌糊涂"，即错误太多，无法说只是法官办案中的小疏漏。从实践看，错案认定像是审判委员会在尽力寻找某起案件并非错案的理由，直到穷尽。一起受到错案审查的案件，要么是判决正确或者错案豁免，要么的确有些错误，这些错误又被分为小疏漏和大错案。而经过层层筛选，最终被确定为错案的，90%以上是程序违法的案件。[1]

（三）错案责任落实难

落实错案责任包括由谁承担责任、责任内部划分、责任形式、责任执行机构等内容。错案责任追究制度的宗旨是落实错案责任，或者说有人对错案承担责任。这是司法责任制的核心意涵，即"谁办案谁负责，谁决定谁负责"和"让审理者裁判，由裁判者负责"。《法院违法审判责任追究办法》第23条至第26条、《检察院错案责任追究条例》第12条至第18条、《公安机关执法过错责任规定》第5条至第11条，以及《法院司法责任制意见》第29条至第33条、《检察院司法责任制意见》第36条至第41条等规范性文件明确了这一责任承担方式。从司法实践看，错案责任确认后，一般由当事司法人员所在单位的办公室、政治部、纪检监察室等部门具体分工执行。但错案责任的分配或内部划分，往往面临许多困难。更多冤假错案纠正后，当事人只是拿到国家赔偿，追责只能作为一种申诉口号，往往难以落实。

错案责任落实难的原因，除由司法机关内部执行的因素外，还有以下四个方面：一是司法行政化的办案决定模式。在司法行政化的办案模式下，案件处理结果一般都要经过三级审批，司法人员几乎无法独立行使办案权力，各级领导可能以各种形式干预办案。错案责任确认后，如何在办案人员与干预办案的领导之间分配责任，是一个难题。二是集体决策机制。《刑事诉讼法》规定，很多重大疑难复杂案件的处理，需要经过审判委员会、检察委员会的集体讨论决定，而这些集体决策人员绝大部分是本单位领导或骨干，他们讨论决定案件往往"判而不审"，一旦出现错误后，如何追究错案责任，也是一大难题。三是人民陪审员制度。《刑事诉讼法》规定，基层法院和中级法院审判一审刑事案件，实行人民陪审员制度，陪审员与法官一样，行使审判权。但从司法实践看，人民陪审员的素质参差不齐，很多陪审员"陪而不审"，仅仅在裁判文书上挂个名而已。错案发生后，如何划分陪审员与法官的责任，也是一个大问题。四是公、检、法三机关分阶段负责制。我国《宪法》

---

[1] 王伦刚、刘思达："从实体问责到程序之治——中国法院错案追究制运行的实证考察"，载《法学家》2016年第2期。

和《刑事诉讼法》都规定了公、检、法三机关分工配合制约的原则，公安机关负责侦查，检察机关负责审查起诉，法院负责审判。从司法实践看，错案的形成一般都有三者的责任，尤其是经过审判后形成的错案。如何分配三者的错案责任，又是一个现实难题。例如，河南赵作海案只有 6 名主要警察和 3 名合议庭的法官被追责。[1]

第二节　追责理念和原则

无论是追究刑事诉讼法律责任、司法责任还是错案责任，追责都不是目的，只是一种手段。错案追责在司法实务中面临诸多困境，自确立之日起就产生存废之争，促使我们反思确立追责制度的理念和原则。根据有关司法责任制改革的规范性文件，追究刑事诉讼法律责任、司法责任或错案责任的理念和原则主要包括以下四个方面。

一、责任法定原则

责任是与权力相互关联的概念。与权力法定原则相对应，责任法定原则是法治原则在归责问题上的具体运用，其基本要义在于，责任的设立和追究应当来源于"法定"，而非"意定"。这样，责任只能是一种"法律上"的责任。这里的"法律"是严格意义上的法律，即由全国人大及其常委会依法制定的规范性文件。因为法律具有确定性、稳定性和可预期性，法律的修改程序更为审慎、严格，而各种"条例""办法""意见"等规范性文件的修改更具有随意性。况且，从目前各种规范性文件规定的刑事诉讼法律责任、司法责任或错案责任追究来看，追责标准不一、内容不一、程序不一，因而执行极其混乱。

我国《刑事诉讼法》对刑事诉讼法律责任的规定零散，缺乏系统性，而且很多规定不完善，可操作性不强。《刑事诉讼法》第 3 条第 1 款规定的程序法定原则，内含责任追究法定的要求。《政务处分法》第 6 条规定："公职人员依法履行职务的行为受法律保护，非因法定事由，非经法定程序，不受政

---

〔1〕　朱艳丽："冤案追责何以难追到底"，载《半岛都市报》2014 年 5 月 15 日，第 A8 版。

务处分。"《保护司法人员履行职责规定》第 4 条也明确了法官、检察官责任法定原则,[1]第 5 条至第 8 条分别规定了法官、检察官调离、免职、辞退或者作出降级、撤职等处分的条件。《法院司法责任制意见》第 3 条和《检察院司法责任制意见》第 46 条重申了该原则。2019 年修订的《法官法》《检察官法》也增设了这一规定,明确法官、检察官的职责,要求他们在职权范围内对其办理的案件或作出的决定负责,并且明确了追究法官、检察官责任的依据,但并没有明确法官、检察官的具体责任。

二、权责一致原则

"有权必有责,有责必担当,失责必追究"。权责一致的思想早在洛克的《政府论》中就有所体现,它包括两个方面的含义:一是权力机关的权力应该根据其所履行的责任来设定。二是权力不能超出履行责任的需要,必须防止权力的滥用。权责一致既为责任实现提供了必要条件,又规定了权力运行的目的,为责任的实现提供了保障。[2]因此,权责一致原则不仅是责任制度建设的基本前提,而且是全面落实司法责任制、错案责任追究制和刑事诉讼法律责任制度的关键。

司法人员滥权渎职或刑事诉讼法律关系主体存在诉讼违法行为,应当承担相应的司法责任或诉讼法律责任。有权无责的司法何以信赖?司法责任制对"谁办案谁负责、谁决定谁负责"或"让审理者裁判,由裁判者负责"的强调,既是常识重述又有其现实需要。这里的"现实",就是当下仍然存在有人有权无责,有人有责无权,还有大权小责,小权大责,大责化小,小责化了等权责背离的怪现状,从而导致责任追究难。因此,2018 年修改后的《人民法院组织法》和《人民检察院组织法》都明确规定,法院、检察院应当遵守法定程序,尊重和保障人权。人民法院、人民检察院实行司法责任制,建立健全权责统一的司法权力运行机制。《法院司法责任制意见》第 2 条明确,法院推进审判责任制改革,应当坚持权责明晰、权责统一、监督有序、制约

---

〔1〕 即,"法官、检察官依法履行法定职责受法律保护。非因法定事由,非经法定程序,不得将法官、检察官调离、免职、辞退或者作出降级、撤职等处分"。

〔2〕 张喜红:"权责一致:责任政治建设的基本前提",载《思想战线》2016 年第 6 期。麻宝斌、郭蕊:"权责一致与权责背离:在理论与现实之间",载《政治学研究》2010 年第 1 期。

有效原则，同时，第 15 条至第 24 条明确了各类司法人员的职责与相应的权限，为审判责任的认定和追究奠定了基础。《检察院司法责任制意见》第 2 条也明确，完善人民检察院司法责任制应坚持权责明晰、权责相当的原则。与之相适应，这两个意见和有关规范性文件充分尊重独任法官、合议庭的法定审判组织地位，除审判委员会讨论决定的案件外，院长、副院长、庭长不再审核签发未直接参加审理案件的裁判文书，不得以口头指示等方式变相审批案件，不得违反规定要求法官汇报案件。同时，还重新定义审判委员会的功能等，明确法官、检察官不承担司法责任（即责任豁免）的情形。从而保证法官、检察官只在其职权范围内对其办理的案件或作出的决定承担司法责任或错案责任，实现权责一致。《法官法》《检察官法》第二章明确规定法官、检察官的职责和义务后，又赋予他们一系列权利，包括"非因法定事由、非经法定程序，不被调离、免职、降职、辞退或者处分"，以实现权责相当。但是，刑事诉讼中还存在权责背离的现象，有待完善。例如，《刑事诉讼法》第34 条明确了侦查阶段律师的辩护人地位，第 37 条将辩护人的责任规定为三个方面，且 1996 年修改后的《刑事诉讼法》实行"控辩式"庭审，由控辩双方承担庭审举证责任，但是，《刑事诉讼法》并没有明确辩护律师在侦查阶段的调查取证权，导致律师协助行使辩护权面临许多困境，无法有效履行其辩护职责。2018 年修改《刑事诉讼法》增加的值班律师就更加尴尬，权责不清，许多值班律师在司法实践中几乎沦为一个签署认罪认罚具结书的见证人。这些都亟待立法完善。

三、主客观相统一原则

主客观相统一原则，又称主观与客观相统一原则，不仅是我国刑法的基础性原则，而且是所有责任（包括法律责任、纪律责任）体系构成的共同原则，其基本含义是：对行为人追究责任，必须同时具备主观和客观两个方面的条件，防止主观追责或客观追责。刑事诉讼法律责任、司法责任和错案责任的构成基本上都坚持这一原则，要求行为人同时具有客观行为和主观过错，才能追责。[1]有关司法责任制的规范性文件也明确规定了这一点。《保护司法

---

〔1〕《国家赔偿法》规定的国家赔偿责任除外。

人员履行职责规定》第 11 条要求追究法官、检察官的错案责任必须主观上存在故意或重大过失，客观上存在违法违规行为。《检察院司法责任制意见》第 32 条第 2 款直接将司法责任分为故意违反法律法规责任、重大过失责任和监督管理责任三类。同时，第 33 条补充规定了免责事由，[1]《法院司法责任制意见》也将违法审判责任分为故意违反法律法规责任、重大过失责任和监督管理责任三类，要求法官具有故意或重大过失的主观过错，同时，第 28 条列举了不得作为错案进行责任追究的八种情形。《公安机关执法过错责任规定》第 2 条对"执法过错"的界定要求警察具有故意或过失的主观过错，同时，第 27 条补充规定了终身追责制度，[2]《政务处分法》第 5 条要求在给予公职人员政务处分时必须做到事实清楚、证据确凿、定性准确、处理恰当、程序合法、手续完备。同时，第 4 条要求政务处分与违法行为的性质、情节、危害程度相当，笔者认为，这里暗含了主客观相统一的构成要件。

从司法实务看，前文第二章第五节提到的福建石狮两律师携带斧头上法庭案，虽然法院已经给予两名律师司法处罚，并向司法行政机关发送司法建议书，要求处罚。但当地律师协会调查后认为，律师携带斧头进入法庭的目的是协助法庭查清案情，不存在危害法庭安全的主观过错，因此决定不予处罚。[3]可见，律师协会对两名律师的处理坚持了主客观相统一原则。

四、程序司法化原则

无论追究刑事诉讼法律责任、司法责任，还是错案责任，都直接涉及有关责任人的权利保护，可能存在争议的双方当事人，因此，它应当遵循正当法律程序，采取具有"三方组合"结构的司法程序进行处理，坚持司法最终裁决原则，充分保障当事人的陈述、举证、辩解、申请复议和申诉等权利，避免追责程序的行政化。《保护司法人员履行职责规定》第 14 条首次将法官、

---

〔1〕 即，司法办案工作中虽有错案发生，但检察人员履行职责中尽到必要注意义务，没有故意或重大过失的主观过错，不承担司法责任。

〔2〕 即，因故意或者重大过失造成错案，不受执法过错责任人单位、职务、职级变动或者退休的影响，将终身追究执法过错责任。

〔3〕 张彤、赵朋乐："泉州律协通报'石狮两律师带斧头上法庭'：律师主观目的是协助法庭查清案情 不予处罚"，载新京报网，http://www.bjnews.com.cn/news/2018/09/29/508662.html，最后访问时间：2019 年 8 月 11 日。

检察官惩戒委员会的审议确认作为追究法官、检察官错案责任的必经程序。《法官、检察官惩戒制度意见》对此作出规范，并保证惩戒委员会具有相当的专业性、中立性和权威性。[1]2019 年修改的《法官法》第 48 条至第 51 条、《检察官法》第 49 条至第 52 条分别增设了惩戒委员会制度，实现了法官、检察官惩戒程序的法定化。这样，惩戒委员会的审查程序是一个具有"三方组合"结构的司法程序，惩戒委员会在省一级设立，与当事法官、检察官没有直接利害关系，具有相对独立性，从而保证追责程序的司法化，保障法官、检察官不受任意惩戒。

但是，警察执法过错责任的追究程序，以及刑事诉讼法律责任中除法官责任、检察官责任以外的其他诉讼法律责任的追究程序，尤其是律师责任的追究程序，如何实现司法化，亟待研究解决。笔者认为，鉴于警察、律师与法官、检察官都是法律职业共同体成员，无论警察执法还是律师执业，都与法官、检察官办案一样，具有高度法律专业性，因此，对于警察执法过错责任和律师诉讼法律责任的追究，也应当借鉴境外做法和我国法官、检察官惩戒制度，实行惩戒委员会审议模式，在省一级公安机关、律师协会设立相应的惩戒委员会，相对独立地按照司法化程序审议本省行政区域内警察、律师的执法过错、违法违规事项，提出审查意见，并保证其中立性、专业性和权威性。对于当事人、其他诉讼参与人和案外人诉讼法律责任的追究，立法应当赋予有关当事人诉权，允许他们通过向有管辖权的法院起诉解决追责争议，并且由有关违法行为发生地以外的法院管辖，避免管辖法院与违法的当事人产生直接利害关系，影响裁判结果的权威性。

---

[1] 根据该意见，法官、检察官惩戒委员会的惩戒程序是：惩戒委员会根据法院、检察院调查的情况，依照程序审查认定法官、检察官是否违反审判、检察职责，并经全体委员三分之二以上多数通过，对当事法官、检察官提出构成故意违反职责、存在重大过失、存在一般过失或者没有违反职责的意见。惩戒委员会审议惩戒事项时，有关法院、检察院应当向惩戒委员会提供当事法官、检察官涉嫌违反审判、检察职责的事实和证据，并就其违法审判、检察行为和主观过错进行举证。当事法官、检察官有权进行陈述、举证、辩解。当事法官、检察官或者有关法院、检察院对审查意见有异议的，可以向法官、检察官惩戒委员会提出。法官、检察官惩戒委员会应当对异议及其理由进行审查，并作出决定。

第三节　追责范围和方式

根据程序法定原则和责任法定原则，刑事诉讼法律责任的追究应当由《刑事诉讼法》作出明确规定，严格按照《刑事诉讼法》的规定进行。关于刑事诉讼法律责任的责任形式，第三章已经作了研究。这部分主要结合《法官法》《检察官法》《人民警察法》等规范性文件规定的法官责任、检察官责任、警察责任的追责范围和追责方式，研究进一步完善《刑事诉讼法》规定的刑事诉讼法律责任。

一、追责范围

《人民法院组织法》和《人民检察院组织法》明确规定，人民法院、人民检察院都实行司法责任制，建立健全权责统一的司法权力运行机制。同时，《法官法》和《检察官法》规定，法官是依法行使审判权的审判人员，检察官是依法行使检察权的检察人员。两部法律分别规定了法官、检察官的职责，以及追究法官、检察官纪律责任和刑事责任的依据，但是，并没有明确法官、检察官的具体责任。《法院司法责任制意见》和《检察院司法责任制意见》细化了法官、检察官的职责权限，明确了法官、检察官司法责任的范围和责任豁免情形。《人民警察法》规定了警察的职责、权限、义务与纪律，并且明确规定人民警察包括公安机关、国家安全机关、监狱、劳动教养管理机关的人民警察，以及人民法院、人民检察院的司法警察。《公安机关执法过错责任规定》规定了公安机关及其警察的执法过错责任，很多内容直接涉及刑事诉讼法律责任，应当写入《刑事诉讼法》。其中，纪律责任将在下一部分追责方式中统一研究。

（一）法官责任

《法院司法责任制意见》第25条至第28条规定了法官审判责任的范围，吸收完善了《法院违法审判责任追究办法》规定的违法审判责任追究范围，明确法官应当对其履行审判职责的行为承担司法责任，并且在职责范围内对办案质量终身负责。《司法责任制实施意见》明确了各类审判组织和审判人员的审判职责。根据这些规定，法官责任（即违法审判责任）分为故意违反法律法规责任、重大过失责任和监督管理责任三类，前面两类属于办案责任，最后一类是管理责任。《法官法》第46条第4项和第5项明确，法官故意违反法律法规办理案件，或者因重大过失导致案件错误并造成严重后果的，应当追究责任。2012年4月，河南陕县人民法院自称"眼睛花了"而判错案的原主审法官水某审理的交通肇事案经再审改判后，三门峡市政法纪工委、三门峡市中级人民法院分别启动责任追究程序，对涉嫌违法犯罪的主审法官水某移交司法机关查处；陕县人民法院刑事审判庭庭长吕某不认真履行管理监督职责，审核把关不严，给予党内严重警告处分；陕县人民法院副院长霍某作为主管刑事审判工作的领导，审核把关不严，给予党内警告处分；湖滨区人民法院后川法庭庭长翟某给陕县人民法院出具的复函存在明显瑕疵，给予诫勉谈话处分。[1]据悉，这是河南出台错案终身追究制后第一个被追责的法官。最高人民法院2022年工作报告披露，2021年，最高人民法院查处本院违纪违法干警21人，各级法院查处利用审判执行权违纪违法干警3066人，其中追究刑事责任509人。

1. 故意违反法律法规责任

这一责任是指法官在审判中故意违反法律法规办理案件所应当承担的违法审判责任。《法院司法责任制意见》第26条将其分为七种情形，[2]这七种情形与《法官法》第46条规定的十种行为相比较，更加细化，它们都适用于

---

[1]　李丽静："河南出台错案追究制'眼花'法官移交司法机关"，载搜狐网，http://news.sohu.com/20120426/n341736956.shtml，最后访问时间：2018年6月6日。基本案情：2011年9月16日6时36分，被告人杨新华驾驶重型半挂车沿连霍高速行驶时，先撞击已经发生事故停在行车道内的一辆货车尾部后，又撞击快车道内张利强驾驶的轿车尾部，并骑轧推移轿车共同撞击前方一辆货车尾部，造成轿车中3人当场死亡，2人受伤。经道路交通事故责任认定，被告人杨新华负此次事故的全部责任。2012年3月6日，陕县法院"判处被告人杨新华有期徒刑2年"，理由是"被害人积极赔偿受害人家属部分经济损失90余万元"。但被害人张利强则表示他没有得到任何赔偿。主审法官水涛事后接受记者采访时，称当时自己"眼睛花了"，没看清湖滨区法院出具的赔偿复函。2012年4月23日，陕县法院启动再审程序，经过3个小时的庭审，合议庭认为，再审期间杨新华家属积极赔偿受害人及其亲属15万元的部分损失，并获得谅解，对其可以酌情从轻处罚，并当庭判决：撤销陕县法院之前的判决，以交通肇事罪判处杨新华有期徒刑3年6个月。杨新华当庭表示不上诉。

[2]　即，一是审理案件时有贪污受贿、徇私舞弊、枉法裁判行为的。二是违反规定私自办案或者制造虚假案件的。三是涂改、隐匿、伪造、偷换和故意损毁证据材料的。四是向合议庭、审判委员会汇报案情时隐瞒主要证据、重要情节和故意提供虚假材料的。五是制作诉讼文书时，故意违背合议庭评议结果、审判委员会决定的。六是违反法律规定，对不符合减刑、假释条件的罪犯裁定减刑、假释的。七是其他故意违背法定程序、证据规则和法律明确规定违法审判的。

刑事诉讼，是法官在办理刑事案件中可能涉及的刑事诉讼法律责任，而《刑事诉讼法》并没有明确，应当补充完善。

2. 重大过失责任

这一责任是指法官在审判中因重大过失导致裁判错误并造成严重后果所应当承担的违法审判责任。《法院司法责任制意见》第 26 条将它分为五种情形，[1]这五种情形细化了《法官法》第 46 条的规定，都适用于刑事诉讼，但《刑事诉讼法》都没有规定，这点也应当补充完善。

3. 监督管理责任

这一责任是指负有监督管理职责的人员等因故意或者重大过失，怠于行使或者不当行使审判监督权和审判管理权导致裁判错误并造成严重后果所应当承担的责任。该责任作为一种监督管理责任，是与特定的监督管理人员等的监督管理职责直接相关的管理责任，不同于前两类办案责任。《司法责任制实施意见》第 59 条至第 68 条规定了院领导、庭长的审判监督与管理职责。笔者认为，该责任的构成也坚持主客观相统一原则，要求行为人主观上具有故意或者重大过失，客观上存在怠于行使或者不当行使审判监督权和审判管理权，从而导致裁判错误并造成严重后果的情形。《法院司法责任制意见》第 27 条规定，追究此类责任依照干部管理有关规定和程序办理，即根据《监察法》和《政务处分法》有关规定，由纪委和监委负责追究。该类责任也是刑事诉讼中可能产生的一种司法责任，属于刑事诉讼法律责任的一部分，应当入法。

（二）检察官责任

《检察院司法责任制意见》第 32 条至第 36 条规定了检察官司法责任的范围，吸收完善了《检察院错案责任追究条例》规定的错案范围，明确检察官对其履行检察职责的行为承担司法责任，在职责范围内对办案质量终身负责。该规定将检察官责任分为故意违反法律法规责任、重大过失责任、监督管理责任和纪律责任。《检察官法》第 47 条第 4 项和第 5 项也明确，检察官故意违反法律法规办理案件，或者因重大过失导致案件错误并造成严重后果的，

---

〔1〕 即，一是因重大过失丢失、损毁证据材料并造成严重后果的。二是因重大过失遗漏主要证据、重要情节导致裁判错误并造成严重后果的。三是因重大过失导致裁判文书主文错误并造成严重后果的。四是因重大过失对不符合减刑、假释条件的罪犯裁定减刑、假释并造成严重后果的。五是因重大过失导致裁判结果错误并造成严重后果的。

应当追究责任。最高人民检察院 2022 年工作报告显示,2021 年,全国共有 2800 名检察人员被依纪依法查处,是 2020 年的 2 倍,其中移送追究刑事责任 202 人。最高人民检察院 4 人受到党纪政务处分、1 人被移送追究刑事责任。

1. 故意违反法律法规责任

这一责任是指检察官在司法办案工作中故意违反法律法规所应当承担的司法责任。《检察院司法责任制意见》第 34 条将其分为十一种情形。[1] 这十一种情形主要是在刑事诉讼过程中实施的,细化了《检察官法》第 47 条规定的同时,还补充了刑事诉讼法律责任的范围,属于刑事诉讼法律责任的一部分,应当被研究写入《刑事诉讼法》。

2. 重大过失责任

这一责任是指检察官在司法办案工作中有重大过失,怠于履行或不正确履行职责,导致案件错误并造成严重后果时所应当承担的责任。《检察院司法责任制意见》第 35 条将它分为八种情形,[2] 这八种情形也主要出现在刑事诉讼过程中,是对刑事诉讼法律责任的重要补充,应当研究入法。

3. 监督管理责任

这一责任是指负有监督管理职责的检察官因故意或重大过失怠于行使或不当行使监督管理权,导致司法办案工作出现严重错误所应当承担的责任。与法官的监督管理责任一样,检察官的监督管理责任也是一种管理责任,只能由那些负有监督管理职责的检察官承担,而且其构成要件坚持主客观相统一原则,要求检察官存在故意或重大过失的主观过错,且存在怠于行使或不当行使监督管理权,从而导致司法办案工作出现严重错误的情形。同理,此

---

〔1〕 十一种情形为,一是包庇、放纵被举报人、犯罪嫌疑人、被告人,或使无罪的人受到刑事追究的。二是毁灭、伪造、变造或隐匿证据的。三是刑讯逼供、暴力取证或以其他非法方法获取证据的。四是违反规定剥夺、限制当事人、证人人身自由的。五是违反规定限制诉讼参与人行使诉讼权利,造成严重后果或恶劣影响的。六是超越刑事案件管辖范围初查、立案的。七是非法搜查或损毁当事人财物的。八是违法违规查封、扣押、冻结、保管、处理涉案财物的。九是对已经决定给予刑事赔偿的案件拒不赔偿或拖延赔偿的。十是违法违规使用武器、警械的。十一是其他违反诉讼程序或司法办案规定,造成严重后果或恶劣影响的。

〔2〕 八种情形为,一是认定事实、适用法律出现重大错误,或案件被错误处理的。二是遗漏重要犯罪嫌疑人或重大罪行的。三是错误羁押或超期羁押犯罪嫌疑人、被告人的。四是涉案人员自杀、自伤、行凶的。五是犯罪嫌疑人、被告人串供、毁证、逃跑的。六是举报控告材料或其他案件材料、扣押财物遗失、严重损毁的。七是举报控告材料内容或其他案件秘密泄露的。八是其他严重后果或恶劣影响的。

类责任的追究也应当依照干部管理有关规定和程序办理，即根据《监察法》和《政务处分法》有关规定，由纪委和监委负责。而且此类责任也是刑事诉讼中可能产生的一种司法责任，作为刑事诉讼法律责任的一部分，应当入法。

（三）警察责任

警察责任又称警察执法过错责任，是指人民警察在执法办案中，因故意或者过失造成的认定事实错误、适用法律错误、违反法定程序、作出违法处理决定等执法错误所应当承担的一种责任。《公安机关执法过错责任规定》明确界定了警察执法过错的概念、执法过错责任的认定、对执法过错责任人的处理，以及执法过错责任追究的程序等，作为追究警察责任的依据。根据该规定，警察执法过错责任的构成要件坚持主客观相统一原则，主观上要求警察具有故意或过失的执法过错心理，客观上要求造成执法错误的后果。同时，在一定情形下实行责任豁免。根据该规定，执法过错责任包括刑事责任、行政纪律责任和作出其他处理三种形式，对执法过错责任人员，应当根据其违法事实、情节、后果和责任程度分别追究相应的责任。同时，该规定还将执法过错责任分为从重追究的执法过错责任、从宽追究的执法过错责任、终身追究的执法过错责任、行政纪律责任和作出其他处理五种，分别适用不同情形。如果发生执法过错案件，影响恶劣、后果严重的，除追究直接责任人员的责任外，还应当依照有关规定追究公安机关领导责任。这些责任形式和种类都适用于刑事诉讼，应当作为刑事诉讼法律责任的一部分，通过立法补充确认。

（1）从重追究的执法过错责任是指警察在办案中故意造成执法过错或者有其他严重情节，应当从重追究的一种执法过错责任。《公安机关执法过错责任规定》第 19 条将其分为五种情形。[1]

（2）从宽追究的执法过错责任是指警察在办案中过失造成执法过错或者存在其他可以从轻、减轻或者免予追究的情节，从轻、减轻或者免予追究的执法过错责任。《公安机关执法过错责任规定》第 20 条将其分为四种情形。[2]

---

〔1〕 五种情形为，一是因贪赃枉法、徇私舞弊、刑讯逼供、伪造证据、通风报信、蓄意报复、陷害等故意造成执法过错的。二是阻碍追究执法过错责任的。三是对检举、控告、申诉人打击报复的。四是多次发生执法过错的。五是情节恶劣、后果严重的。

〔2〕 四种情形为，一是由于轻微过失造成执法过错的。二是主动承认错误，并及时纠正的。三是执法过错发生后能够配合有关部门工作，减少损失、挽回影响的。四是情节轻微、尚未造成严重后果的。

（3）终身追究的执法过错责任是指警察在办案中因故意或者重大过失造成错案所应当承担的一种终身追究的执法过错责任。《公安机关执法过错责任规定》第 27 条对此作出明确规定。[1]

（4）作出其他处理是指根据执法过错责任人员的违法事实、情节、后果和责任程度等，不宜追究刑事责任或行政纪律责任，由相关部门提出处理意见，经公安机关负责人批准，作出其他处理。《公安机关执法过错责任规定》第 14 条规定了可以单独或者合并作出处理的九种方式。[2]这种责任考虑到警察工作的特殊性，更具灵活性，其启动主体是公安机关的相关部门，包括纪检监察、督察、审计、法制以及执法办案等部门，但最终决定权在公安机关负责人。这种责任可以单独适用，也可以与其他责任合并适用，本质上是一种纪律责任，应当纳入法制轨道，通过正当程序予以追究。

二、追责方式

有学者根据司法办案人员有无执法过错，将刑事错案分为可归责的错案和无可归责的错案。对错案受害者来说，无可归责于执法者个人责任的错案，也应由责任主体承担错案责任。因此，错案责任不仅包括对司法人员个人的惩戒责任，还应包括司法机关和司法人员对错案的纠正责任、司法机关对损害的修复、赔偿责任。[3]有学者经过研究发现，我国法官责任制度逐渐形成了三种模式，即，结果责任模式、程序责任模式和职业伦理责任模式。这三种模式都是司法体制改革的产物，都有各自得以存在的制度空间，也都有相应的局限性和实施障碍。[4]这些观点从不同角度出发，对错案责任的追责方式作了扩大解释，揭示了错案责任形式的多样性和追责方式的复杂性。还有学者对赵作海案、佘祥林案、于英生案、张氏叔侄案等重大冤假错案产生的

---

[1]　即，因故意或者重大过失造成错案的，不受执法过错责任人单位、职务、职级变动或者退休的影响，终身追究执法过错责任。如果错案责任人已调至其他公安机关或者其他单位的，应当向其所在单位通报，并提出处理建议；错案责任人在被作出追责决定前，已被开除、辞退且无相关单位的，应当在追责决定中明确其应当承担的责任。

[2]　九种方式为，一是诫勉谈话；二是责令作出书面检查；三是取消评选先进的资格；四是通报批评；五是停止执行职务；六是延期晋级、晋职或者降低警衔；七是引咎辞职、责令辞职或者免职；八是限期调离公安机关；九是辞退或者取消录用。

[3]　刘春雷、杨凯："错案认定标准及责任承担方式应予完善"，载《人民检察》2016 年第 6 期。

[4]　陈瑞华："法官责任制度的三种模式"，载《法学研究》2015 年第 4 期。

原因进行反思后，指出："司法的最高境界是无冤"，"在遭受司法冤屈的被害人面前，对于司法机关无论进行何种责难都应该。为了避免冤案，对于司法机关无论提出何种要求都不为过。冤案的制造者，无论是有意还是无心，都应该永远钉在历史的耻辱柱上"。[1]笔者赞同该观点。

《法官法》第46条和《检察官》第47条规定，追究法官、检察官责任的方式包括处分和刑事责任，这里的处分，即纪律责任，包括党纪处分和政务处分。党纪处分按照党员干部管理权限，由纪委和相应的法院、检察院负责，追责依据分别是《人民法院工作人员处分条例》和《检察人员纪律处分条例》，处分的种类包括警告、记过、记大过、降级、撤职、开除六种。政务处分由监察委员会负责，按照《政务处分法》，处分的种类包括警告、记过、记大过、降级、撤职、开除六种形式。同时，《法官法》第65条和《检察官法》第66条都规定了对错误处分的救济机制。[2]《人民警察法》第48条规定，追究警察责任的方式包括行政处分和刑事责任。对违反纪律的人民警察，还要给予纪律处分，处分依据是《公安机关人民警察纪律条令》。

除《法官法》《检察官法》和《人民警察法》的规定外，有关司法责任制文件补充细化规定了法官责任、检察官责任和警察责任中的纪律责任，它们作为《刑事诉讼法》规定的刑事诉讼法律责任的重要补充，值得立法确认。

（一）法官的纪律责任

《法官法》第46条规定，法官有十种行为之一的，[3]应当给予处分；构成犯罪的，依法追究刑事责任。法官的处分按照有关规定办理。这里的"有关规定"，是指有关法律法规和纪律规定，包括《人民法院工作人员处分条

---

[1] 陈兴良："陈兴良告诫办案人员：冤案的制造者，无论是有意还是无心，都应该永远钉在历史的耻辱柱上！"，载《法治简报》2019年8月7日，第13版。

[2] 即，法院、检察院对法官、检察官处分或者人事处理错误的，应当及时予以纠正；造成名誉损害的，应当恢复名誉、消除影响、赔礼道歉；造成经济损失的，应当赔偿。对打击报复的直接责任人员，应当依法追究其责任。

[3] 即，(1) 贪污受贿、徇私舞弊、枉法裁判的；(2) 隐瞒、伪造、变造、故意损毁证据、案件材料的；(3) 泄露国家秘密、审判工作秘密、商业秘密或者个人隐私的；(4) 故意违反法律法规办理案件的；(5) 因重大过失导致裁判结果错误并造成严重后果的；(6) 拖延办案，贻误工作的；(7) 利用职权为自己或者他人谋取私利的；(8) 接受当事人及其代理人利益输送，或者违反有关规定会见当事人及其代理人的；(9) 违反有关规定从事或者参与营利性活动，在企业或者其他营利性组织中兼任职务的；(10) 有其他违纪违法行为的。

例》和《政务处分法》等。《法院司法责任制意见》第 25 条第 3 款规定，法官有违反职业道德准则和纪律规定，接受案件当事人及相关人员的请客送礼，与律师进行不正当交往等违纪违法行为，依照法律及有关纪律规定另行处理。该款规定将法官的职业伦理责任和纪律责任单列，与第 2 款规定的违法审判责任区分开来，依照有关法律法规和纪律规定另行处理。同时，该意见第 37 条还规定了追究法官违法审判责任的三种方式，即单位内部人事处分、单位内部纪律处分和司法机关违法处理，前面两种统称为单位内部处分，属于纪律责任，最后一种属于刑事责任。此外，与《法官法》第 65 条一样，该意见第 41 条规定，法院或者相关部门对法官作出错误处理的，应当赔礼道歉、恢复职务和名誉、消除影响，对造成经济损失的依法给予赔偿。这是一种单位（法院）责任。此外，《人民法院工作人员处分条例》区分违反政治纪律的行为、违反办案纪律的行为和违反廉政纪律的行为，详细规定了法院工作人员违反法律法规或者本条例的规定应当承担的纪律责任，它们是追究法官纪律责任的依据。

因此，我国法官责任的追责方式包括刑事责任、纪律责任、职业伦理责任和民事责任四种。关于民事责任，《国家赔偿法》第 31 条规定，刑事赔偿的赔偿义务机关履行国家赔偿责任后，应当向有关责任人员（即法官、检察官或警察）追偿部分或全部赔偿费用，并依法给予处分；构成犯罪的，依法追究刑事责任。由此，有关办案的法官、检察官或警察必须履行民事赔偿责任。《人民警察法》第 50 条和《公安机关执法过错责任规定》第 15 条也明确了这一责任形式。

（二）检察官的纪律责任

《检察官法》第 47 条规定，检察官有十种行为之一的，[1] 应当给予处分；构成犯罪的，依法追究刑事责任。对检察官的处分按照有关规定办理。同理，

---

〔1〕　十种行为为，（1）贪污受贿、徇私枉法、刑讯逼供的；（2）隐瞒、伪造、变造、故意损毁证据、案件材料的；（3）泄露国家秘密、检察工作秘密、商业秘密或者个人隐私的；（4）故意违反法律法规办理案件的；（5）因重大过失导致案件错误并造成严重后果的；（6）拖延办案，贻误工作的；（7）利用职权为自己或者他人谋取私利的；（8）接受当事人及其代理人利益输送，或者违反有关规定会见当事人及其代理人的；（9）违反有关规定从事或者参与营利性活动，在企业或者其他营利性组织中兼任职务的；（10）有其他违纪违法行为的。

这里的"有关规定",是指有关法律法规和纪律规定,包括《检察人员纪律处分条例》和《政务处分法》等。《检察院司法责任制意见》第 32 条第 2 款将检察官的司法责任分为三类,同时明确,检察官与司法办案活动无关的其他违纪违法行为,依照法律及《检察人员纪律处分条例》等有关规定处理。这也是一种纪律责任,它不同于前面规定的办案责任和管理责任,追责依据是有关法律和《检察人员纪律处分条例》《检察人员执法过错责任追究条例》等有关纪律规定。但是,这里的"其他违法违纪行为",是否包括违反检察官职业道德准则的行为,并没有得到明确。笔者认为,对此应当作扩大解释,与《检察院司法责任制意见》第 37 条第 3 款规定一致,包括检察官的职业伦理责任和纪律责任。这样更符合检察官责任的原理。同时,该意见第 33 条第 2 款增加了一种司法瑕疵责任,[1]也属于纪律责任。

此外,《检察人员纪律处分条例》区分违反政治纪律行为的处分、违反组织纪律行为的处分、违反办案纪律行为的处分、违反廉洁纪律行为的处分、违反群众纪律行为的处分、违反工作纪律行为的处分和违反生活纪律行为的处分七类,规定了检察人员违反纪律或者法律、法规规定应当承担的纪律责任,以及检察机关及其所属机构、单位、办案组织集体作出违纪决定或者实施违纪行为,对负有直接责任和领导责任的检察人员给予的纪律处分,也是追究检察官纪律责任的基本依据。因此,检察官责任的追责方式也包括民事责任、刑事责任、纪律责任和职业伦理责任四种。

(三)警察的纪律责任

《人民警察法》第 22 条规定了警察的禁止性行为,包括十二个方面,[2]此即警察纪律或警察职业道德准则,是追究警察责任的根据。同时,第 48 条

---

〔1〕 即,检察官在事实认定、证据采信、法律适用、办案程序、文书制作以及司法作风等方面不符合法律和有关规定,但不影响案件结论的正确性和效力的,属于司法瑕疵,依照相关纪律规定处理。

〔2〕 十二个方面为,一是散布有损国家声誉的言论,参加非法组织,参加旨在反对国家的集会、游行、示威等活动,参加罢工;二是泄露国家秘密、警务工作秘密;三是弄虚作假,隐瞒案情,包庇、纵容违法犯罪活动;四是刑讯逼供或者体罚、虐待人犯;五是非法剥夺、限制他人人身自由,非法搜查他人的身体、物品、住所或者场所;六是敲诈勒索或者索取、收受贿赂;七是殴打他人或者唆使他人打人;八是违法实施处罚或者收取费用;九是接受当事人及其代理人的请客送礼;十是从事营利性的经营活动或者受雇于任何个人或者组织;十一是玩忽职守,不履行法定义务;十二是其他违法乱纪的行为。

规定，警察有这十二种行为之一的，给予行政处分；构成犯罪的，依法追究刑事责任。行政处分也分为警告、记过、记大过、降级、撤职、开除六种。对受行政处分的人民警察，按照国家有关规定，可以对其降低警衔、取消警衔。对违反纪律的人民警察，必要时可以对其采取停止执行职务、禁闭的措施。随着国家监察体制改革，行政处分已经并入政务处分，由各级监察委员会按照《政务处分法》进行处置。而降低警衔、取消警衔、对其采取停止执行职务、禁闭的措施，都属于公安机关内部纪律处分的形式，与政务处分一样，属于纪律责任或职业伦理责任，处分依据是《政务处分法》《行政机关公务员处分条例》，以及《公安机关人民警察纪律条令》等规范性文件。

《公安机关执法过错责任规定》第12条对执法过错责任人员规定了刑事责任、行政纪律责任或者作出其他处理三种追责方式。[1]同时，第13条规定，追究行政纪律责任的，由人事部门或者纪检监察部门依照《行政机关公务员处分条例》和《公安机关人民警察纪律条令》等规定依法给予纪律处分。该规定第15条还明确了有关责任警察的民事赔偿责任。[2]此外，《公安机关人民警察纪律条令》规定了警察违法违纪的具体情形及其承担的纪律责任，包括警告、记过、记大过、降级、撤职、开除六种，是对违法违纪的警察和负有责任的领导人员以及直接责任人员进行追责的依据。因此，与法官责任、检察官责任一样，警察责任的追责方式也包括民事责任、刑事责任、纪律责任和职业伦理责任四种。

三、责任豁免

诉讼活动和司法活动都是一种极其复杂的实践性认识活动，受到认识主体、认识客体、认识条件、认识工具等多方面条件的影响，即使是最谨慎的人，也难免发生错误。培根曾说：法官不仅要查明案件事实，还要洞悉案件发生的时代背景和社会环境等。德国联邦最高法院法官托马斯·费雪认为，根据德国联邦宪法法院的稳定见解，刑事诉讼最重要且最崇高的任务是发现

---

〔1〕　三种追责方式为，对执法过错责任人员，应当根据其违法事实、情节、后果和责任程度分别追究刑事责任、行政纪律责任或者作出其他处理。

〔2〕　即，公安机关依法承担国家赔偿责任的案件，除依照本规定追究执法过错责任外，还应当依照《国家赔偿法》的规定，向有关责任人员追偿部分或者全部赔偿费用。

真正的真相、完整的真相。但实际上却没有那么简单。刑事诉讼同时追求着不同的目标：真相、正义、正当性等，它应当要尽可能同时实现上述目标，但这几乎是不可能的任务。[1] 为此，西方国家一般实行司法责任豁免，主要包括法官职务保障、错案责任豁免、民事豁免和刑事豁免四个方面，[2] 对我国具有借鉴价值。

责任豁免是指在一定条件下，即使发生法律规定的违法行为或严重后果等，也全部或部分免除行为人司法责任的一种制度。《保护司法人员履行职责规定》第 11 条有法官、检察官错案责任豁免的规定。[3] 有学者认为，司法责任追究与责任豁免是司法责任中不可或缺的两个方面，二者相辅相成，共同组成司法责任的整体。[4] 我国《刑事诉讼法》第 193 条第 1 款赋予被告人的配偶、父母、子女强制出庭作证的豁免权，但是没有涉及其他刑事诉讼法律责任的豁免。《律师法》第 37 条赋予律师在法庭上的发言豁免权，[5] 而《法官法》《检察官法》和《人民警察法》都没有涉及责任豁免问题，只是有关司法责任制文件对法官责任、检察官责任、警察责任的豁免有所规定，其中，没有过错是免责的主要事由。而且它们规定的内容相互之间不一致。最高人民法院、最高人民检察院、公安部分别以内部规范性文件的形式规定司法责任豁免的内容和范围，其效力有限，且最高司法机关分别给自己的司法人员规定责任豁免，难免出现"合法性危机"，建议在修改《法官法》《检察官法》和《人民警察法》时，对司法责任豁免的内容和范围作出明确规定。同时，《刑事诉讼法》也应当吸收并确立刑事诉讼法律责任豁免制度。

（一）法官责任豁免

德国学者佛尔克·艾柏（Volker Erb）指出，按照德国联邦最高法院的理解，法官特权是不用负责任的。即使是"最严重的业务过失，造成如此严重

---

〔1〕 ［德］托马斯·达恩史戴特：《失灵的司法·德国冤错案启示录》，郑惠芬译，法律出版社 2017 年版，第 254 页、第 257 页。

〔2〕 朱孝清："错案责任追究与豁免"，载《中国法学》2016 年第 2 期。

〔3〕 即，如果法官、检察官不是因为故意违反法律、法规或者有重大过失导致错案并造成严重后果的，不承担错案责任。

〔4〕 朱孝清："错案责任追究与豁免"，载《中国法学》2016 年第 2 期。

〔5〕 即，"律师在法庭上发表的代理、辩护意见不受法律追究，但是，发表危害国家安全、恶意诽谤他人、严重扰乱法庭秩序的言论除外"。

的后果",只要其发生并非出于刻意,而是出于轻率,法官仍旧"免予承担刑事责任"。艾柏认为,轻率的误判其实更有"刑罚之必要",因为司法必须维护的最重要利益是信任,亦即相信法官是认真且不会轻易犯错之公务守护者的那份好感,便会就此陷入严重的危机。他指出:"没有任何正当的论据,足以支持我们接受这种以牺牲无辜者为业的懒散旧例,却不给予任何制裁。"[1]美国联邦最高法院在"希雷德利诉费希尔案"判决中指出:"只要法官没有在明显缺乏司法管辖权的情况下行使职权,即便其判决是错误的、恶意的或超越权限做出的,法官也不应当被追究民事或刑事责任。"[2]《法院违法审判责任追究办法》第 22 条采用列举的方式,规定有五种情形之一的,[3]审判人员不承担责任,即责任豁免。《法院司法责任制意见》规定法官责任追究内容的同时,第 28 条吸收了《法院违法审判责任追究办法》第 22 条的规定,采用列举的方式规定了法官错案责任豁免的八种情形。[4]换言之,只要具有这八种情形之一的,即使案件被认定为错案,也不应追究法官责任。但是,该条使用的许多词汇,如"在专业认知范围内能够予以合理说明""客观原因""新证据""政策调整"等,在实践中极易引起歧义,有待立法进一步明确。

(二)检察官责任豁免

检察官作为"法律的守护者",不仅负有追诉犯罪的职责,而且负有保护无辜者不受刑事追究和保护被害人合法权益的责任,应当追求天平的精神——公平正义,始终坚守客观公正的立场。《检察官法》第 5 条要求检察官履行职责,秉持客观公正的立场,既要追诉犯罪,也要保障无罪的人不受刑

---

〔1〕[德]托马斯·达恩史戴特:《失灵的司法·德国冤错案启示录》,郑惠芬译,法律出版社 2017 年版,第 310 页。

〔2〕[美]汉斯·斯密特、潘汉典:"美国司法责任论",载《环球法律评论》1983 年第 4 期。

〔3〕五种情形为,(1)因对法律、法规理解和认识上的偏差而导致裁判错误的;(2)因对案件事实和证据认识上的偏差而导致裁判错误的;(3)因出现新的证据而改变裁判的;(4)因国家法律的修订或者政策调整而改变裁判的;(5)其他不应当承担责任的情形。

〔4〕八种情形为,因下列情形之一,导致案件按照审判监督程序提起再审后被改判时,不得追究法官的错案责任:(1)对法律、法规、规章、司法解释具体条文的理解和认识不一致,在专业认知范围内能够予以合理说明的;(2)对案件基本事实的判断存在争议或者疑问,根据证据规则能够予以合理说明的;(3)当事人放弃或者部分放弃权利主张的;(4)因当事人过错或者客观原因致使案件事实认定发生变化的;(5)因出现新证据而改变裁判的;(6)法律修订或者政策调整的;(7)裁判所依据的其他法律文书被撤销或者变更的;(8)其他依法履行审判职责不应当承担责任的情形。

事追究。《检察院司法责任制意见》规定检察官责任追究内容的同时，第33条采用概括的方式规定了责任豁免。这里区分重大过失和一般过失，明确只有故意或重大过失，才能追究检察官责任。如果检察官在履行职责中尽到了必要注意义务，仅仅存在一般过失，就不能追责。但是，该条规定的"必要注意义务"，也是一个含义模糊的词汇，在实践中容易引发歧义，从而影响该规定的实施，有待立法细化规范。此外，《检察院错案责任追究条例》第9条采用列举的方式，明确具有六种情形之一的，[1]即使案件认定发生变化，也不得追究检察官责任。这六种情形与法官责任豁免事由基本一致。同时，该条例第33条和第10条还规定，检察院和检察官违法行使职权造成错案，符合《国家赔偿法》规定的，国家应当承担赔偿责任，但检察官不具有本条例第6条、第7条、第8条规定情形之一的，不追究个人责任，即不得追究检察官的民事赔偿责任，这是一种民事责任豁免。

（三）警察责任豁免

德国学者认为，警察作为猎人，其任务就是破案，只有当他们抓到人的时候，才能结案。因此，警察工作的重点不是公平正义，也不是公平正义的前提——真相。他们的重点在于逮到犯人，然后厘清犯行。能做到这些，才是一名好警察。[2]《公安机关执法过错责任规定》第20条在规定从宽追究执法过错责任的同时，第21条规定了警察责任豁免，明确具有下列七种情形之一的，[3]不追究警察的执法过错责任。这七种情形与前面论及的法官责任、检察官责任豁免事由基本一致，也存在同样的问题，可能影响实务操作，有待立法进一步细化。

---

〔1〕 六种情形为，（1）法律、政策发生变化的；（2）法律规定不明确或者对事实的性质、适用法律认识、理解不一致的；（3）因当事人过错或者客观原因使案件事实认定出现偏差的；（4）检察官没有故意或者过失的；（5）经其他有关部门协调、决定的案件；（6）其他法律规定免予追究检察官责任的。

〔2〕 ［德］托马斯·达恩史戴特：《失灵的司法·德国冤错案启示录》，郑惠芬译，法律出版社2017年版，第303页。

〔3〕 七种情形为，（1）因法律法规、司法解释发生变化，改变案件定性、处理的；（2）因法律规定不明确、有关司法解释不一致，致使案件定性、处理存在争议的；（3）因不能预见或者无法抗拒的原因致使执法过错发生的；（4）对案件基本事实的判断存在争议或者疑问，根据证据规则能够予以合理说明的；（5）因出现新证据而改变原结论的；（6）原结论依据的法律文书被撤销或者变更的；（7）因执法相对人的过错致使执法过错发生的。

第四节　追责程序

有学者对西南地区七个法院从 2003 年至 2012 年间错案责任追究进行实证研究，发现错案追究呈现多样化，包括是否实行错案追究不一致、错案标准不一致、错案责任不一致等。从司法实践看，错案追究方式包括单独追究和列入案件质量评查制度追究两种。错案责任追究从"实体问责"开始，以"程序之治"结束，存在一种"举重放轻"的实践逻辑。不同法院的错案追究模式基本一致，审判委员会是追究错案的决策组织，错案的认定一般经过发现错案来源、初步评查案件、全面了解案件、讨论决定错案、落实错案责任五个步骤。而在作出错案认定前，审判委员会委员们需要在会上全面地了解案情，包括承办法官口头汇报案情，并对是否构成错案表达意见；业务庭庭长补充汇报案情和发表意见，有时主管副院长也会介绍案件办理情况。委员们还会主动询问案件证据、事实认定、法律适用、办理程序、判决形成过程等，然后，审判委员会对错案来源分别作出判决正确、错案豁免、存在小疏漏和错案四种类型的认定。其中，错案豁免主要是由两审法官的认识差异、当事人的行为或承办法官自身以外的因素引起并经改判或者发回重审的。而被审判委员会确认为错案的，又可分为"错得一目了然"和"错得一塌糊涂"两大类。在最终被认定的错案中，90%以上都有程序法适用上的错误。[1]《刑事诉讼法》没有明确规定刑事诉讼法律责任的追究程序，《法官法》《检察官法》补充规定了法官、检察官的惩戒程序。有关司法责任制文件对司法责任的追究程序进行了规范，主要包括程序启动、责任确认和责任承担三个方面。

一、程序启动

刑事诉讼法律责任由法律规定的诉控主体提起，但是，不同形式的刑事诉讼法律责任的启动主体不一样。有关司法责任制文件规定了追究法官责任、检察官责任和警察责任的启动程序，相互之间也不一致，有待立法统一规范、整合。

---

〔1〕 王伦刚、刘思达："从实体问责到程序之治——中国法院错案追究制运行的实证考察"，载《法学家》2016 年第 2 期。

（一）法官责任追究的启动

《法院违法审判责任追究办法》第 28 条和《法院司法责任制意见》第 34 条规定，法官责任追究程序的启动权属于责任人所在法院的监察部门。监察部门立案启动追责程序的材料来源，包括法院内部和法院外部两个方面。《法院违法审判责任追究办法》第 29 条规定了法院内部违法审判的材料来源，要求监察部门从二审、审判监督中发现审判人员违法审判的线索，同时，还要求法院各审判组织和审判人员将在审判工作中发现的违法审判线索及时通知监察部门，并提供有关材料。《法院司法责任制意见》第 34 条第 1 款规定了法院内部立案追责的启动程序，[1] 它是启动追责材料的主要来源，也是监察部门必须立案启动追责的材料来源。《法院司法责任制意见》第 34 条第 2 款赋予人大、政协、媒体和社会对法官违法审判行为的举报权和投诉权，要求各级法院依法自觉接受人大、政协、媒体和社会监督，依法受理对法官违法审判行为的举报、投诉，并认真进行调查核实。一旦调查核实了有关法官违法审判行为的事实，就应当交由监察部门立案启动追责程序。这是法院外部材料的来源。这里的"社会"是指社会公众，包括公民、法人和其他组织。举报与投诉二者之间有区别。举报一般是指已经发现违法审判事实，而且有明确的责任人。而投诉一般是指有违法审判行为发生，但不清楚具体的责任人。

此外，《法院违法审判责任追究办法》第 31 条还确立了一种上级法院立案追责制度，作为对下级法院立案追责的补充与监督，即，上级法院监察部门认为下级法院应当追究有关审判人员责任而没有追究的，报院长决定，责令下级法院追究责任，必要时可以直接调查处理。也就是说，下级法院应当追究有关违法审判责任而不启动追责程序的，上级法院有权直接立案，但决定权在上级法院院长。

（二）检察官责任追究的启动

《检察院错案责任追究条例》第 20 条区分不同情形，规定了检察官错案

---

〔1〕 即，一旦法院发现需要追究违法审判责任的行为，一般由院长、审判监督部门或者审判管理部门提出初步意见，由院长委托审判监督部门审查或者提请审判委员会进行讨论，经审查初步认定有关人员具有该意见所列违法审判责任追究情形的，交由监察部门立案启动追责程序。

追责的启动、调查部门。[1]但该条例没有明确错案追责的职能部门。同时，第23条补充规定，上级人民检察院有权调查、追究下级人民检察院错案责任人的责任或者责成下级人民检察院调查、追究错案责任人的责任。下级人民检察院应当在要求期限内将调查、追究情况报告上级人民检察院。该规定是检察一体化原则的重要体现，可以避免下级人民检察院对应当追责的错案拒不启动追责程序。

《检察院司法责任制意见》第42条明确各级人民检察院的纪检监察部门负责受理对检察人员在司法办案工作中违纪违法行为和司法过错行为的检举、控告，并进行调查核实，将错案追责的职能部门确立为纪检监察部门，即由各级人民检察院检察委员会审查决定后，应当交由本院纪检监察机构立案启动追责程序。第43条规定也明确了这一点，由纪检监察部门将案件移送检察官惩戒委员会审议。同时，第42条规定了纪检监察部门立案启动追责程序的材料来源，包括检举控告和案件核查两个方面。第42条第1款明确赋予公民、法人或其他组织对检察人员在司法办案工作中违纪违法行为和司法过错行为的检举控告权。此类检举控告由行为人所在检察院的纪检监察部门受理，并进行调查核实，报检察长决定是否立案启动追责程序。第42条第2款明确了检察院内部工作中发现错案责任追究的线索来源。[2]一旦出现该款规定的情形之一，案件必须移交纪检监察部门，由其核查是否存在应当追究司法责任的情形，报检察长决定是否立案启动错案追责程序。

可见，检察官错案责任追究程序的启动相对复杂，虽然启动主体在各级检察机关的纪检监察部门，但决定权主体包括检察长和检察委员会。而且两种线索来源可能出现交叉，在实践中可能影响追责程序的启动。

（三）警察责任追究的启动

《公安机关执法过错责任规定》第20条规定，追究警察的执法过错责任，

---

〔1〕　即，凡需要对案件事实、证据进行复查的，由控告申诉部门受理；凡需要对违反法定诉讼程序的行为查处的，由监察部门或者检察长指定的部门受理。控告申诉部门、监察部门或者检察长指定的部门复查、调查终结后，应当写出复查、调查报告，报送本院检察委员会审查决定，是否启动追责程序。

〔2〕　即，对检察人员承办的案件发生被告人被宣告无罪，国家承担赔偿责任，确认发生冤假错案，犯罪嫌疑人、被告人逃跑或死亡、伤残等情形的，纪检监察机构应当核查是否存在应予追究司法责任的情形。

由发生执法过错的公安机关负责查处。同时，第23条规定，公安机关的纪检监察、督察、审计、法制以及执法办案等部门，在各自职责范围内都有权检查、纠正和处理执法过错案件。换言之，这些相关部门都是立案启动追责程序的主体。此外，第22条第2款规定，上级公安机关发现下级公安机关应当查处的执法过错案件而未查处的，应当责成下级公安机关查处；必要时，也可以直接查处。同理，该款规定既体现了公安机关上下一体化原则，也避免下级公安机关应当查处执法过错案件而拒绝查处，具有监督性质。因此，警察执法过错责任追究程序的启动主体具有多样性，公安机关的纪检监察、督察、审计、法制以及执法办案等相关部门都有权启动追责程序。虽然《公安机关执法过错责任规定》第24条允许相关部门将调查后的案件材料移送法制部门认定，但并不是必经程序。这在实践中可能出现"同案不同判"的认定差异，从而影响到追责程序启动和责任承担。

随着2018年《宪法》修改和《监察法》制定并生效，国家监察全覆盖已经实现。各级监察机关与同级纪委合署办公，各级纪委负责审查党员违反党纪党规的行为，监察机关依法对所有行使公权力的公职人员进行监察，调查职务违法和职务犯罪。而监察系统与纪委系统上下级都是领导关系，各级法院、检察院、公安机关内部的纪检监察部门也应接受其上级纪委监察机关的领导。无论法官、检察官还是警察，他们在办案过程中出现职务违法犯罪或违纪行为，都由纪委监委管辖。因此，笔者认为，立法应当统一各种司法责任追究程序的启动主体，即由各单位的纪检监察部门负责，接受上级纪委监委领导，从而实现司法机关内部职权的优化配置和国家监察权的集中统一高效行使。河南老汉王某的女儿王某丹于2001年被害。在侦办此案过程中，河南省永城市公安局将部分关键证据遗失，造成案件达不到移送起诉的标准。王某称，女儿被害时16岁，尸体是在村里玉米秸秆垛中发现的，脖子勒着绳子，肚子有伤，裤子被脱到脚踝。王某怀疑其中有人渎职。永城市公安局于2014年5月和王某签订了一份补偿协议，由公安局一次性补偿王某58万元，要求王某不再就此案的侦办工作向上级单位进行上访、申诉。[1]该案经媒体曝光后，根据永城市人民政府新闻办公室2019年8月1日发布的情况通报，

---

[1] 耿志芳："河南16岁女孩遇害：警方遗失证据致无法起诉 补偿家属58万"，载腾讯网，https://new.qq.com/omn/20190725/20190725A07HQG00.html，最后访问时间：2019年8月11日。

2019 年 7 月 26 日，永城市监察委员会立案调查，7 月 31 日，对物证丢失的责任人、时任市公安局刑警大队技术中队中队长朱某某采取留置措施。该市公安局组织专案组对该命案全力侦破。

二、责任确认

责任确认是一种具有裁判性质的诉讼认识活动，需要对双方当事人的主张、事实和证据等进行审查，提出审查意见或认定结论，因此，它应当采取"三方组合"的诉讼构造，保障确认主体的中立性、确认权行使的独立性，从而实现确认程序的司法化。不同形式的刑事诉讼法律责任由不同的确认主体通过法定程序进行确认。有关司法责任制文件对法官责任、检察官责任和警察责任的确认进行了规范，但各种责任的确认程序并不一致。《法官、检察官惩戒制度意见》构建了法官、检察官惩戒委员会制度，对法官责任、检察官责任的追责程序进行改革，并写入了《法官法》《检察官法》，统一了法官责任、检察官责任的确认程序，采用"三方组合"的审查模式。

（一）法官责任的确认

《法院违法审判责任追究办法》规定，法院的审判组织确认本院的裁决、裁定、决定是否错误，一般由法院院长提请审判委员会讨论决定，然后，再由法院监察部门负责追究。这种确认机制将法官错案责任的认定纯粹变成法院的"私家事"，法院成为自己案件的法官，这不符合正当法律程序的要求。为此，《保护司法人员履行职责规定》第 14 条第一次提出建立法官、检察官惩戒委员会，将法官、检察官错案责任认定的权力交由法官、检察官惩戒委员会。该条第 2 款规定了惩戒委员会对法官、检察官错案责任的审议确认程序，[1]《法官、检察官惩戒制度意见》进一步细化了法官、检察官惩戒委员会的审议确认程序，明确法官、检察官惩戒工作由法院、检察院与法官、检

---

〔1〕　即，法官、检察官惩戒委员会审议法官、检察官错案责任案件，应当进行听证。人民法院、人民检察院相关机构应当派员向法官、检察官惩戒委员会通报当事法官、检察官违纪违法事实以及拟处理意见、依据。当事法官、检察官有权陈述、申辩。法官、检察官惩戒委员会根据查明的事实和法律规定，作出无责、免责或者给予惩戒处分的建议。

察官惩戒委员会分工负责。[1]这样，实现了错案认定与错案责任追究的分离，以及同体惩戒向异体惩戒的转变，使得对法官、检察官的惩戒更加审慎，也更具公信力。

《法院司法责任制意见》第 36 条和《法官法》第 48 条至第 51 条进一步细化了法官惩戒程序，将法官责任追究分为四个步骤。首先，由院长、审判监督部门或者审判管理部门提出初步意见，由院长委托审判监督部门审查或者提请审判委员会讨论，经审查初步认定有关人员具有违法审判责任追究情形的，法院监察部门应当启动违法审判责任追究程序。其次，法院监察部门经调查后，认为应当追究法官违法审判责任的，应当报请院长决定，并报送法官惩戒委员会审议。再次，法官惩戒委员会根据调查情况审查认定法官是否违反审判职责、是否存在故意或者重大过失，从而作出无责、免责或者给予惩戒处分的建议并提出审查意见。最后，法院根据法官惩戒委员会的意见作出惩戒决定。法官违反审判职责的行为涉嫌犯罪的，应当将违法线索移交纪检监察机关、检察机关处理。法官违反审判职责以外的其他违纪违法行为，由有关部门调查，依照法律及有关规定处理。由于法官惩戒委员会统一设立在省（自治区、直辖市）一级，只能由各省（自治区、直辖市）高级人民法院监察部门派员向法官惩戒委员会通报当事法官的违法审判事实及拟处理建议、依据，并就其违法审判行为和主观过错进行举证。当事法官有权进行陈述、举证、辩解、申请复议和申诉。同时，《法官法》第 48 条第 2 款还明确，法官惩戒委员会由法官代表、其他从事法律职业的人员和有关方面代表组成，其中法官代表不少于半数。这样，既保证了法官惩戒委员会的专业性、代表性，又保证该委员会的相对独立性，当然，也存在一定局限性。

（二）检察官责任的确认

《检察院错案责任追究条例》第 19 条和第 21 条规定了检察官责任的确认

---

[1] 即，法院、检察院负责对法官、检察官涉嫌违反审判、检察职责行为进行调查核实。惩戒委员会根据法院、检察院调查的情况，依照程序审查认定法官、检察官是否违反审判、检察职责，提出构成故意违反职责、存在重大过失、存在一般过失或者没有违反职责的意见。法院、检察院再根据法官、检察官惩戒委员会的意见作出处理决定。当事法官、检察官对审查意见有异议的，可以向惩戒委员会提出，惩戒委员会应当对异议及其理由进行审查，作出决定。

主体。〔1〕在检察官惩戒委员会设立后，检察官责任的审议确认程序与法官保持一致。《检察院司法责任制意见》第 43 条规定了该程序，〔2〕《检察官法》第 49 条至第 52 条也明确了检察官惩戒程序，与上述《法官法》规定的法官惩戒程序保持一致。

　　虽然《法官法》和《检察官法》都按照惩戒程序司法化的要求，分别确立了法官惩戒委员会、检察官惩戒委员会制度，并授权最高人民法院、最高人民检察院商有关部门确定审议惩戒事项的具体程序。但是，这种惩戒程序的正当性仍然不足，主要表现在：第一，法官、检察官惩戒委员会分别设立在最高人民法院、最高人民检察院和各省（自治区、直辖市）高级人民法院、人民检察院，其日常工作由相关法院、检察院的内设职能部门承担，这难以保障其责任确认权行使的完全独立性。"从当前的运作规范看，惩戒委员会很可能成为司法机关自我确认错案责任的'掩体'"。〔3〕第二，虽然法官（检察官）惩戒委员会都由法官（检察官）代表、其他从事法律职业的人员和有关方面的代表组成，但是，法官（检察官）代表人数都不少于半数，这难以保证法官（检察官）惩戒委员会的完全中立性。第三，法官（检察官）惩戒程序的启动权在当事法官（检察官）所在的法院（检察院），并没有赋予案件当事人或律师申请法官（检察官）惩戒委员会对法官（检察官）违法办案及重大过失造成严重损失的异议调查启动权，不符合司法实践需要。〔4〕第四，法官（检察官）惩戒委员会审议惩戒事项并提出审查意见后，由当事法官、检察官所在的法院、检察院党组依照有关规定作出是否予以惩戒的决定，并

---

　　〔1〕　即，错案由检察院依照有关法律、规定和发生法律效力的判决、裁定、决定或者对违法事实、后果的认定文书予以确认。检察院办理的错案，由本院检察委员会依照有关法律和本条例的规定确认。经检察长、检察委员会决定的错案，由上一级人民检察院确认。

　　〔2〕　即，检察院纪检监察机构经调查后，认为应当追究检察官故意违反法律法规责任或重大过失责任的，应当报请检察长决定后，移送检察官惩戒委员会审议。省级检察院纪检监察机构应当及时向检察官惩戒委员会通报当事检察官故意违反法律法规或重大过失的事实及拟处理建议、依据，并就其故意违反法律法规或重大过失承担举证责任。当事检察官有权进行陈述、辩解、申请复议。然后，检察官惩戒委员会根据查明的事实和法律规定作出无责、免责或给予惩戒处分的建议。检察官惩戒委员会提出审查意见后，检察院再依照有关规定作出是否予以惩戒的决定，并给予相应处理。

　　〔3〕　陈海锋："错案责任追究的主体研究"，载《法学》2016 年第 2 期。

　　〔4〕　实践中已经出现律师申请法官惩戒委员会认定法官枉法裁判的案例。参见肖震："全国首例律师上书省法官惩戒委员会申请认定法官枉法裁判"，载华辩网，http://www.148hb.com/newsview/8238.html，最后访问时间：2019 年 10 月 16 日。

给予相应处理,这决定了惩戒委员会只有建议权,没有最终决定权。而基层法院、检察院党组可以否决惩戒委员会决定,也不符合程序终结性要求。为此,笔者认为,《法官法》和《检察官法》确立的这种惩戒委员会制度只能作为一种过渡性制度,待实施若干年,各方面条件进一步成熟时,应当再次改革完善。建议在中央政法委和各省(自治区、直辖市)政法委设立法律职业惩戒委员会,统一负责辖区法律职业共同体内法官、检察官、警察、律师,乃至公证员、仲裁员等法律职业从业人员的惩戒事宜。惩戒委员会成员由从事法律职业的各行业代表、法律方面专家和社会公众代表组成,并合理确定各方面组成人员比例,真正体现惩戒委员会组成的代表性、专业性、开放性和权威性,保证惩戒委员会的完全独立性、中立性,从而实现惩戒程序的司法化,进一步促进我国法律职业共同体的形成与发展。

(三) 警察责任的确认

《公安机关执法过错责任规定》第 22 条至第 26 条规定了警察执法过错责任的追究程序。[1]为了避免有关部门处理执法过错案件的法律专业性不足,第 24 条和第 25 条规定,各有关部门在调查后,认为需要法制部门认定执法过错的,可以将案件材料移送法制部门认定,从而明确了法制部门对执法过错责任的统一认定权,但不是专属的。法制部门认定执法过错案件,可以通过阅卷、组织有关专家讨论、会同有关部门调查核实等方式进行,形成执法过错认定书面意见后,及时送达有关移送部门,由移送部门按照第 13 条和第 14 条作出处理。同时,该规定第 26 条还建立了责任追究的救济机制,被追究执法过错责任的公安机关人民警察及其所属部门不服执法过错责任追究的,可以在收到执法过错责任追究决定之日起 5 日内向作出决定的公安机关或者上一级公安机关申诉;接受申诉的公安机关应当认真核实,并在 30 日内作出最终决定。法律、法规另有规定的,按照有关规定办理。

虽然《公安机关执法过错责任规定》确立了可以由各级公安机关法制部门认定警察执法过错责任的制度,法制部门通常由熟悉法律法规和警察工作

---

[1] 即,追究执法过错责任,由发生执法过错的公安机关负责查处。上级公安机关发现下级公安机关应当查处而未查处的,应当责成下级公安机关查处;必要时,也可以直接查处。公安机关纪检监察、督察、审计、法制以及执法办案等部门,应当在各自职责范围内主动、及时检查、纠正和处理执法过错案件。

的专业人员组成，专业性、业务性比较强，但是，其中立性、独立性明显不足，无法履行具有裁判性质的责任认定职能。而公安机关的纪检监察、督察、审计以及执法办案等部门就更难充分履行该职能。为此，笔者认为，鉴于公安机关上下一体化的双重管理体制，为了保障警察执法过错责任认定程序的司法化，建议借鉴法官、检察官惩戒委员会制度，暂时在公安部和各省（自治区、直辖市）公安机关统一设立警察惩戒委员会，负责审议警察惩戒事项，提出审查意见，交由当事警察所在公安机关处理。待将来条件成熟，在中央政法委和省级政法委统一设立法律职业惩戒委员会后，再将警察惩戒事项一并纳入。

三、责任承担

不同形式的刑事诉讼法律责任分别由相应的承担主体承担。有关司法责任制文件对法官责任、检察官责任和警察责任的承担作了细化规定，从而将司法责任尤其是错案责任落实到具体的司法人员身上。

（一）法官责任的承担

《法官、检察官惩戒制度意见》第 10 条规定，法官、检察官违反审判、检察职责的行为属实，惩戒委员会认为构成故意或者因重大过失导致案件错误并造成严重后果的，人民法院、人民检察院应当依照有关规定作出惩戒决定，并给予相应处理，包括追究纪律责任和刑事责任。这分为三种情形：一是应当给予停职、延期晋升、免职、责令辞职、辞退等处理的，按照干部管理权限和程序依法办理。二是应当给予纪律处分的，依照有关规定和程序办理。三是法官、检察官违反审判、检察职责的行为涉嫌犯罪的，应当将违法线索移送有关司法机关处理。需要免除法官、检察官职务的，应当按法定程序提请人民代表大会常务委员会作出决定。第 11 条还规定了惩戒决定的救济机制，如果当事法官、检察官对惩戒决定不服的，可以向作出决定的人民法院、人民检察院申请复议，并有权向上一级人民法院、人民检察院申诉。《法院司法责任制意见》第 37 条进一步明确了追究违法审判责任的三种情形。[1]

---

〔1〕　三种情形为，（1）应当给予停职、延期晋升、退出法官员额或者免职、责令辞职、辞退等处理的，由组织人事部门按照干部管理权限和程序依法办理。（2）应当给予纪律处分的，由纪检监察部门依照有关规定和程序依法办理。（3）涉嫌犯罪的，由纪检监察部门将违法线索移送有关司法机关依法处理。需要免除法官职务，必须按法定程序由人民代表大会罢免或者提请人大常委会作出决定。

《法院司法责任制意见》第29条至第33条区分不同的审判主体，明确了各种审判责任承担，包括独任法官、合议庭成员、审判委员会委员，以及审判辅助人员四种情形，体现了"让审理者裁判，由裁判者负责"的司法理念。

（二）检察官责任的承担

《检察院错案责任追究条例》第25条至第31条规定了错案责任的承担，明确追究检察官错案责任包括追究刑事责任和给予纪律处分两种形式。其中，具有该条例第6条规定的行为构成犯罪的，依照《刑法》第399条的规定追究刑事责任。具有该条例第7条和第8条规定的行为的，依据《检察官纪律处分暂行规定》给予相应纪律处分；构成犯罪的，依法追究刑事责任。[1]《法官、检察官惩戒制度意见》第10条规定的三种处理情形，也适用于检察官责任承担。《检察院司法责任制意见》第44条进一步明确，对经调查属实应当承担司法责任的检察人员，根据《检察官法》《检察人员纪律处分条例（试行）》《检察人员执法过错责任追究条例》等有关规定，分别按照程序作出相应处理，与法官责任承担一样，也分为三种情形。[2]同时，该意见第45条规定，检察人员不服处理决定的，有权依照《人民检察院监察工作条例》等有关规定提出申诉。

《检察院错案责任追究条例》第11条至第18条区分不同主体、不同原因，分七种情形分别对检察官错案责任的承担作出规定。《检察院司法责任制意见》第37条至第41条总结吸收《检察院错案责任追究条例》第11条至第18条的实施经验，区分不同的主体，明确了检察官责任承担，包括独任检察官、检察官办案组、检察长（副检察长）、检察委员会、检察辅助人员，以及上下级检察院等七种情形，也体现了"谁办案谁负责、谁决定谁负责"的司法理念。

---

〔1〕 这两条同时规定，如果承办人、审核人、决定人或者复议人、复核人对错案共同承担责任的，应当根据具体情况和责任轻重，依据《检察官纪律处分暂行规定》分别给予相应纪律处分。检察官因办理错案被追究刑事责任的，同时应当给予相应纪律处分。如果错案责任人员主动承认、纠正错误，积极挽回损失的，可以从轻或者免予处分。但错案责任人员明知办理案件有错误而坚持不予纠正或者阻碍对错案进行调查、追究的，应当从重处分。

〔2〕 三种情形为，（1）应当给予停职、延期晋升、调离司法办案工作岗位以及免职、责令辞职、辞退等处理的，由组织人事部门按照干部管理权限和程序办理。（2）应当给予纪律处分的，由人民检察院纪检监察机构依照有关规定和程序办理。（3）涉嫌犯罪的，由人民检察院纪检监察机构将犯罪线索移送司法机关处理。

(三) 警察责任的承担

《公安机关执法过错责任规定》第 5 条至第 11 条采用列举加概括的方式，分六种情形规定了警察执法过错责任的认定与承担，明确执法办案人、鉴定人、审核人、审批人有故意或者过失造成执法过错的，应当根据各自对执法过错所起的作用，分别承担责任。为了贯彻落实《监察法》，《政务处分法》第 7 条规定了监察机关对违法的公职人员作出政务处分的种类。这里的公职人员，既包括法官、检察官、警察等国家专门机关工作人员，也包括律师、鉴定人等行使公权力的诉讼参与人。监察机关经调查、审理，决定给予公职人员政务处分或者免予处分的，按照六个程序办理，即：(1) 将调查认定的事实及拟给予政务处分的依据告知被调查的公职人员，听取其陈述和申辩，并对其陈述的事实理由和证据进行复核，记录在案。被调查的公职人员提出的事实、理由和证据成立的，应予采信。(2) 按照处分决定权限，履行审批手续后，作出对该公职人员给予处分或者免予处分的决定。(3) 印发政务处分决定。(4) 将政务处分决定送达受处分人和所在单位，并在一定范围内宣布。(5) 对于受到降级以上政务处分的，应当在一个月内办理职务、工资及其他有关待遇等相应变更手续。(6) 将政务处分决定存入受处分公职人员的档案。政务处分决定的内容和生效日期，参照《行政机关公务员处分条例》有关规定执行。给予开除以外的政务处分的，应当在处分决定中写明处分期间。同时，第 16 条还明确对公职人员的违法行为实行"一事不再罚"。

第五节　律师刑事诉讼刑事责任的追诉程序

加快推进法律职业共同体建设，是深化司法体制综合配套改革，推进法治中国建设的重要内容。刑事诉讼作为一种在多方参与下依法共同进行的诉讼活动，律师可以以辩护人、诉讼代理人、值班律师等不同身份参加，享有一定的诉讼权利并承担相应的诉讼义务。同时，律师与法官、检察官、警察等法律职业共同体成员一样，违法违规执业应当承担相应的刑事诉讼法律责任。律师刑事诉讼法律责任就是指律师在刑事诉讼过程中违反刑事诉讼法规范所应当承担的不利后果。它与法官责任、检察官责任、警察责任一样，包括民事责任、行政责任、刑事责任和纪律责任四种形式。1996 年《刑事诉讼法》扩大辩护律师和其他辩护人诉讼权利的同时，增设第 38 条规定"辩护人行为禁止及法律责任"；2012 年《刑事诉讼法》第 42 条（即 2018 年《刑事诉讼法》第 44 条）又作了三处修改。[1]1997 年《刑法》第 306 条以 1996 年《刑事诉讼法》第 38 条为依据，增设了"辩护人、诉讼代理人毁灭证据、伪造证据、妨碍作证罪"（俗称"律师伪证罪"），作为律师（辩护人、诉讼代理人）的刑事诉讼刑事责任之一。但是，该罪名自讨论确立之日起，就一直存在争议，且屡遭滥用。[2]2020 年 12 月 4 日，江西律师熊某被控"律师伪证罪"被羁押 448 天并取保候审满一年限期后，收到南昌市东湖区人民检察院的撤诉决定。在诉讼过程中，检察院以"情节显著轻微、危害不大，不认为是犯罪"为由，要求撤回起诉，获得东湖区人民法院准许。而该律师认为自己没有任何犯罪事实和犯罪行为，不认可检察院的撤诉理由，遂提起上诉要求判决无罪。[3]《刑事诉讼法》规定的追究律师刑事诉讼刑事责任的特别程序，由于立法本身不严谨，实施效果很不理想。在扫黑除恶专项斗争中，全国多地发生将律师作为黑恶犯罪共犯追究刑事责任的案件，有的检察机关在庭审中被迫撤回起诉，[4]不仅浪费宝贵的司法资源，也引起社会各界尤其是律师的高度关注。党的十九大和十九届四中全会提出深化司法体制综合配套改革，全面落实司法责任制，加强人权法治保障。十九届四中全会还提出完善律师制度，严格刑事责任追究。这部分拟在深化司法体制综合配套改革和加快推进法律职业共同体建设的背景下，探讨追究律师刑事诉讼刑事责任

---

〔1〕 三处修改，一是将责任主体由特殊主体修改为一般主体，包括辩护律师、其他辩护人、诉讼代理人，以及其他任何参与刑事诉讼的人。二是删去了不得威胁、引诱证人改变证言的规定，保留了六种辩护人执业禁止行为。三是增加了追究辩护人刑事诉讼刑事责任的特别程序。

〔2〕 据中华全国律师协会统计，从 1997 年《刑法》第 306 条出台至 2007 年十年间，全国有 108 名律师因妨害作证被追诉，最终被认定有罪的只有 32 起，错案率达 50% 以上。参见陈世幸："律师伪证罪的存在使刑事辩护流于形式"，载《南方日报》2011 年 7 月 29 日，第 2 版。这些被追诉的律师，最后 80% 以上都被法院宣告无罪。参见赵继成："律师'伪证'为何频现：访中国社科院法学所研究员刘仁文"，载《法治资讯》2010 年第 2 期。

〔3〕 江西省南昌市东湖区人民法院（2018）赣 0102 刑初 979 号刑事裁定书。韩谦："律师被控'伪证罪'遭羁押 448 天：不认可检方撤诉理由，将上诉"，载腾讯网，https://new.qq.com/rain/a/20201204A0G4YT00，最后访问时间：2022 年 6 月 21 日。卫佳铭："南昌律师会见后被控辩护人伪证罪，是否毁灭、伪造证据引争议"，载澎湃新闻，https://www.thepaper.cn/newsDetail_forward_5107504，最后访问时间：2022 年 6 月 21 日。

〔4〕 "突发！大成女律师林某青因辩护涉黑恶案撤诉！两轮辩护意见全文公布！"，载搜狐网，www.sohu.com/a/331348128_1844，最后访问时间：2022 年 6 月 22 日。

问题，以期对推进国家治理体系和治理能力现代化有所裨益。

一、"律师伪证罪"质疑

1997 年《刑法》生效实施后，学界对第 306 条第 1 款规定的"律师伪证罪"依然争议不断，主要有两种观点：一是保留限制说，肯定保留"律师伪证罪"的价值，但认识到该罪规定存在的各种问题，主张严格限制适用，并从实体和程序两方面进一步完善。[1]二是修改废除说，认为"律师伪证罪"属于立法过剩，它进一步恶化了刑事辩护环境，主张修改或废除。[2]笔者赞同废除说，认为《刑事诉讼法》第 44 条第 1 款和《刑法》第 306 条第 1 款作为追究律师刑事诉讼刑事责任的法律依据，都属于法条竞合，立法将它们分别并入《刑事诉讼法》第 54 条第 4 款和《刑法》第 307 条及其他有关条文之中，并将律师与司法工作人员一并列为有关犯罪从重处罚的对象即可，没有必要单列。主要理由包括以下三个方面。

第一，1979 年《刑事诉讼法》第 34 条第 3 款（即 1996 年《刑事诉讼法》第 45 条第 3 款、2012 年《刑事诉讼法》第 52 条第 4 款、2018 年《刑事诉讼法》第 54 条第 4 款）规定，在刑事诉讼中，无论司法工作人员还是辩护人、其他诉讼参与人或者其他任何人，只要在刑事诉讼中实施伪造证据、隐匿证据或者毁灭证据等妨碍证据的行为，都应当依法追究刑事诉讼法律责任。根据"参与立法者解释"，这种刑事诉讼法律责任包括构成伪证罪、包庇罪、滥用职权罪等犯罪的，依法追究刑事责任；不构成犯罪的，依法给予行政处罚或者处分。1996 年《刑事诉讼法》增设第 38 条规定的六种辩护人执业禁止行为，都可以纳入 1996 年《刑事诉讼法》第 45 条第 3 款规定的三种妨碍证据行为之中。关于伪造证据、隐匿证据或者毁灭证据构成犯罪的，《刑法》第 305 条规定了伪证罪，第 307 条第 1 款、第 2 款分别规定了妨害作证罪、帮

〔1〕 罗翔："刑法第 306 条辨正"，载《政法论坛》2013 年第 3 期。"检察过程中律师权利保障问题研究"课题组等："律师伪证罪应当存而慎用"，载《法学杂志》2009 年第 3 期。

〔2〕 赵秉志、时延安："辩护律师执业豁免：近在眼前还是遥不可及：关于律师刑事责任两个热点问题的研讨"，载《中国律师》2001 年第 7 期。陈兴良："为辩护权辩护——刑事法治视野中的辩护权"，载《法学》2004 年第 1 期。汪海燕："律师伪证刑事责任问题研究"，载《中国法学》2011 年第 6 期。杜小丽："论'律师伪证罪'罪质独立性的消解：以刑事诉讼法的相应修改为进路"，载《法学》2013 年第 4 期。

助毁灭、伪造证据罪，第 310 条规定了包庇罪，第 397 条规定了滥用职权罪，它们都将司法工作人员作为从重处罚的对象，而没有被列为特殊主体。我国司法改革尤其是党的十八届三中全会以来全面深化司法体制改革，以及十九大以来深化司法体制综合配套改革，都强调加速推进法律职业共同体建设。律师作为法律职业共同体的重要组成部分，在刑事诉讼中与法官、检察官、警察等司法工作人员应当享受同等的刑事处遇。我国 1997 年《刑法》第 306 条第 1 款规定的"律师伪证罪"，主要来源于 1996 年《刑事诉讼法》第 38 条的规定，是《刑法》落实《刑事诉讼法》相关刑事责任规定的体现。既然 1996 年《刑事诉讼法》第 38 条可以并入该法第 45 条第 3 款，1997 年《刑法》第 306 条第 1 款规定的律师伪证的三种行为方式都可以并入该法第 307 条和其他有关条文，并将律师与司法工作人员一样列为有关犯罪从重处罚的行为对象，那么，《刑法》没有必要将"律师伪证罪"单列为一种犯罪，从而为歧视律师职业留下口实。

第二，党的十八届四中全会提出推进以审判为中心的诉讼制度改革，构建以审判为中心的刑事诉讼格局。无论侦查、审查起诉还是审判阶段，都应当充分发挥律师辩护的作用，将辩护律师看作公安司法机关查明案件事实、防范冤假错案的可信赖的朋友。如果律师的辩护观点或者提出的意见与公安机关、检察机关不一致，乃至律师在刑事诉讼中依法维护犯罪嫌疑人、被告人诉讼权利和其他合法权益而与警察、检察官、法官发生冲突时，这些司法工作人员就可以启动刑事追诉程序，对律师采取强制措施或者将律师赶出法庭，从而将那些真正熟悉案情、"敢说话"的律师从刑事程序中排除，让侦控方凭借公权力获得对抗优势，这不符合刑事诉讼规律。尽管最终被追究刑事责任的律师极少，但损害的不仅是律师的合法权益，而且包括犯罪嫌疑人、被告人的合法权益，危及辩护权的有效行使，导致犯罪嫌疑人、被告人很容易被定罪判刑。为此，境外很少有国家立法专门规定"律师伪证罪"。即使立法追究律师伪证行为的刑事责任，也对此设置了严格、繁杂的追诉程序，增加侦控方尤其是检察机关起诉律师的难度，避免律师遭到职业报复。《俄罗斯联邦刑法典》第 303 条第 2 款规定"辩护人伪造刑事案件证据罪"是该法典中唯一规定辩护人（律师）作为特殊主体实施的犯罪。根据《俄罗斯联邦刑事诉讼法典》第 447 条第 1 款和第 448 条第 1 款第 10 项的规定，律师与法官、检察长、侦查员一样，对其进行刑事追诉必须由检察长根据区法院法官的结论作出，并且由检察院的侦查人员进行侦查，适用特别诉讼程序。

　　第三，按照立法机关的说明，立法增设"律师伪证罪"，是因为辩护人、诉讼代理人在刑事诉讼中的作用增强，他们的诉讼权利扩大，可能实施妨害刑事诉讼的行为。[1]但《刑法》第 306 条对辩护律师而言，"意味着一种可怕的归宿：因为为被告人辩护而自己成为了被告人，以至于使刑事辩护成为律师执业的雷区"。[2]实践中律师不敢办理刑事案件，尤其是不敢自行调查取证，我国刑事案件律师辩护率始终不高（一般认为都在 30% 以下），1997年《刑法》生效实施的第一年被戏称为"律师蒙难年"。自 1997 年以来，几乎每年全国"两会"都有代表、委员提出废除《刑法》第 306 条的议案或提案，[3]也足见该项罪名增加律师执业风险之大，恶化刑事辩护环境之重。持续深化以审判为中心的刑事诉讼制度改革，必须强化律师辩护职能。[4]那种没有律师参与的刑事审判，乃至刑事诉讼，显然是不可能实现庭审实质化的。为此，中央有关部门已经多次下文强化律师权利保障。最高人民法院、司法部 2017 年 10 月印发《刑事辩护全覆盖试点办法》，探索实行刑事案件审判阶段律师辩护全覆盖，已经取得了较好效果，并在全国普遍推广。[5]中共中央办公厅、国务院办公厅 2019 年 7 月印发《关于加快推进公共法律服务体系建设的意见》肯定了这一做法，提出要充分发挥律师在刑事诉讼中的重要作用，探索建立律师专属辩护制度，完善死刑复核案件指定辩护制度。[6]但是，从实践看，目前被指派提供法律援助辩护服务的律师大部分都是那些业务量不够、基本缺乏辩护经验的年轻律师；而那些业务稍好或有些辩护经验的律师都尽量拒绝参与。这就很难实现该项制度设置的宗旨。究其原因，《刑法》第306 条第 1 款规定的"律师伪证罪"是一个重要的羁绊。

---

〔1〕 胡康生、李福成主编：《中华人民共和国刑法释义》，法律出版社 1997 年版，第 435 页。

〔2〕 陈兴良："为辩护权辩护——刑事法治视野中的辩护权"，载《法学》2004 年第 1 期。

〔3〕 "30 位人大代表提出议案：取消《刑法》第 306 条"，载《中国律师》2000 年第 5 期。

〔4〕 兰跃军：《以审判为中心的刑事诉讼制度改革》，社会科学文献出版社 2018 年版，第 147-162 页。

〔5〕 张昊："全国 2195 个县试点刑事案件律师辩护全覆盖"，载《法制日报》2020 年 1 月 18日，第 3 版。

〔6〕 杨维立："推进刑事案件律师辩护全覆盖"，载《人民法院报》2019 年 7 月 29 日，第 2 版。

二、律师刑事责任的追责范围

根据证据裁判原则，证据是立案、侦查、审查起诉和审判的依据。证据是否确实、充分，是决定办案机关能否追究犯罪嫌疑人、被告人刑事责任的关键。证据的虚假、藏匿和灭失，尤其是作为定案根据的关键证据的虚假、藏匿和灭失，对案件办理造成严重影响，甚至导致冤假错案。《刑事诉讼法》第54条第4款规定，对伪造、隐匿、毁灭证据等行为，无论属于哪一方，都要追究法律责任。笔者主张废除"律师伪证罪"，并不等于说对律师的伪证行为或其他犯罪行为不追究刑事责任，而是建议立法进一步规范追究律师刑事责任的范围。

俄罗斯学者将律师犯罪分为基本的律师犯罪和并发的律师犯罪，前者由律师作为实行犯或者实行共犯实施，包括妨碍司法犯罪、侵犯人和公民的宪法权利和自由犯罪、经济领域犯罪和其他犯罪，共约30个条文，包括《俄罗斯联邦刑法典》第303条第2款规定的"辩护人伪造刑事案件证据罪"，它可以伴随刑法分则所规定的任何犯罪发生。通常情况下，律师是作为帮助犯和教唆犯、组织犯参加犯罪，有时也作为实行犯参加。在俄罗斯，律师通常是这些犯罪的帮助犯，可分为以作为和不作为的形式（共同）实施的犯罪两类。[1]我国有学者通过比较研究将境外立法追究律师刑事责任的犯罪概括为妨害证据之罪、妨害法庭秩序之罪、行贿罪及介绍贿赂罪、泄露秘密之罪、财产交易之类罪和其他犯罪六类。律师实施妨碍证据犯罪，通常作为一般主体处理，代表性立法是《日本刑法》第104条和《德国刑法典》第160条。在英美法中，上述行为通常也是作为一般主体犯罪。此外，律师可能构成伪证罪的共同犯罪，但在伪证罪的刑罚对象方面，这些国家并不直接针对律师，而是将律师与侦查、检控等司法工作人员同等对待，[2]代表性立法就是《俄罗斯联邦刑法典》第303条。

我国《律师法》第49条规定，律师有九种违法行为之一，[3]构成犯罪

---

〔1〕 ［俄］尤·彼·加尔马耶夫：《俄罗斯刑事诉讼律师违法活动面面观》，刘鹏、丛凤玲译，中国政法大学出版社 2013 年版，第 95-248 页。

〔2〕 参见王丽：《律师刑事责任比较研究》，法律出版社 2002 年版，第 125-129 页。

〔3〕 九种违法行为为，（1）违反规定会见法官、检察官、仲裁员以及其他有关工作人员，或者以其他不正当方式影响依法办理案件的；（2）向法官、检察官、仲裁员以及其他有关工作人员行贿，

的，应当追究刑事责任。《刑法》分则第六章第二节规定"妨害司法罪"中有关律师犯罪，主要是基本的律师犯罪，即律师作为实行犯直接实施的妨碍司法活动正常进行的犯罪行为。根据《刑法》规定的罪刑法定原则，追究律师刑事诉讼刑事责任的范围应当以《律师法》第49条和《刑法》规定为限。从《刑法》有关规定看，律师在刑事诉讼中执业可能构成和被追究刑事责任的犯罪主要也包括六类：

（一）妨害证据犯罪

包括《刑法》第306条第1款规定的"律师伪证罪"、第307条第1款规定的妨害作证罪、第307条第2款规定的帮助毁灭证据罪和帮助伪造证据罪、第308条规定的打击报复证人罪，以及第310条中规定的包庇罪六种。除了"律师伪证罪"，其他五种犯罪都是律师在刑事诉讼过程中可能构成的，应当纳入追究律师刑事责任的范围。

（二）妨害法庭秩序犯罪

主要是《刑法》第309条规定的扰乱法庭秩序罪。此外，律师在刑事诉讼中还可能构成《刑法》第310条规定的窝藏罪。这两种犯罪都应当被纳入追究律师刑事诉讼刑事责任的范围。但需要注意的是，《刑事诉讼法》第199条第2款规定的扰乱法庭秩序罪的刑事责任，将严重扰乱法庭秩序构成犯罪的行为限定为聚众哄闹、冲击法庭和侮辱、诽谤、威胁、殴打司法工作人员或者诉讼参与人两类，仅相当于《刑法》第309条规定的扰乱法庭秩序罪的第1种、第2种、第3种情形，不包括第4种情形。[1]鉴于《刑法》规定的扰乱

（接上页）介绍贿赂或者指使、诱导当事人行贿的；（3）向司法行政部门提供虚假材料或者有其他弄虚作假行为的；（4）故意提供虚假证据或者威胁、利诱他人提供虚假证据，妨碍对方当事人合法取得证据的；（5）接受对方当事人财物或者其他利益，与对方当事人或者第三人恶意串通，侵害委托人权益的；（6）扰乱法庭、仲裁庭秩序，干扰诉讼、仲裁活动的正常进行的；（7）煽动、教唆当事人采取扰乱公共秩序、危害公共安全等非法手段解决争议的；（8）发表危害国家安全、恶意诽谤他人、严重扰乱法庭秩序的言论的；（9）泄露国家秘密的。

〔1〕 1996年《刑事诉讼法》第161条第2款（即2012年《刑事诉讼法》第194条第2款和2018年《刑事诉讼法》第199条第2款）一直将严重扰乱法庭秩序构成犯罪的行为规定为聚众哄闹、冲击法庭和侮辱、诽谤、威胁、殴打司法工作人员或者诉讼参与人两类，前面一类包括两种行为，后面一类包括四种行为，而且都没有使用"等"字。1997年修改《刑法》增设第309条规定扰乱法庭秩序罪，作为严重扰乱法庭秩序的诉讼刑事责任，仅仅将聚众哄闹、冲击法庭和殴打司法工作人员两类、三种行为

法庭秩序罪的立法依据是三大诉讼法中有关严重扰乱法庭秩序的行为，是严重扰乱法庭秩序行为的诉讼法律责任（即诉讼刑事责任）。而《刑法》和《刑事诉讼法》都是全国人大制定的基本法律，2015 年全国人大常委会《刑法修正案（九）》修改了《刑法》第 309 条并增加了第 4 种情形后，2018 年全国人大常委会修改《刑事诉讼法》却没有吸收。按照新法优于旧法的原理，笔者认为，追究律师扰乱法庭秩序罪的刑事诉讼刑事责任在客观方面的行为种类应当适用《刑事诉讼法》第 199 条第 2 款规定，即《刑法》第 309 条规定的第 1 种、第 2 种、第 3 种情形，不应包括第 4 种情形。

此外，《刑法》第 278 条、第 103 条第 2 款、第 105 条第 2 款规定，律师在执业中煽动、教唆当事人采取扰乱公共秩序、危害公共安全等非法手段解决争议，或者发表危害国家安全的言论的，分别构成煽动暴力抗拒法律实施罪、煽动分裂国家罪和煽动颠覆国家政权罪。《刑法》第 246 条规定，律师发表恶意诽谤他人、严重扰乱法庭秩序的言论的，构成诽谤罪。这些与妨害法庭秩序相关的犯罪，也应被纳入律师刑事责任的追责范围。

（三）行贿罪和介绍贿赂罪

虽然《刑法》没有专门针对律师的罪名，但律师作为一般主体，在刑事诉讼中可能构成此类犯罪。《刑事诉讼法》第 30 条和《律师法》第 49 条第 2 项规定，律师向法官、检察官、警察及其他国家工作人员行贿、介绍贿赂，或者指使、诱导当事人行贿，构成犯罪的，依法追究刑事责任，就明确了这一点。且《监察法》第 22 条第 2 款明确，律师作为涉嫌行贿犯罪或者共同职务犯罪的涉案人员，监察机关可以依法对其采取留置措施。实践中已经有多名律师被监察机关监察调查。[1]（第五部分将详细分析）因此，行贿罪和介

（接上页）作为客观方面的表现形式，其范围比《刑事诉讼法》规定窄，这体现了刑法的谦抑性原则。根据《立法法》第 92 条规定的新法优于旧法原理，笔者认为，应当适用 1997 年《刑法》规定。2015 年全国人大常委会通过《刑法修正案（九）》第 37 条第 1 项、第 2 项、第 3 项采取列举方式，将《刑事诉讼法》规定的两类、六种行为都纳入扰乱法庭秩序罪的客观方面的表现形式，增强了法条的可操作性，笔者认为是合理的。但是，第 37 条增加第 4 项将毁坏法庭设施，抢夺、损毁诉讼文书、证据等扰乱法庭秩序行为也纳入，明显扩大了扰乱法庭秩序罪的适用范围，既与《刑事诉讼法》第 199 条第 2 款规定不符，也有违全国人大 1997 年修改《刑法》增设第 309 条的本意和基本原则，还违反《立法法》第 7 条第 3 款规定，笔者认为是不可取的。

〔1〕 参见"律师也是监察对象，多名律师被监察委调查处理!"，载搜狐网，https://www.sohu.

绍贿赂罪都应当被纳入追究律师刑事责任的范围。

（四）泄露秘密犯罪

本罪分为泄露国家秘密犯罪和侵犯商业秘密犯罪两类，包括《刑法》第308条之一规定的泄露不应公开的案件信息罪和披露、报道不应公开的案件信息罪，第398条规定的故意泄露国家秘密罪和过失泄露国家秘密罪，以及第219条规定的侵犯商业秘密罪五种犯罪。其中，第308条之一将律师与司法工作人员、其他诉讼参与人共同列为犯罪主体，属于特殊主体。《律师法》第49条第9项也将泄露国家秘密构成犯罪作为追究律师刑事责任的一种情形。这五种犯罪是律师在刑事诉讼过程中可能涉嫌的，应当被纳入刑事责任追责范围。

（五）财产交易类犯罪

本罪包括内幕交易罪、非法泄露内幕信息罪、提供虚假证明文件或出具证明文件重大失实罪、洗钱罪等罪名，律师作为一般主体，在刑事诉讼执业中都可能构成此类犯罪。这类罪名数量较多。但是，笔者认为，只有律师在刑事诉讼中违法执业构成此类犯罪的，才能被纳入律师刑事责任的追责范围。

（六）其他犯罪

其他犯罪是指除前面列举的五类犯罪外的其他犯罪，律师在刑事诉讼执业中也可能作为一般主体构成，或者作为此类犯罪的共犯，被追究刑事责任。前面提到的青海林某青律师一案，检察机关以诈骗罪和敲诈勒索罪将林某青律师作为"套路贷"黑恶犯罪的共犯起诉追究刑事责任。此类犯罪的具体罪名很多，也不便详细列举。

由此可见，《刑法》《刑事诉讼法》《律师法》等法律规定的追究律师刑事诉讼刑事责任的范围是很广泛的，少数罪名，律师作为特殊主体才能构成犯罪，而更多的是律师作为一般主体或共犯参与即构成犯罪，还有的立法规定存在不一致等，这些都是司法实践中追究律师刑事诉讼刑事责任随意启动的重要原因，亟待立法进一步规范，包括完善律师刑事责任豁免制度，改革

律师惩戒委员会制度和惩戒程序，以及健全追究律师刑事责任的特别程序等。

三、律师刑事责任豁免制度

律师与法官、检察官、警察一样，都是法律职业共同体成员，执业环境复杂，具有高风险性。为此，有关国际公约在确立法官责任、检察官责任、警察责任等司法责任豁免制度的同时，建立了律师刑事责任豁免制度，保障律师在刑事诉讼中执业活动的独立性，免除他们执业的后顾之忧。这是因为律师职业的专业性，特别是在刑事诉讼中协助犯罪嫌疑人、被告人履行辩护职责，使得他们在辩论式诉讼中不可避免地与其他诉讼参加人发生冲突。因此，从某种意义上说，律师很容易受到伤害。而侦控方的不良代表——侦查人员、检察人员企图采取非法的、不道德的手段和方式限制律师的权限和现实机会，因为律师的行为给他们带来不便而对律师进行职业报复。此外，对于律师自己的客户——实施危害社会行为的人，尤其是没有成为客户的罪犯，当律师的活动构成其实现犯罪计划的障碍时，律师也经常成为他们的靶子。[1]因此，律师刑事责任豁免并不是律师的特权，而是与律师的辩护职责相对应的一种权利。《联合国关于律师作用的基本原则》第 20 条规定，[2]律师刑事责任豁免应当同时具备三个条件：一是律师刑事责任只能发生在执业活动中，非执业活动中产生的刑事责任，不能豁免；二是律师刑事责任豁免只限于刑事诉讼中，在民事诉讼、行政诉讼或仲裁活动中不适用；三是律师刑事责任豁免只限于刑事责任，不包括民事责任、行政责任和纪律责任。可见，律师刑事责任豁免其实就是律师刑事诉讼刑事责任豁免，而且是有限豁免，不是全部免除。英国、德国、法国、卢森堡、俄罗斯等国法律都确立了律师刑事责任豁免制度。《俄罗斯联邦律师法》第 18 条第 2 款规定，律师因从事刑事诉讼活动所表达的意见，未经法院生效的刑事判决确定其有罪，不得被追究任何责任（包括暂停或者终止律师身份）。但根据本联邦法律规定的律师对委

---

〔1〕 ［俄］尤·彼·加尔马耶夫：《俄罗斯刑事诉讼律师违法活动面面观》，刘鹏、丛凤玲译，中国政法大学出版社 2013 年版，第 46 页。我国《刑事诉讼法》第 48 条要求辩护律师在执业活动中知悉委托人或者其他人，准备或者正在实施危害国家安全、公共安全以及严重危害他人人身安全的犯罪的，应当及时告知司法机关。

〔2〕 该条规定："律师对于其书面或口头辩护时发表的有关言论或作为职责任务出现于某一法院、法庭或其他法律或行政当局之前发表的有关言论，应享有民事和刑事豁免权。"

托人的民事法律责任，则不适用上述限制。《卢森堡刑法典》第 452 条规定："律师在法庭上的发言或向法庭提交的诉讼文书，只要与诉讼或诉讼当事人有关，就不能对它提出任何刑事诉讼。"《英格兰和威尔士出庭律师行为准则》规定："在通常情况下，律师对他在法庭辩论中的言论享有豁免权。"按照英国学者解释，作为当事人的辩护人和诉讼代理人，律师在诉讼过程中的任何言论都不受法律追究，即使他的言论带有明显的恶意，并且与他承办的案件没有关系，也同样享受这种特权的保护，这种特权是绝对的、无条件的，它不仅适应于各种性质和形式的法庭所进行的诉讼程序，而且对于任何诉讼程序都具有同样的作用。[1]

我国政府已经在《联合国关于律师作用的基本原则》上签字。我国《刑法》《刑事诉讼法》和《律师法》分别以各种形式赋予律师刑事责任豁免权，保障律师的执业权益，但是仍需要进一步完善。这主要包括以下六个方面。

（一）过失使用失实证据的豁免权

《刑法》第 306 条第 2 款规定，律师在刑事诉讼中提供、出示、引用的证人证言或者其他证据失实，只要不是有意伪造的，不属于伪造证据，不能被追究刑事责任。该款赋予律师在刑事诉讼中过失使用失实证据的豁免权，保证律师不因过失使用失实的证据而被追究刑事责任。笔者认为，该规定很有必要。如果《刑法》第 306 条第 1 款规定的"律师伪证罪"被废除后，该条第 2 款应当写入《律师法》第 37 条和《刑事诉讼法》第 54 条第 4 款，而且这里的"其他证据"，应当作扩大解释，既包括物证、书证等实物证据，也包括证人证言之外的其他言词证据。也就是说，立法应当明确律师在刑事诉讼中向法庭提供、出示或引用的证据材料失实，只要不是有意伪造的，都不能追究其刑事责任，从而完整地赋予律师在刑事诉讼中过失使用失实证据的豁免权。

（二）免予作证特权

《刑事诉讼法》第 48 条规定了辩护律师执业保密及例外，[2]赋予辩护律

---

〔1〕　王丽："律师应有刑事责任豁免权"，载《中国律师》2001 年第 3 期。
〔2〕　该条规定："辩护律师对在执业活动中知悉的委托人的有关情况和信息，有权予以保密。但是，辩护律师在执业活动中知悉委托人或者其他人，准备或者正在实施危害国家安全、公共安全以及严重危害他人人身安全的犯罪的，应当及时告知司法机关。"

师执业保密义务和免予作证的特权，但律师必须遵守该条但书规定的义务。《律师法》第 38 条作了同样规定。但是，这些规定的含义模糊，极易导致滥用，需要澄清。笔者认为，立法应当明确律师就执业活动中知悉的委托人和其他人不愿泄露的有关情况和信息（包括个人信息），有权拒绝提供任何证言，而不仅仅是保密。这样，为律师拒绝就此类事项作证提供直接法律依据。同时，立法还应当明确辩护律师违反《刑事诉讼法》第 48 条第 2 句的但书义务应当承担的刑事诉讼法律责任，包括造成严重后果的刑事责任。

（三）拒绝辩护或代理权

《律师法》第 36 条要求保障律师的辩论和辩护权。《联合国关于律师作用的基本原则》第 19 条和第 21 条至第 22 条有同样要求。同时，《律师法》第 32 条第 2 款赋予律师在刑事诉讼中拒绝辩护或代理权，《刑事诉讼法》第 45 条赋予被告人拒绝或更换辩护人的权利。律师接受委托后，如果没有正当理由，不得拒绝辩护或者代理。但是，三种情形除外：一是委托事项违法；二是委托人利用律师提供的服务从事违法活动；三是委托人故意隐瞒与案件有关的重要事实的。这里"与案件有关的重要事实"具体包括哪些事实，需要明确。笔者认为，它应当包括可能影响定罪量刑的所有实体法事实和程序法事实。

（四）人身权利不受侵犯

《律师法》第 37 条第 1 款规定，律师在执业活动中的人身权利不受侵犯，包括律师的人身自由不被限制或剥夺，人格尊严不受侵犯。律师在依法履行刑事诉讼职能期间，公安司法机关不能对其采取限制或剥夺人身自由的强制措施，包括调查取证，会见犯罪嫌疑人、被告人，以及参加庭审过程等，更不能将其从诉讼程序中隔离（包括驱逐出法庭等）。这是律师依法履行职责，维护当事人合法权益的前提。《联合国关于律师作用的基本原则》第 16 条至第 17 条也明确了这一点。为此，笔者认为，律师涉嫌犯罪或者违法违规需要被采取强制措施或给予处罚的，应当在其履行完刑事诉讼职能后，再依法启动追责程序。

（五）发表言论豁免权

《律师法》第 37 条第 2 款赋予律师在刑事诉讼中发表言论豁免权，[1]即

---

[1] 该款规定："律师在法庭上发表的代理、辩护意见不受法律追究。但是，发表危害国家安全、恶意诽谤他人、严重扰乱法庭秩序的言论除外。"

律师在刑事诉讼中发表的代理意见或辩护意见，不受法律追究，但也要遵守但书规定的义务。这里的"言论"既包括口头发言、提问等，也包括各种书面发言材料，如辩护词、代理词等。笔者认为，立法规定律师在刑事诉讼中发表言论的豁免权，是赋予律师在刑事法庭上自由发表言论的特权，比《宪法》规定的公民言论自由权宽泛得多，使得律师在刑事诉讼中可以没有顾虑地发表代理意见或辩护意见，切实维护犯罪嫌疑人、被告人、被害人诉讼权利和其他合法权益。

（六）其他豁免权

与法官责任、检察官责任、警察责任的豁免一样，[1]律师在刑事诉讼中尽到了必要的注意义务，由于当事人的过错或者法律、法规、政策变化，或者不可抗力等不可预见的因素导致损害的，也应当免除其刑事责任和民事责任。此外，律师刑事责任豁免，还包括享有一系列决绝权，如拒绝扣押权、对住宅和办公室限制搜查权等，这些属于广义上人身权利或辩护权保障的范畴。境外许多国家立法都有规定。[2]我国目前缺乏这些规范，有待立法补充完善。

此外，律师刑事责任豁免不是无条件的，它受到一系列限制。从我国有关法律规定看，律师在刑事诉讼中执业活动必须依据事实和法律，发表言论既不能违反宪法和法律，攻击国家的根本制度，危害国家安全，也不能恶意诽谤

---

〔1〕　最高人民法院《司法责任制实施意见》第28条、最高人民检察院《检察院司法责任制意见》第33条和公安部《公安机关执法过错责任规定》第21条。

〔2〕　《德国刑事诉讼法典》第97条规定："对于下列物品，不得扣押：1. 被指控人与律师之间的书面通讯；2. 被指控人的律师信赖告知的事项所作的记录，或其他有关拒绝作证的事项所作的记录；3. 适用拒绝作证的其他物品。"对于是否属于职业秘密的文件、物品有争议，一般由律师协会理事会审查决定。《俄罗斯联邦律师法》第8条第2款规定，基于请求律师提供法律帮助或者律师提供法律帮助所知悉的情形，不得传唤、询问律师，使其以证人的身份对此种情形作证。该条第3款规定，禁止对律师（包括在律师进行律师活动而使用的住宅和办公场所内）采取侦缉措施和侦查措施。只有根据法院的判决才允许采取这些措施和进行侦查行为。经过侦缉措施或侦查行为所取得的信息材料、物品和文件，只有在律师委托人的案件范围之外，才可以作为控诉证据予以使用。这些限制不适用于犯罪工具、禁止流通物或者限制流转物。此外，该法第6条第5款规定，即使取得了律师的同意，侦缉部门也无权将律师作为不公开的合作人。第25条规定，当律师参加案件时，法律禁止任何人要求他们提交关于提供法律帮助的协议。英国相关法律规定，律师在执行职务时，对第三者不负诽谤的责任；出庭律师在处理诉讼案件时，有不负疏忽责任的权利。法国有一项不成文的法律规定，不能在律师住所逮捕罪犯或被告人；警察局和检察院虽然可以在律师住所寻找有罪行的文件，但不能寻找委托人罪行和过失的线索；律师与委托人之间的通讯，既不能被查封，也不能被拆看，受到法律的绝对保护。

他人、藐视法庭、侮辱法官等，扰乱法庭秩序。否则，不仅不能豁免其刑事责任，而且违反职业道德和执业纪律，应当按照有关程序给予行业纪律处分。

四、律师惩戒委员会制度和惩戒程序

鉴于律师职业的专业性、高度自治性、易受报复性和律师犯罪的隐蔽性等，各国（地区）在依法保障律师执业权益的同时，建立了律师惩戒制度，对律师执业活动中的违法违规行为实施惩戒。《联合国关于律师作用的基本原则》最后一部分"纪律诉讼"规定了对律师提出指控和控诉以及纪律诉讼应当遵循的特别规定，其中，第28条对律师惩戒机构和程序作出原则规定。[1]很多国家设置了专门的律师惩戒程序，作为追究律师刑事责任的前置程序，在程序上增加起诉律师的难度，防止律师遭到侦控方的职业报复。我国法律没有对追究律师刑事责任设置任何前置性规范。从实践看，侦控机关往往在原案诉讼审结前就启动追究律师刑事责任的程序，不仅使得律师自身难保，而且影响其继续履行辩护职责，难以依法维护原案犯罪嫌疑人、被告人的合法权益。尽管许多律师涉嫌犯罪的案件最后都以侦控机关撤销案件或者不起诉终结，但是却变相实现了对律师的职业报复，将律师排除出正常的刑事诉讼程序。[2]这不符合控辩平等的刑事诉讼理念，导致律师追责被随意启动，极易酿成冤假错案。

关于是否设置追究律师刑事责任的前置程序，学界存在争议。在2012年《刑事诉讼法》修改过程中，曾有学者提出，追究律师妨害作证的刑事责任，应先给予行业处分或行政处罚；情节严重的，待律师所办刑事案件终审判决后，再审理其所涉妨害作证的案件。但是以上建议并没有被立法机关采纳。[3]有学者主张建立律师惩戒程序，作为追究律师刑事责任的前置程序，具体做法是：在律师协会建立律师职业道德维护委员会和律师惩戒委员会，前者负责接受对律师的投诉和调查核实，后者负责裁判。律师惩戒委员会由律师、警察、检察官、法官、政法委等成员组成，经组织听证后，确认律师

---

〔1〕 即，"针对律师提出的纪律诉讼应提交由法律界建立的公正无私的纪律委员会处理或提交一个独立的法定机构或法院处理，并应接受独立的司法调查"。

〔2〕 谭文健："中国辩护律师追责体制的变革问题"，载《湖南大学学报（社会科学版）》2018年第4期。

〔3〕 李贵方："辩护视角下的新《刑事诉讼法》"，载《中国司法》2012年第8期。

违反职业道德，需要吊销律师执业证书的时候，再提交司法机关追究刑事责任。[1]但有学者对此质疑，认为纪律惩戒程序与刑事诉讼程序是两种不同性质的法律程序，根据律师惩戒委员会的认定结论来决定律师是否应受刑事追究，既侵犯公安机关的侦查权，也难逃包庇之嫌。[2]

笔者赞成改革律师惩戒委员会制度和惩戒程序，作为追究律师刑事责任的前置程序，实现律师惩戒程序与刑事追诉程序的衔接，并与2019年《法官法》《检察官法》规定的法官、检察官惩戒委员会制度保持一致，进一步完善律师惩戒制度，推进法律职业共同体建设。理由包括以下三个方面。

第一，党的十八届三中全会提出"完善律师执业权利保障机制和违法违规执业惩戒制度"，十九届四中全会将"完善律师制度"作为"健全社会公平正义法治保障制度"的重要内容，明确提出"严格刑事责任追究"。律师制度作为司法制度的重要组成部分和深化司法体制综合配套改革的重要内容，应当进一步深化改革。司法部《全面深化司法行政改革纲要（2018—2022年）》第32条提出深化律师制度改革，建立健全律师惩戒制度体系，构建律师违法违规行为行业惩戒与行政机关行政处罚相衔接的工作机制。该纲要虽然没有明确提出建立律师惩戒程序，但明确了律师惩戒权司法化的改革方向。

第二，律师与法官、检察官都是法律职业共同体的重要组成部分，具有法律职业的共同特征。全面深化司法体制改革，已经突破法律职业惩戒的盲区，先行试点并经《法官法》《检察官法》确认，构建了法官、检察官惩戒委员会制度和惩戒程序，作为追究法官、检察官责任的前置程序。追究法官、检察官责任，必须先经过法官、检察官惩戒委员会审议并提出审查意见，只有法官、检察官违反审判、检察职责行为涉嫌犯罪的，才将违法线索移交有关司法机关处理，从而实现纪律惩戒程序与刑事诉讼程序的衔接。同样，《监察法》第一次明确了职务违法与职务犯罪由同一机关（即监察机关）调查处置，只有经过监察调查和处置，认为涉嫌职务犯罪的，才移送检察机关审查起诉，追究刑事责任，从而实现监察程序与刑事诉讼程序的衔接。法官、检察官惩戒委员会制度和监察制度都是遵循法律职业、职务犯罪规律的体现，

[1] 陈瑞华："律师伪证罪的存与废"，载《律师与法制》2005年第3期。
[2] 汪海燕："律师伪证刑事责任问题研究"，载《中国法学》2011年第6期。

不存在侵犯公安司法机关的权力。改革律师惩戒委员会制度和惩戒程序，作为追究律师刑事责任的前置程序，笔者认为也不存在该问题。美国、德国、俄罗斯等有类似立法。[1]

第三，我国《律师法》规定的由司法行政机关直接处罚律师的律师责任追究机制，已经属于世界上极少数由行政机关实施的律师惩戒模式，既不符合律师惩戒权司法化趋势，也不符合刑事诉讼法律责任追诉程序司法化原则。而缺乏前置程序的律师追责模式，导致许多律师在执业过程中被启动追诉程序，尽管绝大多数案件都以撤销案件、不起诉或宣判无罪而终结，但它对司法公信力的破坏、对律师辩护环境的恶化、对法律职业共同体成员的离间作用是无法估量的。因此，立法应当设置一个前置程序，增加公安司法机关启动追究律师刑事责任的难度，抑制他们对律师实行职业报复的冲动，进一步促进法律职业共同体的形成与发展。

在我国，南京国民政府时期就建立了律师惩戒制度，[2]新中国成立后，

---

[1]《美国检察官守则》规定，对辩护律师的起诉在三种情况下应以书面形式向负责刑事案件的助理司法部长报告：一是辩护律师被指控在代理客户的过程中犯罪。二是客户很有可能会作证指控律师。三是客户指控律师的证言会作为检察官起诉的一部分。这种报告制度旨在防止被指控的辩护律师仅仅因为其积极的辩护行为而受到处罚。参见虞平："保护辩护律师、保护被告、保护司法公正：美国制度的借鉴"，载陈卫东主编：《"3R"视角下的律师法制建设——中美"律师辩护职能与司法公正"研讨会论文集》，中国检察出版社2004年版，第80页。2003年9月在北京召开，中华全国律师协会主办。《德国刑事诉讼法典》第138条c规定了排除辩护人的程序，对辩护人的排除，必须由检察院提出申请或法院依职权提出，州高级法院和联邦最高法院拥有裁判权。如果要排除的辩护人是律师，应当将检察院申请的副本或者法院提交案卷的情况通知该律师所属律师事务所的理事会。该律师可在程序中做陈述。是否排除的裁判作出之前，审判法院可以决定停止辩护人查阅案卷权、会见通信权，并另行指定辩护人行使这两项权利。该程序将排除辩护人（包括律师）的裁决交给较高级别的法院行使，较好地避免律师遭到职业报复。《俄罗斯联邦刑事诉讼法典》第448条第1款规定，对律师启动刑事追诉，必须先由法院作出决定，然后检察长才能提起刑事案件。

[2] 据史料记载，民国时期的南京律师执行职务必须遵守如下义务：（1）必须加入首都（江宁）律师公会，并服从公会章程和决议；（2）非经释明有正当理由，不得辞法院所命之职务；（3）不得任意中止委任契约，对因其懈怠或疏忽致委托人受损害时，应当负赔偿责任；（4）不得兼任公务员、不得兼营商业、不得与司法人员等人为不正当往还酬应；（5）律师与办理案件之推事、检察官或司法警察官有配偶、五亲等内血亲或三亲等内姻亲之关系者、就其案件应自行回避。对于违背律师义务（惩戒事由）的律师，由当时的首都律师公会提出申请，或由首都地方法院首席检察官以职权呈请首都律师惩戒委员会予以惩戒。惩戒措施包括警告、申诫、2个月以上2年以下停止职务和除名四种。惩戒机构分为律师惩戒委员会和复审委员会两级，被惩戒律师或首都高等法院首席检察官对首都律师惩戒委员会决议有异议的，可以请求复审委员会进行复审。参见陈建国："律师惩戒制度的变迁与演进"，载中华律师网，https://china.findlaw.cn/lawyers/article/d753037.html，最后访问时间：2020年8月16日。

律师惩戒制度随着律师制度不断发展完善。司法部 1993 年发布的《律师惩戒规则》确定的是由司法行政机关主导的律师惩戒制度。1996 年《律师法》区分行政处罚和行业处分，分别赋予司法行政机关和律师协会行使，并且明确法院对违法犯罪的律师的民事制裁和刑事制裁权。这样，包含司法惩戒、行政惩戒和行业惩戒三种类型，不同种类惩戒措施的律师惩戒体系正式形成。〔1〕

从实践看，这种律师惩戒体系的实施效果并不理想，主要表现在三个方面：一是司法行政惩戒与行业惩戒职责重叠，惩戒力量分散，律师惩戒率低，惩戒制度的作用没有发挥出来；二是刑事司法惩戒缺乏社会权力制约，容易成为职业报复的工具，律师职业功能受到抑制；三是行业惩戒处于辅助地位，缺乏独立性，行业自律作用没有充分发挥。在行业惩戒方面，虽然律师协会内部设立惩戒委员会，专门履行对律师的惩戒职责，且《律师协会会员违规行为处分规则（试行）》对惩戒程序作出规范，但是，由于监督机构缺失，惩戒时限失灵，惩戒效率低。而且由于惩戒程序设置不合理，当事人缺乏参与权和知情权，惩戒结果缺乏公信力。此外，因为救济渠道单一，当事律师对惩戒决定不服，只能向上一级律师协会申请复查，无法提起司法救济，惩戒结果也缺乏公平。〔2〕据司法部官网公布的 2021 年度律师工作统计分析，截至 2021 年底，全国共有执业律师 57.48 万多人、律师事务所 3.65 万多家，2021 年有 166 家律师事务所受到行政处罚（占比 0.45%），360 家律师事务所受到行业惩戒（占比 0.98%）；1010 名律师受到行政处罚（占比 0.175%），2067 名律师受到行业惩戒（占比 0.359%），平均每个省、自治区、直辖市受惩戒的律师约 99.3 人、律师事务所约 17 家，相对于 2020 年都明显上升。这说明很多地（市）级乃至省级司法行政机关、律师协会设立的律师惩戒委员

---

〔1〕《律师法》第 49 条规定，律师有九项违法行为之一，构成犯罪的，应当追究刑事责任。同时，第 54 条规定，法院可以通过民事判决对违法执业或过错执业的律所及律师进行民事制裁。第 47 条至第 51 条规定，司法行政机关有权对律师、律所实施警告、罚款、没收违法所得、暂停执业、吊销律师执业证、停业整顿、吊销律所执业证等制裁。第 46 条第 1 款第 6 项明确律师协会应当履行对律师、律师事务所奖励和惩戒。中华全国律师协会制定的《律师协会会员违规行为处分规则（试行）》规定，律师协会可对会员违规行为作出的行业处分有六种：训诫、警告、通报批评、公开谴责、中止会员权利一个月以上一年以下和取消会员资格。

〔2〕 朱德堂："新时代律师惩戒体系与行业惩戒的完善"，载《中国司法》2018 年第 7 期。

会全年甚至连续多年都没有办理惩戒案件，基本处于空置状态。为此，笔者认为，改革律师惩戒委员会制度和惩戒程序，重构律师惩戒体系，实现律师惩戒权司法化和惩戒程序正当性，成为深化司法体制综合配套改革和完善律师制度的应然选择。具体构想如下。

第一，惩戒主体。参照法官、检察官惩戒委员会的设置，在司法部和省、自治区、直辖市设立律师惩戒委员会，统一行使律师惩戒的审查裁判权，负责从专业角度审查认定辖区内律师和律师事务所执业是否存在应受惩戒的违法违规行为，并提出相应的审查意见。律师惩戒委员会由律师代表、其他从事法律职业的人员和有关方面的代表组成，其中律师代表不少于半数，从辖区内注册律师中选举产生。惩戒委员会主任由惩戒委员会全体委员从实践经验丰富、德高望重的资深法律人士中推选产生，从而保证惩戒委员会的独立性、中立性、开放性和权威性。

第二，惩戒事由。即惩戒的适用条件，我国台湾地区和香港特别行政区都将其界定为违法违规（包括犯罪）行为，[1]这与我国《律师法》第47条至第50条和《律师协会会员违规行为处分规则（试行）》第11条至第15条所规定的律师、律师事务所违法违规行为基本一致，也就是我国律师的惩戒事由。

第三，惩戒措施。笔者主张仍然保留《律师法》和《律师协会会员违规行为处分规则（试行）》所规定的各种惩戒措施，即区分行政处罚和行业处分，分别由司法行政机关和律师协会行使。但是，有关司法行政机关和律师协会仅仅行使惩戒案件的立案权、调查权和惩戒措施的决定权、执行权，而有关违法违规行为的审查裁判权属于惩戒委员会。司法行政机关、律师协会根据惩戒委员会提出的审查意见，作出相应的惩戒决定。

目前法官、检察官、警察等法律职业共同体从业人员和鉴定人、会计等中介组织人员的诉讼法律责任都由法律责任和纪律责任（或行业处分）共同构成的二元体制下，有学者主张取消律师行政管理和行业管理相结合的二元管理体制，以及行政处罚与行业纪律处分并行的二元惩戒体系，借鉴英国、

---

〔1〕 我国台湾地区"律师法"第39条规定，我国台湾地区律师惩戒的适用条件主要有三种情形：一是有我国台湾地区"律师法"所禁止的行为；二是有应受刑罚处罚的犯罪行为；三是有违背律师伦理规范或律师公会章程，且情节重大的行为。而依据我国香港特别行政区法律的有关规定，香港地区律师惩戒的适用条件主要有两种情形：一是有违反律师执业操守的行为；二是有犯罪行为。

法国、日本等做法，改由律师协会行使律师惩戒权，或者借鉴我国台湾地区、香港特别行政区做法，改由法院行使律师惩戒权。[1]笔者认为改革过于超前，缺乏可操作性，不可取。

第四，惩戒程序。惩戒委员会采取召开全体会议的方式审议惩戒事项，会议必须有三分之二以上委员出席方可举行。惩戒委员会审议惩戒事项时，省级司法行政机关、律师协会应当分别提供当事律师违法、违规的事实材料和证据，并就律师违法、违规执业行为和主观过错进行举证。当事律师有权申请有关人员回避，有权进行陈述、举证、辩解，还有权聘请其他律师为其提供法律帮助，必要时还可以要求证人、鉴定人等出庭作证。惩戒委员会经过审议，根据查明的事实、证据和相关规定，经全体委员三分之二以上多数通过，对当事律师是否存在违法、违规行为提出审查意见。惩戒委员会作出的审查意见应当送达当事律师。当事律师对审查意见有异议的，可以向惩戒委员会提出异议，惩戒委员会应当对异议及其理由进行审查，作出决定。惩戒委员会提出审查意见后，有关司法行政机关、律师协会依照有关规定作出是否予以惩戒的决定，并给予相应处理。律师违反职责的行为涉嫌犯罪的，包括辩护律师违反辩护职责的行为涉嫌犯罪的，应当将违法线索移送公安机关（或监察机关）追究律师刑事责任。有关司法行政机关、律师协会立案、调查违法违规行为和惩戒委员会审议惩戒事项的具体程序，由司法部商有关部门确定，并可以根据各地具体情况作出变通规定。惩戒委员会也可以根据案件争议状况、繁简程度等，决定采取繁简不同的审查程序，提高审查效率。

这样，惩戒委员会采取三方组合的"准刑事诉讼程序"对违法违规行为进行审查裁判，有关司法行政机关、律师协会负责违法违规行为的立案、调查和有关惩戒措施的决定、执行，构成犯罪的，再移送公安机关立案侦查或监察机关立案调查，既提高了侦控机关立案追究律师刑事责任的门槛，避免律师遭到职业报复，又与法官、检察官惩戒程序保持一致，有利于将来条件成熟时，建立统一的法律职业惩戒制度，统一法官、检察官、警察、律师等

---

〔1〕　参见王丽："中国律师惩戒制度之构想"，载《法学家》2001年第2期。孙建："律师惩戒职能分工改革研究"，载《中国司法》2004年第2期。朱德堂："新时代律师惩戒体系与行业惩戒的完善"，载《中国司法》2018年第7期。曹扬文、宫照军、张玮："中国特色律师行业惩戒模式研究——'两结合'管理体制下完善律师行业惩戒制度"，载《中国司法》2019年第11期。

法律职业从业人员执业责任的惩戒程序。

第五，惩戒救济。鉴于吊销律师、律师事务所执业证书和取消会员资格直接涉及律师、律师事务所执业权利的剥夺，笔者认为，《律师惩戒规则》第25条第2款规定的司法救济机制是合理的，即当事律师、律师事务所对吊销其执业证书或取消会员资格的惩戒决定不服，可在接到决定书之日起15日内，向法院提起行政诉讼，从而引入律师惩戒的司法救济模式，赋予当事人申请法院司法审查获得救济的权利，进一步增强律师惩戒权的司法化和惩戒程序的正当性。

五、追究律师刑事责任的特别程序

《刑事诉讼法》第44条第2款规定的追究律师刑事责任的特别程序，确立了侦查机关异地管辖制度，并明确了办案机关的特别告知义务。《律师法》第37条第3款作了同样规定。[1]笔者认为，该规定体现了追究律师刑事责任的特殊性，有利于更好地维护犯罪嫌疑人、被告人和涉案律师的合法权益，应当继续保留，并入《刑事诉讼法》第54条第4款。但是，在我国刑事司法体制下，侦查机关异地管辖制度的实施效果并不理想，而办案机关的特别告知义务表述不清，"通知"的内容、对象和期限都很模糊，法律也没有明确追诉的启动时间。在法院的生效裁判认定被帮助人、被引诱人着手实行毁灭、伪造证据的行为或证人作伪证之前，侦查机关就对律师的"伪证"行为进行立案侦查，检察机关据此起诉，法院据此作出判决，有悖于以审判为中心的刑事诉讼制度改革的要求，也不符合诉讼法理，需要进一步完善。主要包括以下三个方面。

（一）完善异地管辖制度

《刑事诉讼法》仅仅确立了审判管辖制度，实务中根据案件的管辖法院倒推确定有管辖权的公诉机关和侦查机关。根据《刑事诉讼法》第19条规定的立案管辖分工，律师不是司法工作人员或国家机关工作人员，他们涉嫌犯罪的，不属于检察机关管辖的范围，应当由公安机关立案侦查。律师无权介入

---

〔1〕 即，"律师在参与诉讼活动中涉嫌犯罪的，侦查机关应当及时通知其所在的律师事务所或者所属的律师协会；被依法拘留、逮捕的，侦查机关应当依照刑事诉讼法的规定通知该律师的家属"。

监察程序，但《监察法》第 22 条第 2 款规定，律师作为涉嫌行贿犯罪或者共同职务犯罪的涉案人员，符合该条第 1 款规定的留置适用的法定情形的，监察机关可以对其采取留置措施，以保证监察机关客观、公正地调查职务违法犯罪事实，将腐败分子绳之以法。国家监察委员会 2021 年制定的《监察法实施条例》第 46 条第 4 款规定："监察机关调查公职人员涉嫌职务犯罪案件，可以依法对涉嫌行贿犯罪、介绍贿赂犯罪或者共同职务犯罪的涉案人员中的非公职人员一并管辖。非公职人员涉嫌利用影响力受贿罪的，按照其所利用的公职人员的管理权限确定管辖。"自《监察法》生效实施以来，全国已有多名律师被监察机关监察调查。[1]笔者认为，这种做法值得商榷。除了极少数在公办律师事务所中从事与其职权相联系的管理事务和在非公办律师事务所中从事管理的律师在律师事务所管理中行使公权力，分别属于《监察法》第 15 条第 4 项和第 6 项规定的监察对象范围，绝大多数律师依法承办业务时，都是"为当事人提供法律服务的执业人员"，不是公职人员。无论在诉讼案件还是非讼案件中，律师行使的都是诉讼权利等私权利，而非公权力。因此，律师作为涉嫌行贿犯罪或者共同职务犯罪的涉案人员，不属于《监察法》第 15 条规定的监察对象范围，监察机关有权对涉嫌行贿犯罪或者共同职务犯罪的采取留置措施，但是不宜对律师进行监察调查。监察机关对律师采取留置措施，并对职务违法犯罪事实调查结束后，认为律师涉嫌犯罪的，应当移交有管辖权的公安机关立案侦查。

我国公安机关作为同级政府的组成部分，实行双重从属领导体制，在业务上接受上一级公安机关领导。这样，公安机关与其上一级公安机关，以及统一接受上一级公安机关领导的同级公安机关之间存在各种利害关系。《刑事诉讼法》第 44 条第 2 款规定的侦查机关异地管辖制度，目的是保障律师刑事责任追诉程序的正当性，保证涉案律师得到公正处理。2020 年修改后的《公安部规定》第 56 条第 2 款明确规定不得指定原承办案件的公安机关的下级公安机关立案侦查，但是仍然将这种"异地管辖"限于上下级公安机关之间，[2]由

---

〔1〕 "明确！监察委可对律师进行监察调查！多人已被抓走"，载搜狐网，https://m.sohu.com/a/334623672_120065925，最后访问时间：2019 年 10 月 18 日。

〔2〕 该款规定，辩护人实施干扰诉讼活动行为，涉嫌犯罪，属于公安机关管辖的，应当由办理辩护人所承办案件的公安机关报请上一级公安机关指定其他公安机关立案侦查，或者由上一级公安机关立案侦查。不得指定原承办案件公安机关的下级公安机关立案侦查。

办理辩护人所承办案件的公安机关的上一级公安机关指定管辖，或者由上一级公安机关立案侦查。这样，涉案律师的侦查工作始终处于上一级公安机关的领导下。在我国两审终审的审判制度下，如果律师不服一审法院裁判提起上诉，仍然由同一上级法院审判，显然无法实现该项制度的立法宗旨。吉林省辽源市中级人民法院法官王某忠枉法裁判案就是如此，最后不得不由吉林省高级人民法院另行指定二审法院，引发社会各界对程序公正性的质疑。[1]为此，笔者认为，应当扩大解释《刑事诉讼法》第44条第2款中的"办理辩护人所承办案件的侦查机关以外的侦查机关"，使它既包括办理辩护人所承办案件的公安机关的上一级公安机关管辖的同级别的其他公安机关，也包括上一级公安机关管辖范围外的其他同级别的公安机关，实行指定管辖或集体回避，让参与处理的公、检、法机关与涉案律师不存在任何直接或间接的利害关系。为此，此类案件应当由办理辩护人所承办案件所在地的省级以上公安机关指定该公安机关的上一级公安机关管辖范围外的其他公安机关管辖。实践中公安机关在涉黑等案件处理中已经有成熟做法。据河北省廊坊市公安局广阳分局2022年6月11日发布的警情通报，根据河北省公安厅指定管辖，6月10日发生在唐山市路北区某烧烤店的寻衅滋事、暴力殴打他人案件，由廊坊市公安局广阳分局侦查办理。[2]律师涉嫌犯罪案件的异地侦查管辖可以按照该模式处理。为此，笔者主张《刑事诉讼法》增设管辖异议制度，赋予犯罪嫌疑人、被告人及其辩护人、被害人及其诉讼代理人申请管辖异议权，一旦他们认为某地公安机关管辖可能影响案件公正处理的，可以提出管辖异议申请，由省级以上公安机关指定其他没有利害关系的公安机关管辖，从而从程序上实现完全意义上的异地管辖。

（二）明确刑事追诉的启动时间

有学者指出，"律师伪证罪"是具体危险犯，只有律师毁灭、伪造证据的

---

[1] 王洁瑜："吉林高院谈王成忠案：异地管辖是最大限度避免怀疑"，载新浪网，https://news.sina.com.cn/c/2018-12-07/doc-ihmutuec6930713.shtml。卫佳铭："吉林原法官王成忠民事枉法裁判案二审开庭，律师做无罪辩护"，载澎湃新闻，https://www.thepaper.cn/newsDetail_forward_3378368，最后访问时间：2019年10月18日。

[2] "河北警方通报'唐山烧烤店打人事件'：唐山打人案细节公布"，载中国新闻网，http://www.sd.chinanews.com.cn/2/2022/0621/83668.html，最后访问时间：2022年6月21日。

行为和证人的伪证行为极有可能妨害司法机关的诉讼活动时，才能认定存在具体危险。而在法院对律师所承办的案件作出判决前，这是很难判断的。[1]为此，有学者认为，《刑事诉讼法》应当补充规定："辩护律师存在威胁、引诱证人作伪证的行为，需要追究辩护律师的刑事责任时，对辩护律师的立案调查应在其承办的案件判决生效后进行。"[2]笔者赞同该观点，因为只有这样，才能贯彻证据裁判原则和司法最终裁决原则，持续深化以审判为中心的刑事诉讼制度改革，避免公安机关在没有确实证据的情况下，启动对辩护律师的追诉程序，将本来熟悉案件并有充分辩护准备的律师排除出刑事诉讼程序，从而轻易地实现给犯罪嫌疑人、被告人定罪量刑的目的。

（三）明确"通知"的内容、对象和期限

辩护权是专属于犯罪嫌疑人、被告人的宪法权利。律师辩护权来源于犯罪嫌疑人、被告人，是第二性权利。律师刑事责任追究程序启动后，公安司法机关往往会采取各种强制措施，限制或剥夺律师的人身自由。这样，不仅律师自身权利可能受到侵害，而且无法继续履行辩护职责，协助犯罪嫌疑人、被告人行使辩护权，维护犯罪嫌疑人、被告人的合法权益，这就需要律师所在的律师事务所另行指派律师为犯罪嫌疑人、被告人提供辩护服务，或者为被害人提供代理服务。同时，也亟待涉案律师所属的律师协会根据《律师法》第46条的规定采取措施维护该律师的合法权益。因此，《刑事诉讼法》第44条第2款和《律师法》第37条第3款规定了追究律师刑事责任的案件中办案机关的特别告知义务，要求及时通知涉案律师所在的律师事务所或者所属的律师协会，这是非常必要的。但是，该规定并没有明确"通知"的内容、对象和期限，导致实践中执行混乱。

1. 关于通知内容

《刑事诉讼法》和《律师法》只是规定对律师涉嫌犯罪的，办案机关应当通知，但通知的内容是什么，没有明确，《公安部规定》也没有解释。从该规定的立法宗旨看，通知的目的是及时告知涉案律师所在的律师事务所或者所属的律师协会采取相应的措施，维护犯罪嫌疑人、被告人、被害人及涉案

---

〔1〕　罗翔："刑法第306条辨正"，载《政法论坛》2018年第3期。

〔2〕　陈卫东主编：《刑事诉讼法理解与适用》，人民出版社2012年版，第94页。

律师的合法权益，因此，通知的内容应当包括该律师涉嫌的罪名、被采取强制措施的原因、种类、时间和羁押地点等。

2. 关于通知对象

《刑事诉讼法》和《律师法》都规定应当通知律师所在的律师事务所或者所属的律师协会，似乎赋予办案机关一个选择权，只要通知两个单位中任何一个即可。这样理解显然无法实现该规定的立法目的。根据《律师法》规定，律师只能在一个律师事务所执业，且律师必须加入所在地的律师协会。但是，律师事务所只是"对律师在执业活动中遵守职业道德、执业纪律的情况进行监督"，指定律师为犯罪嫌疑人、被告人、被害人提供法律服务，而律师协会才是"保障律师依法执业，维护律师的合法权益"，从而对涉案律师进行"救援"的专门机构。如果办案机关仅仅通知一个单位，即使被通知单位愿意转告另一个单位，也可能影响对犯罪嫌疑人、被告人或者涉案律师合法权益的保护，这是不全面的。因此，这里的"或者"应当改为"和"字，要求办案机关履行双重通知义务，既要通知律师所在的律师事务所，又要通知涉案律师所属的律师协会，且做好记录，以便他们各自履行自己的职责，分别采取相应的措施维护犯罪嫌疑人、被告人、被害人和涉案律师的合法权益。2019 年修改后的《高检规则》第 60 条第 2 款要求检察机关在发现辩护律师在刑事诉讼中违反法律、法规或者执业纪律时，必须同时向其所在的律师事务所、所属的律师协会和司法行政机关通报，即同时通报三个单位。2020 年修改后的《公安部规定》第 56 条第 2 款也明确了这一点，要求立案侦查的公安机关应当及时通知涉案律师所在的律师事务所、所属的律师协会以及司法行政机关，笔者认为更合理。同时，《律师法》第 37 条第 3 款后半句规定，一旦律师被依法拘留、逮捕或者留置的，办案机关还应当依照《刑事诉讼法》的规定通知该律师的家属。

3. 关于通知期限

《刑事诉讼法》《律师法》和有关司法解释都只是要求办案机关"及时"通知，并没有明确具体的时间期限，这给办案机关拖延履行通知义务提供了借口。根据《律师法》第 37 条第 3 款后半句和《刑事诉讼法》《监察法》有关拘留、逮捕、留置后通知家属的时间规定，除无法通知或有碍侦查、调查等情形外，办案机关都应当在采取拘留、逮捕、留置措施后 24 小时以内通知涉案律师所在的单位和家属，以便其单位和家属知悉律师被剥夺或限制人身自由的情况，并依法采取相应的保护措施。而且律师事务所或者律师协会都不存在无法通知的情形，通知的目的也是便于两个单位分别采取相应的措施保护犯罪嫌疑人、被告人、被害人或涉案律师的合法权益，是一种加强人权司法保障的措施，不存在妨碍侦查的情形。因此，笔者认为，这种通知不仅是无条件的，而且要求更加紧迫且落实到位，办案机关应当在确认律师涉嫌犯罪后第一时间同时通知该律师所在的律师事务所、所属的律师协会、所在地司法行政机关及其家属，至迟不得超过 24 小时。只有这样，才符合《联合国关于律师作用的基本原则》第 27 条规定的"迅速、公正"处理的要求。[1]

追究律师刑事责任不仅涉及涉案律师的合法权益保护，而且关涉犯罪嫌疑人、被告人、被害人的人权保障，应当严格实施条件，遵守正当程序，充分彰显刑法和刑事诉讼法的谦抑性，从而贯彻落实党的十九届四中全会精神，严格律师刑事责任追究，加强律师人权法治保障。与此同时，深化司法体制综合配套改革，全面落实司法责任制，应当加快推进法律职业共同体建设。一旦警察、检察官、法官来自律师团体，或者将来可能从事律师职业，他们就没有滥用职权追究律师刑事责任的冲动，追究律师刑事责任的前置程序和特别程序自然也就多余了。

---

〔1〕 该条规定："对在职律师所提出的指控和控诉按适当程序迅速、公正地加以处理。律师应有受公正审讯的权利，包括有权得到其本人选定的一名律师的协助。"

后 记

记得上一次写后记是为博士论文，借用苏东坡先生的名言："竹杖芒鞋轻胜马，谁怕？一蓑烟雨任平生。"并且探问自己："路在何方？""还能再赶上一趟末班车吗？"至今 12 年一晃而过，庆幸自己赶上了末班车，从重庆辗转北京来到上海，常念及杭州灵隐寺的一副对联："人生哪能多如意，万事只求半称心。"

本书是 2016 年国家社会科学基金项目最终研究成果，该项目选题得益于评审湖南一位老师的教授职称申请材料。当时刑事诉讼法学界更多关注程序性制裁和程序性法律后果，而对刑事诉讼法律责任的研究明显不足。获得国家立项后，本人正担任上海大学法律事务办公室主任。同一时期获得立项的还有司法部国家法治与法学理论研究重点项目"以审判为中心的诉讼制度改革研究"和中国法学会部级研究课题"性侵未成年被害人权利保护研究"，顿感一天 24 小时太短，深怕自己无法按时完成这三个项目结题而影响科研诚信，于是毅然辞去行政职务，回归教学科研专职教师岗位，乃于 2019 年 12 月新冠肺炎疫情爆发前夕提交结题申请，并且一次性顺利通过结题。其他两个项目也按时结题。借此机会对三个项目立项、结项过程中给予支持肯定和提出宝贵意见的各位领导、专家，致以崇高的敬意！

在该项目调研和写作过程中，党中央提出推进并持续深化以审判为中心的刑事诉讼制度改革和司法体制综合配套改革，各地纠正了一系列重大冤假错案，这为本项目研究提供了良好的时代背景和实践素材。该书充分吸收司法体制改革最新成果，深入分析总结系列重大冤假错案的经验教训，分别从法理基础、形式构造、具体形态和追究机制四个方面，研究解决刑事诉讼法律责任的四个基本问题，旨在抛砖引玉，求教同仁。随着全面依法治国和深化司法体制改革进程的持续推进，刑事诉讼法律责任必然会面临许多新问题，

"革命尚未成功，同志仍需努力"，有待继续研究。为此，对实证调研和写作修改过程中以各种形式提供帮助、协助、指导的领导、专家、朋友、同事、学生、家人等，表示衷心的感谢！

本书有幸得到中国政法大学国家法律援助研究院名誉院长樊崇义教授和院长吴宏耀教授的厚爱，将其纳入"崇明刑事法文库"并资助出版。中国政法大学出版社牛洁颖编辑为本书进行了非常认真、细致的编辑加工，付出了辛勤的汗水和心血。西南政法大学孙长永教授在百忙中抽出时间通读书稿，并出具专家审读意见。上海大学法学院党委书记徐国明一直关心、过问该书的修改出版进程，在此一并致谢！

兰跃军

2022 年 10 月 6 日

于上海宝山

崇明刑事法文库系列丛书简介

　　胡崇明法律援助基金会旨在支持和鼓励学术创新、资助学术研究成果的发表等。崇明刑事法文库下设三个系列，分别是崇明名家刑事法文库（每年出版1—2本），崇明中青年刑事法文库（每年出版3—5本），崇明刑事辩护文库（每年出版3—5本）。

　　崇明刑事法文库是一个开放的学术平台，欢迎各位同仁惠赐稿件！

　　胡崇明，男，中国政法大学优秀校友。1975年6月生，浙江省天台县人，1993年9月进入中国政法大学经济法系就读，1997年6月毕业，获得法学学士学位。大学毕业后，进入浙江省宁波市人民检察院公诉部门工作，历任书记员、助理检察员和检察员；2008年进入互联网行业创业。现任上海黑桃互动网络科技股份有限公司（51.com）董事长、党支部书记，上海市信息服务业行业协会党委委员。